犯罪報道における
ジェンダー問題に関する研究

ジェンダーとメディアの視点から

四方由美

gender & media

学文社

はしがき

　犯罪報道のあり方については，1970年代よりいくつかの側面から問題提起が行われてきた。被疑者や被害者とその家族など報道される者のプライバシーの問題，犯人視報道にみられるような被疑者の人権問題，また報道の情報源が警察発表に偏りがちなことにみられる報道の自由の問題などである。

　筆者は，女性が犯罪報道の当事者（被害者／被疑者）となった場合，こうした犯罪報道の「問題」がより深刻なものとなったり，男性の場合と異なる問題が生じたりする事象を対象として研究を行ってきた。犯罪報道において，性犯罪事件の被害者が落ち度を責められたり，容姿について言及されたりすることや，殺人事件（子殺しを含む）の女性被疑者が，妻役割や母親役割といった性役割との関わりにおいて責任を追及されたりする例を挙げることができる。

　本書では，これらに加えて，ジェンダーとメディアという視点から考察を行うことにより，犯罪報道が「ジェンダー」あるいは「女性」概念の産出にどのように関与しているかという点に言及することを試みた。女性被害者や女性被疑者に対して，報道においてどのようなラベリングが行われているか，そのラベリングは，ジェンダーとメディア研究（フェミニスト・メディア・スタディズ）とくに構築主義的な立場からみるとどのように解釈できるかをまとめている。

　第1章で，研究の背景，目的と視座，および分析の視点と研究方法を示し，第2章「日本におけるジェンダーとメディア研究の展開と課題」において，アメリカの第二波フェミニズムを受けて日本においてジェンダーとメディア研究が行われ始めた1970年代からの展開を概観し，マス・コミュニケーション研究における現在の位置，到達点，および課題について整理を行っている。第3章では，犯罪報道における女性に関するこれまでの研究の整理を行い，近年の犯罪報道の動向とそれに関する問題点をまとめた上で，第4章において，女性が被害者あるいは被疑者として関わる近年の事件の分析を通して犯罪報道における女性被害者・女性被疑者の犯罪報道における取り扱いに関する考察を示した。

加えて，第2章，第3章の先行研究と第4章の分析を受け，第5章においてラベリング理論，フェミニスト・メディア・スタディズ，社会構築主義の観点からジェンダー問題の伝わり方について課題の整理を行い，最後に，第6章で全体のまとめと残された課題を述べている。

　本書は，女性被害者・女性被疑者という「女性」カテゴリーから出発しているが，その影響についての考察から広くジェンダーそのものの構築を射程に入れた分析を行えたと考えている。ここで導出されたことが，日本社会において女性被害者・女性被疑者が置かれた状況および課題，改善策について提言する手がかりにつながれば幸いである。

2014年10月20日

四方　由美

目　次

はしがき ………………………………………………………………………… i

第1章　研究の背景と視座 ……………………………………………… 1
第1節　犯罪報道をめぐる議論の位相 ………………………………… 1
第2節　犯罪報道の問題に関する議論 ………………………………… 3
⑴　メディアの制度に起因する犯罪報道の「在り方」に関する問題 ……3
⑵　犯罪報道の影響に関する問題 ……………………………………… 4
⑶　犯罪あるいは報道をめぐる法制度等から派生する新たな問題 ……… 7
⑷　犯罪報道の問題の整理：犯罪報道の一般的問題 ………………… 9
第3節　ジェンダーの視点からの犯罪報道の問題 …………………… 11
第4節　研究の目的と視座 ……………………………………………… 13
第5節　研究の方法 ……………………………………………………… 16

第2章　日本におけるジェンダーとメディア研究の展開と課題 ……… 25
第1節　ジェンダーとメディア研究の展開 …………………………… 25
⑴　「女性とメディア研究」の源流としてのフェミニズム運動 ………… 25
　①　アメリカを中心とした第二波フェミニズムの流れ ……………… 25
　②　日本におけるジェンダーとメディア研究の始まり ……………… 27
⑵　「ジェンダーとメディア研究」への流れと2つの問い ……………… 30
　①　メディア批判の根拠をめぐって ………………………………… 30
　②　研究の主体は誰か ……………………………………………… 32
第2節　ジェンダーとメディア研究の課題 …………………………… 35
⑴　研究の射程の広がりとフェミニスト・メディア・スタディズの課題 …………………………………………………………………… 35
　①　研究の射程の広がり …………………………………………… 35

② フェミニスト・メディア・スタディズの課題 ……………………… 38
　　(2) ジェンダー問題へのアプローチとメディア企業の構造的偏り……… 42
　　(3) 「ケアのジャーナリズム」の視点からの問題提起 ………………… 48
　第3節　小　　　括 …………………………………………………………… 55

第3章　犯罪報道における女性に関する研究 ……………………………… 63
　第1節　犯罪報道における女性の扱われ方に関する問題提起 …………… 63
　　(1) 女性の活動による問題提起 ……………………………………… 63
　　(2) 展開の契機となった事件 ………………………………………… 65
　第2節　犯罪報道における女性被害者・女性被疑者に関する研究 ……… 68
　　(1) 女性被害者の取り扱い方に関する研究 ………………………… 68
　　　① 犯罪報道における女性被害者の特徴 ……………………… 68
　　　② 裁かれる側に転じる女性被害者 …………………………… 73
　　　③ 被害者報道の問題に関する議論 …………………………… 75
　　(2) 女性被疑者の取り扱い方に関する研究 ………………………… 77
　　　① 犯罪報道における女性被疑者の特徴 ……………………… 77
　　　② 断罪される女性被疑者 ……………………………………… 82
　　　③ 児童虐待事件の報道 ………………………………………… 84
　　(3) 近年の動向と問題点 ……………………………………………… 90
　　　① インターネットによる情報流出 …………………………… 91
　　　② 裁判員制度導入により顕在化する問題 …………………… 92
　　　③ 犯罪の当事者をめぐる問題 ………………………………… 95
　第3節　小　　　括 …………………………………………………………… 98

第4章　近年の事件報道における女性被害者・女性被疑者の分析 …… 109
　第1節　分析概要 …………………………………………………………… 109
　　(1) 問題設定 ………………………………………………………… 109
　　(2) 分析対象と方法 ………………………………………………… 111
　　　① 分析対象事件 ……………………………………………… 111

②　内容分析の項目 ……………………………………………………… 113
　第2節　女性被害者の分析 ……………………………………………… 117
　　⑴　福岡 3 女性殺害事件（2004年）……………………………………… 117
　　⑵　舞鶴女子高校生殺害事件（2008年）………………………………… 121
　　⑶　京都教育大集団準強姦事件（2009年）……………………………… 127
　　⑷　千葉女子大生殺害放火事件（2009年）……………………………… 131
　　⑸　女性被害者の分析のまとめ ………………………………………… 136
　第3節　女性被疑者の分析 ……………………………………………… 137
　　⑴　渋谷夫殺害遺体切断事件（2006年）………………………………… 138
　　⑵　福岡小 1 男児殺害事件（2008年）…………………………………… 143
　　⑶　宮崎乳児虐待死事件（2009年）……………………………………… 149
　　⑷　大阪 2 幼児放置死事件（2010年）…………………………………… 153
　　⑸　女性被疑者の分析のまとめ ………………………………………… 159
　第4節　全国紙／地方紙・ブロック紙の分析 ………………………… 161
　　⑴　福岡 3 女性殺害事件（西日本新聞 2004年／ブロック紙）………… 161
　　⑵　福岡小 1 男児殺害事件（西日本新聞 2008年／ブロック紙）……… 166
　　⑶　宮崎乳児虐待死事件（宮崎日日新聞 2009年／地方紙）…………… 170
　　⑷　栃木自動車運転過失致死事件（下野新聞 2009年／地方紙）……… 174
　　⑸　ブロック紙・地方紙の分析のまとめ ……………………………… 180
　第5節　小　　括 ………………………………………………………… 181

第5章　犯罪報道が伝えるジェンダー問題に関する考察 …………… 189
　第1節　ラベリング理論による考察 …………………………………… 189
　　⑴　女性被害者へのラベリング ………………………………………… 190
　　⑵　女性被疑者へのラベリング ………………………………………… 193
　　⑶　ブロック紙・地方紙によるラベリング …………………………… 196
　　⑷　まとめ ………………………………………………………………… 197
　第2節　フェミニスト・メディア・スタディズの視座からの考察 ……… 198

（1）女性被害者の報道に対する異議申し立てと近年の状況 …………… 199
　　（2）女性被疑者の表現への問題提起 ……………………………………… 205
　　（3）ブロック紙・地方紙におけるケアのジャーナリズム ……………… 212
　　（4）まとめ ………………………………………………………………… 214
　第3節　社会構築主義からの考察 …………………………………………… 215
　　（1）女性被害者の報道をめぐって ………………………………………… 215
　　（2）女性被疑者の報道による社会的影響 ………………………………… 219
　　（3）ブロック紙・地方紙が地域に与える影響 …………………………… 224
　　（4）まとめ ………………………………………………………………… 225
　第4節　小　　括 ……………………………………………………………… 227

第6章　研究のまとめ ………………………………………………………… 235
　第1節　得られた知見と議論のまとめ ……………………………………… 235
　　（1）女性被害者・女性被疑者の取り扱われ方の特徴と類型化 ………… 235
　　（2）議論のまとめ ………………………………………………………… 237
　第2節　残された課題と展望 ………………………………………………… 247
　　（1）研究方法 ……………………………………………………………… 247
　　　①　第二レベルの議題設定機能（フレーミング効果）の研究 ……… 247
　　　②　オントロジカル・ゲルマンダリングについて …………………… 248
　　（2）事象の残された局面 ………………………………………………… 250
　　　①　男性のジェンダーに関する分析の必要性 ………………………… 250
　　　②　犯罪行為を引き起こす被疑者の要因について …………………… 250

引用・参考文献 ………………………………………………………………… 253
参考資料（犯罪報道分析シート）…………………………………………… 263
あとがき ………………………………………………………………………… 277
人名索引 ………………………………………………………………………… 279
事項索引 ………………………………………………………………………… 280

第1章

研究の背景と視座

第1章では，研究の背景として，まず，犯罪報道に関する議論の整理を行い，マス・コミュニケーション論の領域だけでなく周辺領域である犯罪社会学，社会心理学の領域も含めてどのように論じられてきたかを概観する。その上で，犯罪報道の一般的問題とジェンダーの視点[1]からみた犯罪報道の問題の整理を行い，本研究の目的および視座と課題，研究の方法を述べる。

第1節　犯罪報道をめぐる議論の位相

マス・メディアの報道には，対象となった人や組織に一定の地位を付与する機能があり[2]犯罪報道においては，被疑者，被害者ともにマイナスの地位が付与されることがある。報道被害が指摘されるケースも少なくない。例えば，ロス疑惑事件[3]（1981）では，被疑者を犯人視する報道が行われ，松本サリン事件[4]（1994）では，第一通報者が被疑者扱いされた。東京電力女性社員殺害事件[5]（1997）では，被害者のプライバシーが公表された。和歌山毒入りカレー事件[6]（1998）や秋田連続児童殺害事件[7]（2006）においては，事件当事者に対する集団的過熱取材（メディア・スクラム）が人権侵害にあたる等，その報道が問題とされた。

犯罪報道の目的は，被害の回避（被害者予備軍への警鐘），犯罪の抑制（犯罪予備軍への警告）であるとされる。大庭絵里（1988a）は，ニュース制作者への

インタビューを通して，ニュース価値判断の根底にある報道，記者の社会的役割認識を分析し，① 読者への警告，② 反社会的とされる行為，行為者への非難の2点を抽出している。この点に対して山口正紀（1990）は，「① 読者への警告」は，マス・メディアの報道に防犯機能，社会秩序維持機能を見出すもので，犯罪報道に報道の公共性・公益性があると見なす根拠になっており，「② 反社会的とされる行為，行為者への非難」は，記者の中では「社会的正義の実現」であるが，実態はマス・メディアの社会制裁機能の正当化であるとする。

前述の犯罪報道の目的に照らして考えるならば，事件当事者を匿名で報道しても報道の効果は得られるであろうし，事件事実の詳細な報道よりも犯罪統計などを用いた調査・分析の報道が必要であるといえる。しかしながら，実際の報道は，怪奇的・猟奇的事件の重視，スキャンダリズム・センセーショナリズムの手法を用いた商業主義的な側面が目立っていることが指摘されている。

報道の在り方をめぐっては，1970年代後半に日本弁護士連合会が犯罪報道の問題点を指摘して以来，犯罪報道における被疑者・被害者の名誉棄損，プライバシー侵害，被疑者を犯人視する報道などが問題とされてきた（日本弁護士連合会 1976）。その中で日弁連は，犯罪報道によって引き起こされる名誉棄損やプライバシー侵害などの問題を考察し，「少なくとも無罪の推定を受けているはずの被疑者・被告人に対しては，原則として，氏名を公表することなく報道すべきである」と主張した。また，浅野健一（1984）は報道記者の立場（当時）から，「事件が報道されるべきで，個人の名前を知らせる必要はない」として匿名報道を推奨した。

一方で，1980年代末にはすべてのマス・メディアが被疑者を呼び捨てから容疑者呼称に転換，2000年6月，日本新聞協会は新聞倫理綱領を全面改定し「人権の尊重」の項目を設けるなどの措置を行ってきた（日本新聞協会編集委員会 2006）。他方，個人情報保護法（2003）をはじめ報道・情報に関する法制度が強化されたことにより，報道に変化がみられる（平川宗信 2010）。また，日本新聞協会は，裁判員の参加する刑事裁判に関する法律（2004）の公布を受け，

2008年に「裁判員制度開始にあたっての取材・報道指針」を公表した。近年，犯罪被害者等基本法（2004）に基づいて閣議決定された犯罪被害者等基本計画は，警察発表で被害者を匿名にすることを盛り込んだ。これらの変化は，犯罪報道の問題にどのような変化をもたらすであろうか。「報道の自由」の抑制や「知る権利」の制限につながるのだろうか。また，少年法改正（1999）や裁判員制度施行（2009）は，報道の在り方にどのような影響を与えているだろうか。これまでの犯罪報道が何を伝えてきたか，現在何を伝えているか，実証的検証の上での議論が十分ではない。

こうした流れを踏まえて，犯罪報道の問題に関する議論をまとめると，問題の対象範囲は3つに分けることができる。①メディアの制度に起因する犯罪報道の「在り方」に関する問題，②犯罪報道の影響に関する問題，③犯罪あるいは報道をめぐる法制度等から派生する新たな問題，である。

第2節 犯罪報道の問題に関する議論

(1) メディアの制度に起因する犯罪報道の「在り方」に関する問題

マス・コミュニケーション論の領域におけるこれまでの議論では，「①メディアの制度に起因する犯罪報道の『在り方』に関する問題」に分類されるものが多い。日本のマス・メディアにおける犯罪報道は，警察発表を主な情報源として行われており，「逮捕＝犯人」という報道のされ方になることが問題視されている。また，原則として被疑者を実名報道していることも争点となっている。

例えば，匿名報道主義を唱える浅野は，犯罪報道における人権侵害を問題視し，有罪が確定するまでは無罪である被疑者を犯人扱いするメディアの現状を批判した上で，これらの現状を改善するために，権力犯罪を除く犯罪関係者の匿名報道こそ最善の方法として提案し続けている（浅野 2004）。

また，五十嵐二葉は，ニューヨークタイムズと朝日新聞の犯罪報道の扱い方について分析比較している。五十嵐は，犯罪事件についての記事が大きく，そして繰り返して報道されるのは，いわば日本の犯罪報道の体質そのものである

と述べる。さらに，犯罪報道の中の事件報道を発生・捜査・裁判の3つに分類し，日本の犯罪報道は，捜査報道が最も多いと結論付ける。「裁判で有罪が確定するまでは無罪とみなされる」という無罪推定の法理があるが，捜査段階で被疑者を実名で報道すれば，有罪とみなされていないにもかかわらず，社会は被疑者が有罪であるかのように認識してしまうことを問題視する（五十嵐二葉 1991）。

　これらは，日本の犯罪報道が「容疑者＝犯人」という扱いで伝えてしまうことへの問題提起といえる。一度犯人扱いされてしまうと，その後無罪になった場合にも信頼回復が困難であるだけでなく，世論や裁判への影響も懸念されるからである。加えて，被害者の場合も個人情報の保護とプライバシーの侵害という観点からみるとこうした報道は問題を孕んでいるといえる。

　一方，権力の監視機能，知る権利，表現の自由という観点，及び報道することが犯罪の抑止力につながるという見方からは，むしろ，従来の犯罪報道は規制されるべきではないという見方がなり立つ。しかしながら，犯罪報道による報道被害こそが近年の報道規制の動きにつながっているとの懸念もある。

(2) 犯罪報道の影響に関する問題

　「② 犯罪報道の影響に関する問題」について，隣接する領域の成果を用いて整理すると，犯罪社会学の領域においては，すでに，ア）実際の犯罪統計との比較から，頻度別犯罪類型に関して両者の間に大きな差異があること，具体的には殺人，傷害事件がメディアでは多く取り上げられるが，統計上はほかの犯罪類型に比べると少ないこと，イ）アメリカの研究では，報道される犯罪動向は受け手に影響を与えていない，ウ）日本では報道によって犯罪現象への印象が操作されていることが明らかになっている[8]。また，逸脱増幅モデルによる逸脱研究の中でメディアを位置づける研究では，報道が受け手の情動を喚起させ，ひいては統制強化をまねくというモラル・パニック（Young, J. 1971）[9]の研究がある。犯罪報道や犯罪不安を扱ったモラル・パニック研究について，日本における近年の研究を挙げれば，「少年犯罪」に着目したものに赤羽由紀夫

(2010),「児童虐待」の軌跡を跡付けたものとしては上野加代子・野村知二 (2003) や上野加代子 (2006),「治安悪化」言説とその影響に関しては浜井浩一 (2004) の研究などがある。

　上野・野村 (2003) は,「『児童虐待』という特定の問題についてのまとまった情報の供給が1990年代に始まり, 児童虐待防止法制定の2000年から2001年をピークとし集中提供され, わが国でしっかり定着した。『なぜ子供を救えなかったか』という, 人びとの感情や信念に訴えかけるキャンペーンは, 人びとの不安と関心を刺激し, 児童虐待というある特定タイプの逸脱についてモラル・パニックと呼べるような状態が作られたといえよう」として「現代的な児童虐待」について考察を行っている。

　浜井 (2004) は, 近年の治安悪化に対するモラル・パニックが, 市民活動家, 行政・政治家, 専門家の参加により恒久的な社会問題として定着したきっかけとして, 1990年代のマス・メディアによる凶悪犯罪の過剰報道を指摘している。この知見は少年法改正の動きに当てはまると赤羽 (2010) は述べ,「少年犯罪」についてリスク社会論を援用したモラル・パニック論で分析し,「普通の子」の凶悪犯罪が,「ありそうな」必然の事件として持続的な社会的関心の対象となったとする。また, ニュース制作過程に注目し, それを「社会的現実」の構成の過程とみる研究もある。

　これらは, マス・メディアを「社会的現実」の定義者として位置づけている点で共通性を持っている。ここでラベリング理論 (ラベリング効果: Becker, H.S. 1963=1978) を確認しておきたい。特定の行為・行為者に対して逸脱のラベルを貼る社会過程をいうラベリングは, 被疑者に犯罪者というラベルを貼るだけでなく, 犯罪報道により報道されるすべての当事者, 例えば被害者, 被疑者や被害者の家族などに対してもある種のラベル付けを行う。そのラベル付けの過程にマス・メディアが大きく関わっているからである。

　ラベリング理論の特徴は, 次の3点であるとされる (宝月誠 1996)。第1点は, 逸脱の定義そのものを研究の主題に位置づけていることである。逸脱を単に規則からはずれた行為と形式的に定義するだけでなく, そもそも規則がどの

ようにして形成されていくのか、それが具体的な行為や人に適用される様相に注意を向ける。その結果、「社会集団は、これを犯せば逸脱となるような規則をもうけ、それを特定の人々に適用し、彼らにアウトサイダーのラベルを貼ることによって、逸脱を生みだす」(Becker, H.S. 1963＝1978)という逸脱の定義が共通認識となっている。

第2点は、逸脱を一連の過程ないしキャリアをたどるものとして捉え、そうした過程においてラベリングは逸脱を増幅ないしエスカレートさせる作用を果たすことを強調する。「予言の自己成就」(Becker, H.S. 1963＝1978)、「第二次逸脱」(Lemert, E.M. 1951)といった概念は、いずれも逸脱者のラベルを貼られ、常人と差異化された人びとが、逸脱的アイデンティティと逸脱的な生活のスタイルの形成を促進することを示したものである。

第3点は、逸脱現象の主役を逸脱者から反作用する他者に移行させた点である。従来の逸脱の研究では、逸脱の原因の分析に主眼が置かれ、もっぱらなぜ人びとが逸脱者になるのかが研究されてきた。それに対してラベリング理論は分析の出発点を他者の反作用に移す。他者の反作用しだいで、その行為は逸脱とみなされたり、みなされなかったりするだけでなく、逸脱の増幅過程に巻き込まれることにもなる。しかも、他者の反作用は恣意的に行われ、とりわけ弱者に対してその度合いは高い[10]。

つまり、ラベリング理論では、犯罪者当事者ではなく、ラベルを貼る側である他者による反作用に焦点を当てている。「報道される者」にラベルを貼る行為を行うという意味で、犯罪報道を行うマス・メディアおよび読者・視聴者を「他者」に当てはめることができる。犯罪報道は、「犯罪事件」を一つの社会的現実として、「見える」形で読者に提示すると同時に、逸脱と統制の境界や社会秩序もまた可視化させる（大庭絵里 1988b）。マス・メディアによる犯罪報道は、人を逸脱者（犯罪者）にしてしまう作用があるだけでなく、そもそもどのような行為が逸脱であるとみなすかを示す場ととらえることができるのである[11]。

(3) 犯罪あるいは報道をめぐる法制度等から派生する新たな問題

　犯罪あるいは報道をめぐる法制度として，ここでは，メディア規制の側面から個人情報保護法および犯罪被害者等基本法について言及し，これらに関わって派生する新たな問題について述べたい（「③ 犯罪あるいは報道をめぐる法制度等から派生する新たな問題」）。

　2003年に成立し2005年4月に施行された個人情報保護法は，民間の情報の流れを阻害し，表現の自由を規制する面を持つといえる。個人情報はプライバシーとしばしば混同されるが，個人情報は，「氏名，生年月日等個人を識別できる情報」（個人情報保護法第2条），プライバシーは，「通常人なら秘匿したい非公開の私的な事柄」を指す。両者は重なる部分があるものの，区別してとらえた方がよいだろう。個人情報を誰かに勝手に集められ，占有されることによって人格権（個人の尊厳）が危ぶまれてはならないというのが個人情報保護法の法思想である。

　しかしながら，個人情報保護法の施行は，メディアやジャーナリストの取材を規制する方向に働く場合がある。第一に，公的機関，企業や団体から個人に関する情報が得られなくなるという，報道機関の取材において生ずる困難がある。報道機関の取材に応じて個人情報を提供した場合には，主務大臣には権限を行使できないという規定があるが（第35条2項），この点はまだ社会に浸透しておらず取材の現場では深刻な問題が生じている。第二に，報道機関に対して，主務大臣の報告，徴収，勧告，命令という行政介入の可能性があることである。報道機関は，個人情報取扱事業者とされ，個人情報の目的外利用や同意のない個人情報の第三者提供者があるという理由で個人情報の使用停止を求められたときはそれに従う義務が規定されているだけでなく，主務大臣が個人情報の利用中止を勧告または命令することができる（第34条2項）。この2つの点は，個人情報を保護する目的であるこの法律によって，取材の自由や報道の自由に制限をもたらす場合があり得るだけでなく，知る権利の阻害にもつながる場合があることを示している。

　梓澤和幸（2007）は，「権力に個人を支配させず個人の尊厳を守るというこ

とは，個人情報保護という法思想の重要な役割」であるとしながらも，「現行の個人情報保護規制は，この法益をまもるためにどんな分野にでも包括的に個人情報の流れに介入する強大な権限を行政に与え，報道の自由や結社の自由の保護とのバランスを欠いている」とする。また，個人情報保護法の問題は，報道被害の当事者だけの問題ではなく，自立した個人が豊かに情報を受け取ることができるという市民的自由の今後に関心を持つすべての人びとの課題であるとする。

平川（2010）は，「『個人情報保護』の理由で一般市民のみならず公人の情報も取材しにくい状況が生じているのは否定できない」として，個人情報の保護が極めて重要なことであるとしつつも，現行法の運用には改善すべき問題が多いとする。政府から独立しているとはいえ，国家機関にメディア規制の権限を与えることは不適切であるとする。

一方，犯罪被害者等基本法に基づいて2005年に閣議決定された犯罪被害者等基本計画には，警察発表で被害者氏名を匿名とすることが盛り込まれた。警察発表の段階で被害者の氏名が公表されないということは，報道機関における取材が困難になるということである。メディア・スクラムやプライバシー侵害など報道被害から被害者を守るという側面がある一方で，被害者側への取材ができないことは，警察発表の情報のみで報道を行わなくてはならないということであり，危うさを孕むといえよう。何より，調査報道が困難になることは，言論の公平・公正や多様性の確保はもとより，被害者にとっても不利益になる場合がある。足利事件[12]（1990）や桶川ストーカー殺人事件[13]（1999）は，調査報道によって多くの事実が明るみに出た事件である。特に桶川ストーカー殺人事件は，調査報道により警察が取り上げなかった事件を社会化させたといってもよい事例である。

調査報道とは，ジャーナリストやメディアが独自の議題設定と取材，調査に取り組み報道する手法のことを指す。調査報道のためには，表現の自由が手厚くできる限り保障されることが望ましい。田島泰彦（2011）は，調査報道を脅かす表現規制として，個人情報保護法を含む近年のメディア規制三法等をあげ

る。メディア規制三法とは，1999年から2002年にかけて提出が検討された人権擁護法（2003年廃案，2012年9月報道規制部分を除いた法案が閣議決定），個人情報保護法（2003年成立，2005年施行），青少年有害社会環境対策基本法（提出断念）の3法であり，これらの一部または全部に言論・表現の自由を制約する恐れがあるとして，3つの法律を総称して使用されている用語である。これらの法律が内包している情報源へのアクセスの制限は，報道の内実を形骸化し，堀り崩すことに他ならず，ジャーナリズムとりわけ権力や社会的強者の不正や犯罪を告発する調査報道にとっては，不可欠の前提と手段が奪われかねない事態であるとする。具体的には，個人情報保護法を理由とする公務員名や事件・事故の被害者等の匿名発表，犯罪被害者等基本法とそれに基づく犯罪被害者等基本計画による犯罪被害者に関する警察の匿名発表，裁判員法に定める裁判員等への接触禁止などは，取材・報道主体への直接的な規制というより，取材・情報源である行政機関等による情報開示を制限し，その回路を狭めることによりメディアの取材・報道を実質的に制限するという意味を持つと田島（2011）は指摘する。また，草薙厚子が著書『僕はパパを殺すことを決めた　奈良エリート少年自宅放火事件の真実』（2007）で引用した少年の供述調書に関わって，情報源となった精神科医が逮捕され起訴されたケース（2007）も，乱暴で露骨な権力介入の典型例といえ，情報提供者に萎縮効果をもたらし，取材の自由とそれを実質的に支える報道・出版の自由を著しく狭めることになるとする。

　近年のメディア規制をめぐる法律とその施行については，今後の修正・運用改善が提案されるなど，それ自体が議論の対象となっている。また，そこから派生する問題については，犯罪報道に関わるものも多い。犯罪報道の在り方を論じるにあたって，法的な諸側面は重要な要素となるといえよう。

(4)　犯罪報道の問題の整理：犯罪報道の一般的問題

　本章第2節において述べたように，犯罪報道の問題に関する議論はいくつかの側面からの問題に分けることができる。(1)〜(3)において述べてきた3つの側面に沿って，犯罪報道の一般的問題について整理を行うと次のようになる。

「① メディアの制度に起因する犯罪報道の「在り方」に関する問題」は，いわゆる報道被害とよばれる報道による人権侵害に関する諸問題であり，その中心的な問題は「犯人視報道」といえる。日本の犯罪報道は，ほとんどの事件において被疑者逮捕時に報道量が多くなる傾向がみられるが，逮捕時に「被疑者＝犯人」とみなす報道を行うことは，冤罪の可能性を含めて当事者の人権侵害にあたるといえよう。

また，犯人視報道は実名報道の弊害を生む側面がある。被疑者の氏名，年齢，住所といった個人情報は，その情報を報道すること自体が問題なのではなく，犯人視報道により個人情報の報道が問題になり人権侵害につながる。

プライバシーの保護については別に考える必要がある。プライバシーは，被疑者がたとえ犯人であったとしても秘匿したい私的な事柄を公表されてよいわけではないといえるので，人権侵害とみなすことができる。しかし，プライバシーに関する情報も犯人視報道とセットになって，報道被害が加速する面は否めない。「犯人なら叩いても良い」といった風潮は読者・視聴者の側にもあり，中傷の対象となってしまうこともある。

一方，被害者についても，個人情報とプライバシーに関する情報については被疑者の場合と同様の問題がある。被害者が犯罪被害にあったということを公に知られたくない場合は，個人情報の報道はより深い被害になるであろうし，被害にあった上にプライバシーに関する情報も報道されてしまう場合には，深刻な報道被害と言わざるを得ない。

しかしながら，こうした問題を回避するために，被疑者・被害者を匿名で報道するならば，誰が何をしたか（されたか）が曖昧な情報を読者や視聴者が犯罪事件について実感を持ってとらえることができるか，警察発表の段階で匿名であった場合にマス・メディアの重要な役割の一つである「権力の監視」が機能するかという別の問題が生じる。被害者の匿名発表については一部導入され，すでに懸念される事態となっている。

「② 犯罪報道の影響に関する問題」は，まず，ニュースの編集の問題がある。どの犯罪を報じるかは，ニュース制作者側の選択によるものだからである。世

間にどのような犯罪が伝えられるか，または伝えられないかという議題設定である。これは読者や視聴者にある種の犯罪観を構築することにつながる。また，どのような犯罪が強調されるか，犯罪のどの部分が強調されるかということも受け手に影響を与える。

　さらに，報道されることによる被疑者・被害者への影響として，ラベリング論によって提起される問題がある。その一つは，ラベリングによる偏見である。「①の問題」とも関わるが，犯罪報道において報道されることで被疑者には社会的逸脱者のラベルが貼られ偏見を生む一方，被害者にも被害にあう理由があったのではないかというイメージが付きまとう。もう一つは，被疑者を犯人視し，個人情報やプライバシーに関する情報を報道することは，一種の見せしめのような効果があり次なる犯罪の抑止力になるという見方がある一方，アウトサイダーのラベルを貼ることによって逸脱的アイデンティティを促進させ，さらなる逸脱行為に向かわせてしまうという負の連鎖である。

　「③犯罪あるいは報道をめぐる法制度等から派生する新たな問題」は，近年制定された犯罪あるいは報道をめぐる法制度がいずれも，人格権をはじめとする被疑者・被害者等報道される当事者の権利を保護しようとする主旨でつくられているが，必ずしも主旨通りの結果になっていないという問題である。本章で言及した個人情報保護法や犯罪被害者等基本法は，取材の自由を制限してしまう側面があり，その結果，調査報道を困難にすることがある。これらのことは，報道の自由を，また知る権利を阻害するだけでなく，ひいては，被疑者・被害者の権利までも疎外してしまうことにつながるといえる。

第3節　ジェンダーの視点からの犯罪報道の問題

　ジェンダーの視点から犯罪報道の問題を考える場合，前述のような犯罪報道の一般的問題に加えて，ジェンダーの側面からの問題が重なる。
　「①メディアの制度に起因する犯罪報道の「在り方」に関する問題」については，女性の被疑者・被害者が報道される場合は，一般的な問題と比べて違った特徴が加わる。筆者は，具体的な事件の新聞報道の分析を行い，犯罪報道に

おいて女性が報道されるとき，被疑者の場合も被害者の場合も女性特有の報道のされ方があることを指摘している。それは，女性の場合，容姿や服装，性関係など事件と関係のない事柄が強調される点である。とくに性犯罪の女性被害者は落ち度を問われる（四方由美 1996）。さらに約15年の経過を経て報道比較を行い，その傾向に大きな変化はないこと，インターネット情報の流出など近年のメディア状況の変化にともない問題がより深刻になっているのではないかと考察を行っている（四方 2007）。

「②犯罪報道の影響に関する問題」についても，女性被疑者・女性被害者は一般的問題に加えて，性規範や性役割からの逸脱者としてラベリングされる傾向がみられるという指摘がされている。女性被疑者は，犯罪行為に加えて部屋が汚い，家事をしない，異性関係が派手などという点が強調される。それは，たんに被疑者本人にラベルを貼るだけでなく，性規範からの逸脱行為そのものにラベルを貼ることにもなり，ジェンダー規範を市民に伝達することにつながる可能性がある。女性被害者についても同様に，性規範を守らない者が被害に遭うというイメージを伝えることになるという仮説を立てることができる。

他方で，報道により「事件」が社会問題化すること自体が，人びとの認識を変えるという見方もある。江原由美子（1995a）は，「セクシュアル・ハラスメントの社会問題化」は，社会における「性行為への意思」に関する（「性差別的な」）解釈装置に変更を加えたとする。従来，女性の「性行為への意思」の自立性を社会的に承認することは，女性の「性的自由」「性的自己決定権」の確立のうえで，決定的な重要性を持っていると考えられるが，セクシュアル・ハラスメント事件の社会問題化は，昇進などの約束を条件に「性行為を強要する」男性上司の行為は，たとえその「強要」に女性が屈し「性行為に同意」を与えた場合においても違法であることを明らかにした。江原は，社会問題化は出来事に対して従来とは別な解釈を与えうる新しい文脈を提起したとする。

一方，ジェンダーとメディア研究においては，女性や弱者に関わりの深い社会問題が男性のそれに比べて取り上げられることが圧倒的に少ないことが指摘されている（斉藤慎一 2012）[14]。例えば，シングルマザーへの就労差別や支援

の不備，寡婦や高齢女性の貧困，女性への暴力などである。「非正規雇用問題」は男性にふりかかる問題となってはじめてマス・メディアで取り上げられ社会問題化されたといえる。また，児童虐待やドメスティック・バイオレンスなど，近年，社会問題として取り上げられる事柄も，当事者の立場から問題にアプローチされているものばかりではない。つまり，女性や弱者に関わりの深い問題が，十分に議題設定されてこなかったということである（Danner & Walsh 1999）。その原因の一つに，ニュースの送り手に女性が少なく，ダイバーシティの確保ができていないというメディア産業のジェンダー構造の問題があるとされてきた。

　しかしながら，報道件数に限って言えば，犯罪報道において女性が取り上げられることは，決して少なくはない。むしろ，事件の種類によっては繰り返し何度も報道されることが多い。「犯罪と女性」の組み合わせは，センセーショナリズムやスキャンダリズムにさらされやすい「議題」といえる。このようにジェンダーの視点からみるとニュースの構築という観点においても，一般的な問題とは別の特徴が加わるといえる。

　「③ 犯罪あるいは報道をめぐる法制度等から派生する新たな問題」であるが，個人情報保護法や犯罪被害者等基本法は，その運用に配慮が必要ではあるが性犯罪の被害者等にとって有益に働く。しかし，裁判員制度導入によって裁判員候補者への情報提供などによる個人情報の流出など，別の事情を考慮すべき状況も生じている。

　また，前述した諸制度に加えて，ジェンダー問題に深く関わる「ストーカー行為等の規制等に関する法律（平成12年法律第81号）」や「児童虐待の防止等に関する法律（平成12年法律第82号）」，「配偶者からの暴力の防止及び被害者の保護に関する法律（平成13年法律第31号；平成19年7月11日法律第103号：最終改正）」などが，報道にどのように関わっているか確認していく必要がある。

第4節　研究の目的と視座

　第3節で述べたように，ジェンダーの視点からの犯罪報道の問題は，犯罪報

道の一般的な問題が ① より深刻になる，② 異なる特徴が加わる，③ 別の問題が懸念されるなどの特徴があることがわかる。これらの問題については，犯罪報道における女性の扱われ方に関する問題提起が一部行われているが，体系的に問題として示されるにはまだ至っていない。

　日本のマス・コミュニケーション研究においては，日本の社会状況・メディア状況において，メディアが「ジェンダー」をどのように構築しているのかを包括的に考えていくための理論的枠組みが十分に構築されているとは言い難い。これまでのメディア研究の大部分は，男女の社会的役割に関する暗黙の規範を前提として行われてきてきたものが多く，女性研究者とごく少数の男性研究者が，ジェンダーに注目したメディア研究を展開してきたに過ぎない[15]。

　その一例として，田中和子と諸橋泰樹（1996）が，新聞報道における女性についての差別的な表現や価値観をまとめた研究がある。田中と諸橋は，紙上には女性を男性と区別することばや表現が溢れていると指摘する。具体的には，① 女性強調，② 女性隠し，③ 女性に対するダブルスタンダード使用，である。

　① の「女性強調」は，「女性」であること，つまり女性としての存在や役割をもっぱら強調し突出して注目させることで，新聞が無意識のうちに想定している「人間」が男性だからそのようなことがおこるとされる。そのため，女性を表そうとするときは「女」「女性」「女子」などの冠詞が必要になってくる。「宇宙飛行士」でも，男性の場合は何の冠詞も付かないのに対して，女性になると「女性宇宙飛行士」という風になる。冠詞だけでなく，女性にしか使わない「保母」「OL」などの言葉が使われることもある[16]。

　② の「女性隠し」とは，「女性」の存在や役割を背後に隠して女性の姿を見えなくさせてしまう，主体としての女性を隠蔽する表現である。「女性隠し」とは，紙面上で存在や役割が無視されたり，後方にしりぞけられたりする表現方法で，「女性強調」が文字の上に顕在化させられたいわば見えやすい性差別だとするならば，「女性隠し」はその逆に紙面上から女性を"みえなく"する女性と男性に関する非対称な扱いといえるとする。その代表的なものは，事件等が起きた時に名前が報道される場合，「会社員○○さん（男性）方で…」や

「公務員〇〇さん（男性）の妻□□さんが事件に巻き込まれた」など，男性が一家の代表として報道されたり，事件の当事者が女性であった場合でも個人としてではなく，夫との関係または父親との関係で報道されたりする。家族や事象を代表するのは男性という認識が無意識のうちに強化されるとする。

③の「女性に対するダブルスタンダード使用」とは，女性を男性と異なった基準を用いて表現する方法で，女性に対してのみ，妻として母としての役割を強調するような表現が盛り込まれることである。例えば，女性の政治家や企業家など男性と同じ業績を上げ同じような地位にある人へのインタビュー記事において，「得意料理」「母親としての顔」など不必要な情報に言及されることが多いとする。こうした表現は女性規範を暗黙の内に内包しており，女性に対する評価に"業績"以外の要素を割り込ませることで，その"プロフェッショナル度"を男性よりも一段下げてしまう役割を果たすという[17]。

新聞表現にみられるこうした特徴は，小玉美意子（1991）によっても指摘されている。小玉は，ジャーナリズムにおいて女性は「人類の亜種」として扱われているとし，報道のあらゆる場面で男性と異なった扱いを受けていると指摘する[18]。さらに，女性の画一的描写は，描かれ方それ自体が性差別であるだけでなく，その女性像が及ぼす影響も大きいと指摘する。このようなマス・メディア表現に対する指摘は，たんに言葉尻をとらえて性差別批判を行っている訳ではなく，こうした言葉や表現から成る言説が「男性／女性」に対する認識や，関係性を構築する点を視野に入れていることが重要である。

このような，報道における女性の扱われ方は犯罪報道にもあてはまる。メディアが描く女性については，従来からジェンダー・バイアスが指摘されてきたが，犯罪報道はそれが色濃く見られる場であるといえよう。犯罪報道はスキャンダリズムを背景とした物語的な要素を持つことがあるゆえに，そこに登場する「ヒロイン」や「悪女」は，男性とは異なる部分が強調される傾向にあるからである。

そこで本研究は，犯罪報道における女性被害者・女性被疑者の取り扱われ方について，これまでどのような研究が行われてきたか先行研究の整理を行い，

ジェンダーとメディア研究や犯罪報道に関する議論に照らしてその位置付けを明確にするとともに、新聞の内容分析を通して近年の犯罪報道における女性被害者・女性被疑者の取り扱われ方の傾向を明らかにし、構築主義の立場から、それがどのようなものとして読者に提供されているといえるか、またその影響はどのようなものであるかジェンダーの側面から考察を行う。犯罪報道にジェンダーの視点からアプローチを行うことにより、犯罪報道の一般的問題—犯罪報道の現状、その影響、報道の在り方を議論するにあたって必要な問題点の顕出が可能になるだけでなく、ジェンダー問題の課題がより明確になるといえよう。また、日本社会において女性被害者・女性被疑者が置かれた状況および課題、改善策について提言するための手がかりを提供できると考える。

第5節 研究の方法

　本研究の考察は、社会構築主義、とりわけ「社会問題の構築」という見方に依拠したいと考える。この研究で明らかにしようとする課題にはジェンダー問題が射程に入っているが、ジェンダー概念自体が性別を文化的に構築されたものとみなす思考であり[19]、また、社会構築主義の立場からみると、マス・メディアの言説は、「社会的現実」を構成する代表的なツールである。犯罪報道を考察する際に、社会構築主義の見方を用いることは有効だと考える。

　構築主義は、ラベリング論をさらに推し進めてエスノメソドロジーと統合したSpector, M. と Kitsuse, J.I.（1977＝1990）により示された。彼らによれば、研究者の果たすべき役割とは、権力的な位置から社会問題の状態を定義することではない。むしろ、人びとがどのように問題を社会問題とみなし、クレイムを申し立て、クレイムの共有を迫るのかを明らかにすることであるとする。そもそもラベリング論は、逸脱問題の原因を、逸脱者の側にではなく、「逸脱者」というラベルを恣意的に貼りつける人びとの側に求める理論であった。したがって、社会問題の構築主義の要点は、身体論の系譜の場合のような本質主義批判にあるというよりも、社会問題が客観的に測定できるのかという実存主義批判に絞られ、社会問題は「実在」するのかという問題がより一層焦点化され

る（千田有紀 2001）。上野千鶴子（2001）は，野口裕二（2001）の論文「臨床のナラティヴ」を引いて，「ナラティヴ・セラピーの前提」として紹介されている3つの命題はそのまま構築主義の前提であるとして紹介する。3つの命題とは，①現実は社会的に構成される，②現実は言語によって構成される，③言語は物語によって組織化される，である。上野は，「世界が言葉で表現されているというよりも，言語が世界を構成しているというべきであろう」という野口の前提は，「言語論的展開」を経由したすべての研究者に共有されている了解であるとする。

また，中河伸俊（1999）は，社会問題の言説分析の手続きについて整理を行っている。中河は，社会構築主義的な社会問題研究の対象の範囲をタイムスパンに応じて次の4つに分けて示す。①一続きの〈ここ―いま〉の切片の中での問題をめぐる語りを会話分析や言説分析の手法にならって解釈する，②問題に関わる特定の制度的場面をエスノグラフィー（民族誌）の方法で調査する，③特定の問題とその解決をめぐる集合表象の場面をめぐる問題過程を追跡する，④社会問題をめぐる集合表象の歴史を言説史のアプローチに依拠して述べる，という4つの経験的水準の分類である。①から④に移行するにしたがって分析のタイムスパンが大きくなる。中河は，この4つの範囲のうち，どれを重視すべきかは，それぞれの研究目的に応じて使い分ければよいとしている。いずれの範囲を研究するとしても，一定の言説フィールド（言説空間）を想定し，そこでの言説のレトリックと配置を仔細に観察し，記述することが必要で，「誰が，いつ，どこで，どのような状況下において，どういうクレイムを申し立てたか，逆にそこでは，何が申し立てられなかったのか」を仔細に記述することによって，言説の場に応じた社会問題の構築のされ方のバリエーションがみえてくるかもしれないし，ある程度一般的な言説生成のメカニズムが見えてくるかもしれないとする。さらに中河（1999）は，「問題」の個別のケースを生み出すディスコースの中で使われるドキュメンタリー・メソッドや対象構造の使用といった解釈手続きや集合表象の操作に目配りをして，日常のルーティン的な活動に含まれる解釈実践の中で不断に揺れ動きながら，しかし

同時に"不変のもの"として立ち現れる「問題」現象に肉薄していく「社会問題のワーク」のアプローチを取り上げる。「社会問題のワーク」とは,「社会問題の事例やその理解の実践を通じて『生み出す』のに貢献するあらゆる活動」を指し,制度化された「問題」の解釈構造と,解釈構造を埋め込んだルーティン化されたやりとり(相互行為)の実践とに依拠して,「問題」の具体的な事例を構築し「現実化」するとするのである。

　一方,こうした社会構築主義の記述主義ともいうべき方法論には批判もある。つまり,研究者がある社会問題の構築について記述によって明らかにしようとするならば,その「何ものか」について記述すること自体が「記述されるもの」に対する意味や事実性をつくりあげる(構築する)ことになるという疑問である。田中耕一(2006)は,こうした記述主義批判について整理を行い,「記述主義にとらわれているかぎり分析の対象は必然的に記述へとシフトせざるをえないが,それは,けっして『いかにして意味ある事実が社会的に構築されるか』という問題が解明されうる場所でも水準でもない」として,分析対象が記述へとシフトすることは,たんに分析が,記述という別の実践へとシフトしてしまうことを意味するに過ぎないとする。記述主義においては,ディスコース分析が収斂した結果レトリックの問題へと研究の焦点が移行するが,レトリック研究が果たして社会問題の研究たりえるかという批判である。

　これらの批判に対して中河伸俊・平英美(2006)は,構築主義アプローチの現時点での課題は,エンピリカルな調査研究をさらに推し進めるということにつきるとして,「具体的な現象について『何』が『どのようにして』構築されているのかを記述し観察して示すという作業に辛抱強く取り組むことしか,このアプローチの活路はない」とする。むしろ,「読者がどう読み,どう"活用"するかにかかっている」とする。例えば,Ibarra, P.R. と Kitsuse, J.I. (1993＝2000) は,『道徳的ディスコースの日常言語的な構成要素』において,「社会的に規定された活動や過程の類型,つまり『社会による』自らの中身の分類」を「状態のカテゴリー」と呼び,それは「実践のコンテクストの中で使われ,社会的現実についての意味をなす記述や価値を生み出す」とする。それは,「社

会問題が何に『ついて』のものであるかを示すためにメンバーが使う言葉」であり，分析の最初のトピックとして「日常の用語が実践における説明のなかにどのように配置され，精緻化されていくかということ」を挙げ，社会問題のディスコースのレトリックとして4つの次元（レトリックのイディオム，カウンターレトリック，モチーフ，クレイム申し立てのスタイル）を示す。

　構築主義のこのような視点と現時点における課題は，本研究においてどのように生かされるだろうか。マス・メディアによる犯罪報道は，逸脱行為のなかでも「何が犯罪であるか」を社会に示す。犯罪行為の規定は法によって定められているものであるが，発生した犯罪，認知された犯罪の中からニュース，あるいは社会問題として選定されたものが報道されるという点を考慮するならば，犯罪報道はある種のクレイム活動と位置付けることができる。一方，1970年代以降行われてきた犯罪報道の在り方に関する問題提起は，犯罪報道が孕む人権侵害等の問題や，犯罪報道が犯罪の被疑者・被害者をどのような存在として社会に位置付けてきたかを顕在化したと同時に，犯罪報道の問題性を申し立ててきた。その結果，またはそれ以外の理由から，犯罪や犯罪報道をめぐる法や諸制度等の状況が変化してきた。

　したがって，本書では，「犯罪報道の在り方への異議申し立ては何を"問題"としてきたか」「（その結果）何が変化したか，または変化していないか」「近年の犯罪報道は犯罪の何を"問題"として伝えているか」を記述することを通して，犯罪報道の現状と社会的影響について考察を行う。とりわけ，女性被害者・女性被疑者に焦点を当て，女性が被疑者とされる事件，女性が被害者の事件を中心に事例を取り上げることにより，犯罪報道におけるジェンダー問題を明らかにしたい。性差別的な言説を含む犯罪報道のあり方それ自体を「問題」としてきたジェンダーとメディア研究の立場に加えて，犯罪報道を「ジェンダー問題」の定義をめぐる「クレイム申し立て」あるいは対抗クレイムの一つとして位置付けた分析を行うことにより，多角的な犯罪報道とジェンダー問題へのアプローチが可能になると考えるからである。

　ジェンダーとメディア研究は，マス・コミュニケーション研究やメディア研

究などの理論と手法からなる研究の側面と，フェミニズム実践という運動としての側面を合わせ持つ領域であり，問題提起とその解決を志向する性格を持っている。フェミニズム実践では，メディア表現が社会に影響を与えるものとみなし，男性と女性が対等・公正な関係になり，性的マイノリティへの偏見をなくすよう変革することを目的とする。また，近年社会的弱者に寄り添った報道の在り方を模索するケアのジャーナリズムを志向する動きもある。本書では，これらの視点を用いて分析・考察を行うと同時に，得られた結果をジェンダーとメディア研究の中に位置付け，どう"活用するか"について，その方向を示したい。

　また，本書は，内容分析の手法を用いてジェンダーの視点からの犯罪報道の問題にアプローチを行う。Berelson, B. (1952＝1957) は，内容分析を「表明されたコミュニケーション内容の客観的・体系的・数量的記述のための調査技法」と定義し，内容分析の課題を17項目にまとめている[20]。さらにそれらの課題を大きく5項目[21]に分類している。本研究の分析を通して，彼が提示した5項目の分類のうち以下の3項目への言及が可能になる。それは，①内容の特徴の記述：内容の実態（言及される事柄自体）に関するもの，②内容の記述の特徴：内容の形式（言及の仕方・記述形式）に関するもの ③効果に関するもの，の3項目である。Berelsonの示すこれらの3項目を調査するにあたって，犯罪報道において女性がどのように扱われているかを明らかにするために，本研究では，女性が被疑者あるいは被害者として関わる近年（2005年から2010年）の事件を複数抽出し，言及される事柄，言及の仕方・記述について分析を行う。対象事件の抽出は，女性が被害者の事件は性犯罪事件を，女性が被疑者の事件は児童虐待を含む殺人事件等を中心に行うこととする。また，数量的分析に加えて質的分析として，社会構築主義アプローチにおいて用いられている言説分析の手法を適用したいと考える。先に言及したSpector, M. と Kitsuse, J.I. (1977＝1990) および Ibarra, P.R. と Kitsuse, J.I. (1993＝2000) の視点は犯罪報道の分析に有効であると考えるからである。

注）
1）本研究では，ジェンダー（gender）概念を広く一般的に使用されている「生物学的・解剖学的な男女（雌雄）のちがいを意味する「性」（sex）に対して社会的・文化的に形成される男らしさ・女らしさ」ではなく，もう一歩踏み込んだ「肉体的差異に意味を付与する知」（Scott, J.W. 1988＝1992）を用いたい。Scott, J.W. の定義を用いるのは，ジェンダーに関する認識がどのように構築されるのか，「女性」概念の産出にマス・メディアがどのように関与しているのかに着目したいと考えるからである。
2）「地位付与の機能」とは，1948年にLazarsfeld, P.F. と Merton, R.K. が「社会的規範の強化」と「麻酔的逆機能」と共にマス・コミュニケーションの社会的機能と指摘したひとつである（Lazarsfeld, P.F. & Merton, R.K. 1948＝1968）。
3）ロス疑惑事件は，1981年から1982年にかけてアメリカのロサンゼルスで起こった邦人女性に対する銃による傷害事件。被害者は植物人間化，後に死亡した。ロス事件，疑惑の銃弾事件と呼ばれることもある。被害者の夫A氏が被害者に多額の保険金をかけていたことなどを理由に，1984年に『週刊文春』がA氏を犯人とする疑惑報道を行い，各社の報道が過熱した。同年，警察はA氏を殺人未遂容疑で逮捕。東京地裁は殺人の共謀で無期懲役。その後A氏は控訴し，2003年，最高裁において無罪が確定。2008年ロサンゼルス市警に再び逮捕されたA氏は拘置所内で自殺した。
4）1994年に日本の長野県松本市で，猛毒のサリンが散布され，死者8人・重軽傷者660人を出した事件。戦争状態にない国で一般市民に対して初めて化学兵器が使用されたテロ事件。後に宗教団体の手によることが判明した。また，被害者の夫A氏が犯人扱いをされた冤罪・報道被害事件でもある。
5）1997年，東京電力の女性社員が東京都渋谷区にあるアパートで殺害された事件。被疑者（被告）とされたネパール人男性は，このアパートの隣のビルの4階に同じく不法滞在のネパール人4名と住んでおり，被害者が生前に売春した相手の一人でもあった。有罪判決によって服役したこの男性は釈放され，再審が確定している。
6）1998年，和歌山県和歌山市の園部地区で行われた夏祭において提供されたカレーに毒物が混入され67人が腹痛や吐き気などを訴えて病院に搬送され，4人が死亡した。1998年，知人男性に対する殺人未遂と保険金詐欺の容疑でA氏が逮捕された。さらにA氏は，カレーへの亜ヒ酸の混入による殺人と殺人未遂の容疑で再逮捕された。A氏は，一審，二審の大阪高裁において共に死刑判決を受け上告していたが，2009年に最高裁判所が上告を棄却。判決訂正も棄却されたため死刑が確定した。
7）2006年，秋田県山本郡藤里町で2人の児童が殺害された事件。同年4月に小学校4年生の女子児童（当時9歳）が，自宅から10キロ離れた川で水死体となって発見された事案で，秋田県警では当初事故と判断していたが，5月に被害女子児童の2軒隣の男子児童（当時7歳）が約12km離れた川岸において遺体で発見された。1ヶ月の間に2人も亡くなっていることに疑問を抱き再捜査が行われ，女子児童の母親

を事件の容疑者として逮捕した。
8）ア），イ）については，Katz, J. (1987) "What makes Crime 'News'?" *Media Culture and Society* 9，ウ）については，とくに非行に関して鮎川潤（1988）が詳しい。
9）モラル・パニックについてのYoungの説明を挙げるならば，「メディアは社会問題を劇的に，人びとを圧倒するように提示することができ，そしてもっとも重要なのは，突然にそれを行うことができるということである。メディアは即座にかつ効率的に世論の憤りを煽り，ある特定のタイプの逸脱について『モラル・パニック』と呼んでよいようなものを設計できる」（Young, J. 1971）である。モラル・パニックは，クレイム（申し立て）とも関わりが深い。
10）こうしたラベリング理論の主張に関して，ラベリングが逸脱をエスカレートさせるといった命題に対して否定的な調査結果や，それが反作用ばかりを強調しすぎるといった批判も出されている。しかしながら，他者を逸脱現象の分析の中に取り入れ，ラベルのような意味付けを重視した功績は大きいと宝月誠（1996）は述べる。また，宝月は，ラベリング論のなかでも実証主義の土俵に上らせることができる「強い命題」のみが取り出され，検証され，反証され，妥当性が疑わしいものになったと評している。
11）村上直之（1988）は，犯罪報道と世論との関係性を「群衆的コミュニケーション空間」と位置づけた空間を支配してきたのはマスメディア・ジャーナリズムであり，彼らは社会規範のエージェントとして，何が逸脱かをさまざまなかたちで提示していくとする。
12）1990年，栃木県足利市にあるパチンコ店の駐車場から女児（4歳）が行方不明になり，翌朝，近くの渡良瀬川の河川敷で遺体となって発見された事件。犯人として誤認逮捕，起訴され，実刑が確定して服役を余儀なくされたA氏と，遺留物のDNA型が一致しないことが2009年の再鑑定により判明し，確実な無実，さらに冤罪であったことが発覚。服役中だったA氏はただちに釈放され，その後の再審で無罪が確定した。
13）1999年，埼玉県桶川市の東日本旅客鉄道（JR東日本）高崎線桶川駅前で，女子大学生（当時21歳）が元交際相手（当時27歳）とその兄が雇った男によって殺害された事件。被害者がこれらのグループから監視・中傷・脅迫・プライバシーの侵害等のストーカー行為を受けていたために，「ストーカー殺人事件」と呼ばれることが多い。日本で初めて認知された複数犯による集団ストーカー事件でもある。被害者とその家族は，事件以前にストーカー被害に関して告訴状を提出していたにもかかわらず，捜査せず告訴状の取り下げを要求し，その後事件が起こった事実が判明。埼玉県警が謝罪を行った。
14）第2章第2節において斉藤（2012）による概念図を用いた説明を行う。
15）日本におけるジェンダーとメディア研究の展開については，第2章で詳しく述べ

たい。
16) 現在は「保育士」のように少しずつ女性特有の呼び方をやめている。他にも，「看護師」のように両性を表す言葉に置き換えられるなど考慮されるようになってきた。
17) さらに，新聞紙上で定型化した形で用いられるダブルスタンダード表現として，男性に対しては「氏」，女性に対しては「さん」と敬称が非対等に用いられており，これは男女の優劣や上下関係をも暗にほのめかす働きを隠し持っているとする（田中・諸橋 1996）。
18) 小玉（1991）の指摘については第2章において詳しく述べる。
19) 構築主義の立場をとるフェミニスト研究者 Butler, J.（1990＝1999）は，身体の社会的構築を問い直すアプローチとして，「実際は存在するはずの生物学的な要素」がどのように構築されているのか問うことでジェンダーを解明しようとする。これは，本質主義に対してメタレベルに立つアプローチを行っているといえる。また，上野千鶴子（2001）は，ジェンダー概念こそが，構築主義の大きな理論的推進力となったことを強調する。
20) Berelson, B. は，従来の諸研究を参考に，以下の17項目を内容分析の課題（用途）としてあげる（Berelson, B. 1952＝1957）。① コミュニケーションの内容の時代的変化をたどる。② 学問の発展をたどる。③ 国別にコミュニケーション内容の相違を明らかにする。④ 複数のメディア間の比較を行う。⑤ コミュニケーションの内容や送り手が公言している目的と合致しているかどうかを確かめる。⑥ コミュニケーションの内容や構成がある基準と合致しているかどうかを調べてそのコミュニケーションの評価を行う。⑦ より大きな調査計画の中で，自由回答の整理などを，作業の一貫として行う。⑧ 送り手の主張の仕方を調べてプロパガンダのテクニックを暴露する。⑨ メッセージの特性から読みやすさ，聞きやすさを測定する。⑩ 文体の特徴を明らかにし，作者を推定したり，文学的影響の有無を知る。⑪ 送り手の特性，意図，主張を明らかにする。⑫ 精神分析の面接記録などの資料から個人や集団の心理状態を測定する。⑬ あるコミュニケーションが実はプロパガンダであることを暴露する。⑭ 相手側が対外的・対内的に流すコミュニケーションを分析して政治的・軍事的情報を得る。⑮ コミュニケーション内容の特色から，それに反映されているであろうその時代の精神や風潮を推定したり，特定の集団成員の態度や関心，価値観を推定する。⑯ ある集団が常時接触しているメディアがどのようなことを扱っているかを知ることによって，その集団が何に注目し，関心を持っているかを明らかにする。⑰ あるコミュニケーションがどのように受け入れられ，どのような影響をもたらしたかを明らかにする。本研究では，⑮，⑯，⑰ の項目が研究対象として関連する項目といえる。
21) 5項目は次の5つである。(1)内容の特徴の記述：内容の実態（言及される事柄自体）に関するもの，(2)内容の特徴の記述：内容の形式（言及の仕方・記述形式）

に関するもの，(3)送り手に関するもの，(4)受け手に関するもの，(5)効果に関するもの（Berelson, B. 1952＝1957）。

第2章

日本におけるジェンダーとメディア研究の展開と課題

　第2章では，日本において研究が行われるようになった1970年代以降のジェンダーとメディア研究の成果を概観することを通して，日本のマス・コミュニケーション研究におけるジェンダーとメディア研究の立場を明確にし，その課題の整理を行う。このことにより，ジェンダーとメディア研究におけるフェミニスト・メディア・スタディズの位置が明確になると考える。

　まず，日本におけるジェンダーとメディア研究の流れを概観し日本のマス・コミュニケーション研究の中に位置づける作業を行い，その大部分を担ってきたフェミニストによる研究であるフェミニスト・メディア・スタディズの課題を整理する。また，本書が主眼を置くテーマの一つである犯罪報道におけるジェンダー問題を明らかにするために，日本のメディア研究におけるジェンダー問題へのアプローチについて検討を行う。

第1節　ジェンダーとメディア研究の展開

(1)　「女性とメディア研究」の源流としてのフェミニズム運動
　①　アメリカを中心とした第二波フェミニズムの流れ
　ジェンダーとメディア研究の源流の一つはフェミニズム運動にあるといえる。フェミニズムは，女性解放思想，あるいはその思想に基づく社会運動の総称であるが，ジェンダーとメディア研究と密接な関わりを持つのは，1960年代にア

メリカを中心に既存の社会体制を批判する機運が高まったことを契機に盛り上がった，性役割分担の廃絶や生殖における女性の自己決定などを主要な主張とする第二波フェミニズム[1]である。

Friedan, B.（1963＝1965・1977・2004）は，『女らしさの神話』（＝邦題『新しい女性の創造』）を著し，きれいな郊外住宅に住む主婦たちの間に蔓延している「得体のしれない病気」を白日のもとにさらし，その病気の根源は男女間の伝統的な性役割関係にあること，したがって，そのような性役割関係の打破こそが女性解放運動の課題であることを明確に述べた。中流専業主婦間の孤立感や無力感を「名前のない問題」と名付けて顕在化したのである。Friedanを中心とする27人は，全米女性機構 NOW（National Organization for Women）を結成し，男女平等の権利と達成を目標として，雇用，教育，宗教，家族，メディア，政治と権利，低階層の女性に関する7つの特別委員会を設け，政府，議会，裁判所に働きかけを行った[2]。法的手段や社会改革を通して男性と同一の平等を支持するこうした立場は，リベラル・フェミニズムと呼ばれる。

また，Friedanは，「現代のアメリカ女性のイメージ」と現実の女性の生活とがかけ離れていること，「女らしさを賛美する風潮」が女性に与えた影響について，女性雑誌の編集者，心理学・精神分析学・人類学・社会学などの専門家とのインタビューによって解明しようと試みた。さらに，過去20年間の女性雑誌における女性像の変化を調べ，1930年代の「自己確立した"新しい女性"」から15年間を経て「妻・母・主婦としての役割に順応する"幸福な主婦"」へ変遷していることを明らかにした。これらの研究は，女性自身が女性らしさを許容する要因を，女性雑誌が伝える女性像に求めており，ジェンダーとメディアの萌芽的な研究といえる。

アメリカにおける第二波フェミニズムのもう一つの流れを作ったのは，Millett, K.（1970＝1973）の『性の政治学』である。『性の政治学』は，女性問題の原因を「性支配」に求めるラディカル・フェミニズムの先鞭をつけた書である。Millettは，「男性的」「女性的」なものが構成する権力構造の理論的解明を試み，フェミニズム運動が求めていた理論的根拠を提供した。とくに，

もっとも私的な場所と想定されていた両性間の性交の場にも，政治的・権力的構造が避けがたく組み込まれていることを「性の政治」という概念を用いて説明した。加えて，軍隊，産業，テクノロジー，大学，科学，行政官庁，財政等，社会におけるあらゆる権力への通路は男性支配であることを指摘した。

　これに続いて，既存の社会主義やマルクス主義を批判的にとらえ，女性の経済的従属を構造的に解明する社会主義フェミニズムやマルクス主義フェミニズム，資本主義化過程における自然と女性の搾取を構造的に解明するエコロジカル・フェミニズムなども生まれた。この1960年代から1970年代という第二波フェミニズムと重なる特定の時期の女性運動はウーマン・リブと呼ばれる。1970年代に入ると，ウーマン・リブ運動の一部は文化活動へと移行していく。文化活動は，女性文化創造の運動を展開し，メディアとの関わりでいえば，女性の本や，新聞，ミニコミ誌など情報発信の場をつくっていった。伝統的な男性中心のジャンル・枠組みを解体し，「自然なもの」とみなされていたあらゆる慣習や制度を問い直す動きとなり，教科書を書き換え，性差別的な言葉をなくし，「ミズ（Ms.）」などの新たな言葉をつくることによって社会改革を目指す文化運動に発展する。このような文化運動の延長として女性学（Women's Studies）が誕生する。女性の視点から既存の学問の問い直しと，学問の権威の解体を求めた新たな学問の体系づくりが目指されたのである。女性学の主要なテーマには，第二波フェミニズムの主張である性役割分業の解体と女性の身体に関する自己決定が含まれた。マス・メディアに描かれる性役割分業の在りようや，その影響，ポルノグラフィにおける女性の人権などが問題とされた。

②　日本におけるジェンダーとメディア研究の始まり

　マス・コミュニケーション研究やメディア研究の領域において，男性／女性としての文化的経験や認識を形作るメディアの役割は，メディア研究の中ではあまり重視されてこなかった。しかし，アメリカで始まった女性学（Women's Studies）が盛んになったこともあり，1970年代になると日本でも徐々にジェンダー（gender）をキーワードとするメディア研究が行われるようになった。

日本におけるジェンダーとメディア研究は，ウーマン・リブの洗礼を受けた女性たちや市民組織[3]による，メディアが伝える女性像の批判から始まった。1960年代の第二波フェミニズムを経た女性学は，制度上の男女平等を要求しただけではなく，性差別的な文化の影響源として，教科書やマス・メディアを批判の対象とした。メディアの伝える情報の男性中心的偏り，女性が現実からかけ離れたステレオタイプ的表現で描かれていることへの批判である。「社会における性差別的で固定的なジェンダー観」が，メディア内容のジェンダー・バイアスに反映しているとされたのである。さらに，マス・メディアの描く性差別的な女性像は，それ自体が問題であるだけでなく，現実のジェンダー観の形成に大きな影響を及ぼすと考えられた[4]。女性学によるマス・メディア批判は，メディアが描く女性像を明らかにすることで，「その社会で『女性であること』がどんな意味を持つか，『男性であること』とどう異なるかを明らかにした」（国広陽子 2012）。

　日本では，1975年に発足した「国際婦人年をきっかけとして行動を起こす会」[5]は，議員，研究者，ジャーナリスト，主婦，学生など幅広い構成員が各テーマに分かれて小グループを作って活動を行った。この運動体はマス・メディアの在り方を批判し，NHKや民放各局に性差別に関する抗議行動を展開していった。1975年に放送されたハウス食品のインスタントラーメンのテレビコマーシャル「私作る人，僕食べる人」を短期間で中止させたことがよく知られている（行動する女たちの会記録集編集委員会 1999）。彼らは，「女性アナウンサーがいつも脇役である」「番組やコマーシャルに性差別的内容が多い」などを具体的に指摘し，改善を求めた。また，1975年は国際婦人（女性）年であり，メキシコで世界会議[6]が開催されたが，日本のマス・メディアがこうした世界の動きをあまり取り上げなかったことを批判した。

　1980年代になって「女性とメディア」研究は，マス・コミュニケーション研究の一分野として確立するようになった。「女性がどのように描かれるか」を分析する女性学的視点がマス・コミュニケーション研究に導入されるようになったのである[7]。また，「女性がどう描かれているか」と同時に，「（女性の）

何が描かれていないか」を分析する必要があるという指摘も行われた（井上輝子 1981，村松泰子 1982）。

「女性とメディア」研究は，内容分析を通して女性が表現対象としても表現主体としても，また受け手としても疎外され差別されているというメディアセクシズムの現状を指摘した。また，女性に関する情報が女性向けメディアに囲い込まれる傾向があることが指摘された。井上・女性雑誌研究会（1989）は，その代表的なものとして女性雑誌の内容を比較分析し，日本の女性雑誌は性役割伝達メディアとなっていることに加えて，広告と密接に関連した記事が多く掲載され，女性を消費へと駆り立てる商業主義的側面も持つことを明らかにしている。

小玉美意子（1991）は，ジャーナリズムにおける女性の扱われ方を，① 人類の亜種としての女性，② 客体としての女性，③ 従属的存在としての女性，④ 低能力者としての女性，⑤ 家に閉じ込められる女性，の5つに分類し，女性の描写が画一的であることを指摘している。① は，メディアの枠組み，記事の選択，表現方法いずれをとっても，女性を特殊な存在と位置づけているという指摘であり，② は，① の延長上で映像素材，記事の文脈において男性が主体で描かれており，女性はその性的対象「客体」であるという指摘である。③ は，死亡欄等の表記に見られる男性との関係であらわされる女性の属性について，またはその際の用語そのものについて女性が従属的な存在として扱われている，④ は，女性の活躍は能力や専門知識によるものではないという伝え方や女性を必要以上に持ち上げた言い回しは，女性を低能力者として扱っている，⑤ は，結婚，家庭といった事柄が女性のものとして伝えられることが性役割分業の固定化を助長し，女性を家に閉じ込めてしまうという指摘である。小玉は，ジャーナリズムの根底には男性的価値観が存在しており，多くの女性もそれに染まっているとした。

また，ポルノグラフィと表現の自由について，ラディカル・フェミニズムの視点から論じたものとして MacKinnon, C.A.（1987＝1993）の論考がある。ポルノグラフィという「性表現」への問題提起のみならず，その表現は「女性表

現」に関わるもので，支配―被支配の関係性を構成するものとしてとらえ，差別表現の規制を含めた議論を提起している[8]。加藤春恵子（1989）は，このMacKinnonの論考を日本に紹介し問題提起を行った。

　研究が進展するにつれて，①そうした表現の偏りと歪曲が女性に対する差別であるのみならず，②性差別的表現が差別自体を再生産することが認識され，③表現の偏りと歪曲を生みだすメディアおよび社会の構造が問題視されるに至ったとされる（井上 1992）。

　さらに，表現の偏りを批判する論点として，加藤（1992）は，3つの論点，①性役割分業批判，②らしさ固定批判，③性的対象物批判をあげる。①は，性役割分業に関する固定的なイメージをメディアが再生産することへの批判，②は，例えば従順な女性を「女らしい」と描くだけでなく，そうではない女性を「女らしくない」として制裁を加えることに対する批判，③は，ポルノグラフィに代表されるような女性を男性の性的欲求の対象物として描くことで男性＝能動的，女性＝受動的という関係を固定化してしまうことへの批判である。メディアが社会的現実を構成する可能性から，その内容をジェンダー・ニュートラルなものへと是正することを求めるに至った。

　このように，ジェンダーとメディア研究の出発点となった「女性とメディア」研究の源流にはフェミニズム思想・運動があり，その研究にはフェミニストによる男性中心主義批判が通底していることがわかる。イデオロギーを内包していることが批判的にとらえられる一方で，ある側面においては従来見えてこなかった，メディアそのものが孕む偏りを明らかにする役割を担い，一定の成果を得たといえる。

(2)　「ジェンダーとメディア研究」への流れと2つの問い
　①　メディア批判の根拠をめぐって
　1990年頃から，「女性とメディア」研究は，「ジェンダーとメディア」研究と言い換えられることが多くなる。これは，「女性」という特定の性ではなく「性別」というカテゴリーそのものを主題化することを可能にしたと同時に，

2つの問いが生じることになった。第一に,「女性学の観点から」のメディア批判についてその批判の根拠が問われたこと,第二に,第一の問いとも深く関わる「誰がどのような立場で」研究を行ってきたかという,研究の主体に関わる問いである。

批判の根拠をめぐっては,松田美佐(1996)が整理を行っている。松田は,従来の女性とメディア研究の多くはリベラル・フェミニズムの立場からのジェンダー・バイアス批判であったとして,あるメディアが「差別的である」という場合,誰がどのように決定するのか,仮に「差別的な」表現が存在するのならば,それを受け手はその通りに受容するのかという問いが生じるとする[9]。フェミニストにとっては「良い」メディア／「悪い」メディアを区別することは可能であるかもしれないが,メディアは「現実の」女性の在りようを伝えているにすぎないという側面を考慮すると,メディア表現そのものが「性差別」かどうかの判断をすることは難しい。

こうした思考の背景には,カルチュラル・フェミニスト・メディア研究の立場を表明するVan Zoonen, L.(1991=1996)の指摘がある。カルチュラル・フェミニズムは,非政治的立場をとり,女性と一体化する生き方を重視するフェミニズムで,生物学的な性差を肯定し,むしろ美化する。カルチュラル・フェミニズムの視点からのメディア研究(カルチュラル・フェミニスト・メディア研究)は,メディアの描く女性像の多義性と,それを「受け手」が無批判に受容するわけではないという点を強調する。Van Zoonenは,メディアが伝えるべき客観的現実とは何かを定義しうるのは誰か,フェミニストか,女性か,として「現実をどう反映しているかという命題」に関する意味の闘争を指摘するのである。

マス・コミュニケーション研究にも共通の問題であるが,マス・メディアの「直接的な効果」を前提とした研究は「送り手」と「受け手」という二元論でとらえがちである。したがって「送り手」の伝える「現実的でない女性像」が「受け手」にそのまま受け入れられるという仮説の上で内容の是正を求めることになる。しかし「利用と満足」研究の成果を引くまでもなくメディアのメッ

セージは多義的であり，それは「受け手」個々人の欲求に支えられている。また，Hall, S. (1980) のエンコーディング／ディコーディングモデルも指摘するように，「受け手」のメディアの内容の解釈も多義的である[10]。

　ジェンダー・ニュートラルな表現に是正することが，現実社会の性差別を解消することにつながるのか，マス・メディア産業で「送り手」として働く女性の人数が増加すればマス・メディア内容にみられるジェンダー・バイアスを減少させることができるのかという問いも同様である。メディアで働く女性が増えることは「女性の声」を反映させる機会を増加させるとはいえるが，ジェンダー・バイアスを減少させることにつながるかどうかは疑問の余地が残る。メディアで働く女性が「現実の女性」の代弁者となると言い切ることは難しいからである[11]。

　「ジェンダーとメディア」研究は，こうした問いに対して説明することができなければ，ある特定のフェミニズムの立場からメディア批判を行っているにすぎないといえる。しかしながら，「メディアの伝える女性像」とそれによって再生産された「現実の女性」の因果関係を証明することは極めて困難である。また，女性学の視点／ジェンダーの視点は，そのまま女性の視点として用いられてきたが，それは（ある特定の）フェミニストの視点であったということである。

　さらに「女性」というカテゴリーを自明のものとして用いてきたことは，ジェンダー概念がとらえようとしている方向と相反するものである。メッセージ分析においては，分析軸が結果に反映することは否めない。「ジェンダーとメディア」研究は，ジェンダーの視点での分析において，メディアにおける男性と女性の異なる表象を導きだしてきたが，それはカテゴリー分けの結果ともいえるのである。

　② 研究の主体は誰か
　性差別を議論する上では，もはや欠かすことのできない概念となったジェンダーは，男女の役割分業の変革を語ることを可能にする言葉として，学問領域

のみならず，従来の女性の社会的地位の変革を求める多くの人びとの政治的・理論的実践において頻繁に使用されるようになった。ジェンダーという語を用いることは，性差が生物学的宿命で変更不可能であるという本質的主義的な性差観から「性差」は社会的，文化的，歴史的に創られるものであるから宿命ではないと，「性差」を相対化することを可能にした。

　ジェンダー概念は，社会に流通する用語としてはもちろん学問領域においても「性役割」と区別なく用いられはじめたが，その区別がなされる間もなく批判にさらされることになった。それらの批判について江原由美子（1995b）は，以下の3項目にまとめている[12]。

　①「生物学的性別」と「文化的・社会的・心理学的性別」の区別をたてることへの批判。目黒依子（1990）は，「性別（セックス）という自然の二分法によってジェンダーという社会的二分法が決定されると思い込み，時間的にも論理的にも性別がジェンダーに先行するという両者の因果関係を前提としてつづけてきた」とし，「ジェンダーという用語を認めることは『性別』は純粋に自然であるという考えを支持することになる」としている[13]。

　② 現在の学問のなかで実際に頻繁に使用されているジェンダーという言葉の使い方に対する批判。ジェンダーという言葉は単に「『女』の同義語」として使用されているにすぎず，そのようなジェンダーという語の使い方は，単に「女」という言葉よりも「ジェンダーにはもっと中立的で客観的な響きがあるから」なされているに過ぎないという。そのようなジェンダーという使い方は「アカデミズムにおける市民権」を得ようとして「フェミニズムの政治性と手を切ろうと」するものだという（Scott, J.W. 1988＝1992）。この批判は，女性と男性の間の政治的立場の違いを曖昧にするという視点からなされている[14]。

　③ ジェンダーという概念が，女性の間のさまざまな差異を，男性と対立的に措定された「女性一般」に解消してしまうという批判。人権・民族・セクシュアリティ・階級等によってさまざまに異なっている女性の経験を，特権的な存在である白人中流階級の異性愛の女性の経験に回収し，それを女性一般の経験としてしまうというものである[15]。

こうした批判は,「ジェンダーとメディア」研究にもあてはまる。メディアが男性中心主義的であると批判しながら,性別（セックス）を前提として性別に関わる批判を展開してきたからである。「女性」の多義性に対する配慮がなされてこなかったことは,否定できない。また「中立的である」という理由で「ジェンダー」という用語を用いているのかという批判についても同様である。

井上（1999）は,女性学が性役割概念を切り開いてきた意義を評価しつつ,個人としての女性の地位を「役割」として焦点化し,ジェンダーの多面的な側面に十分光をあてられなかったとする一方で,「性役割」から「ジェンダー」への移行を危惧している。

まず,第一に,ジェンダー研究のアカデミズム化傾向である。現実の女性たちが直面している諸問題の解決よりは,理論的整合性を優先し「学問のための学問」となってしまうのではないかという危惧である。女性の視点からの学問の問い直しをするはずが,女性の外部においてさらに学問領域を一つ増やすという皮肉な結果が生じる。

第二に,女性差別の現実について,ジェンダー研究において抽象的に論じているだけでは,解決策はない。差別をなくそうとする立場から切り込んでいく必要がある。

第三に,ジェンダーの非対称性である。ジェンダーの呪縛はもちろん男性にとっても問題であるが,女性はより深刻な問題として関わらざるを得ない。ジェンダー構造は女性の抑圧を軸に展開されている以上,男性学と同じ比重ではなく女性学の重要性を主張するべきだという点である。

「ジェンダー」という語を用いることは,分析の軸や考察を多角的にする反面,フェミニストが性差別に対する問題提起のために研究を行ってきた女性学の問題関心が希薄になることにつながる。「女性」というカテゴリーを用いて,学問と実践を橋渡ししながら性差別に取り組んできた女性学の「問題」が解決した訳ではないという観点で,重要な指摘である。

第2節　ジェンダーとメディア研究の課題

(1) 研究の射程の広がりとフェミニスト・メディア・スタディズの課題

① 研究の射程の広がり

　メディア批判の根拠をめぐる議論について松田（1996）は「ジェンダーとメディア」研究における「社会的文脈への関心の薄さ」指摘する。人びとが社会から切り離された形でメディアと関わるのではない以上，メディアを「透明な」ものとして社会から切り離してとらえるのではなく，社会的文脈に位置付けられてこそ意味を持つという指摘である。もちろん「ジェンダーとメディア」研究は，社会的文脈に配慮してこなかったわけではないが，どちらかといえばメディア内容批判が強調されてきた。社会的文脈と関連付けた分析の蓄積が望まれると，松田は結論付けている[16]。

　たとえば，Van Zoonen（1991＝1996）は，Harding, S.（1986）の「人間がその社会活動について考え，それを組織化するために使う分析的カテゴリーの一つであって，生物学的性差（sex）の自然な結果ではないし，文化によって異なったやり方で個々の人々に割り当てられる単なる社会的変数の一つでもない」というジェンダーの定義を採用し，こうしたジェンダー概念の設定が意味することは，ジェンダーの意味が所与のものではなく，特定の文化的条件によって多様に変化し得ること，ジェンダーの意味はディスコースをめぐって現在行われている闘争と交渉次第で決定し，この闘争と交渉の結果が持つ社会―文化的意義はかなり広範囲に及ぶことであるとする[17]。その上で Hall（1980）のエンコーディング／ディコーディングモデルに依拠しながら「受け手」の受容レベルで行われる意味をめぐる交渉こそ，最もラディカルな潜在力を持つとして「受け手」によるメディア利用と解釈を考察する。

　ソープ・オペラを一つの女性文化と位置付ける Gray, A.（1987）の研究では，需要の実践的行為に重点をおくことは，ジェンダーの構築が女性も男性も共に能動的に関わる社会過程の一つであると認めることを意味するとする。つまり，女性はメディア・メッセージによって表現された支配的文化の犠牲者であり，

全く現実的でないつくられたイメージによって攻撃されているという見方を払拭する可能性を想定している。

このような構築主義的な見地が示唆するところは大きい。メディアで働く女性が増加することが，ジェンダー・バイアスを減少させるのかという問いも不要になり，何よりも女性が「送り手」としても「受け手」としても関わってきたコミュニケーション過程をとらえることが可能になる。

一方，カルチュラル・スタディズの視点からの見方は，「ジェンダーとメディア」研究に焦点の変化をもたらしたといえる。「女性がどのように描かれるか」よりもむしろ「なぜそのように描かれるか」「なぜそのような優先的意味が生じるか」を焦点化するものであり，「なぜそれが女性とされるのか」についてジェンダーの構築に対するメディアの役割を主題化する。メディアを「セックスの自然化」（Butler, J. 1990＝1999）のための装置として分析するものである[18]。

また，石田佐恵子（2000）は，メディアがつくりあげる現実と社会的現実が反映するメディアとの間に単純な対応関係を想定することに慎重になりながらも，Van Zoonen が示す研究の焦点に基づき，社会構築主義的な観点からメディアもジェンダーも構築されたものとして社会的脈絡に位置付け，「メディアが社会的に構築されるとき（あるいは社会的現実を構築するとき），ジェンダーがどのようにかかわるのか」という問いを立てる。

こうした焦点の変化は，同時に視点の多様性を促進させた。「誰が（主体），何を明らかにするために（目的），どのような方法で，何を（対象）分析するのか」の各レベルにおいて広がりがみられる。従来の計量的な内容分析とはパラダイムを異にする視点からの方法論を導入し，より深層的に分析する動きでもある。

第一に，カルチュラル・スタディズの視点により，研究対象，ジャンルに広がりがみられたことである。ジェンダーとメディア研究においては女性雑誌など女性向けジャンルの研究は蓄積を見てきたが，主流の研究対象だけでなく，少女マンガ，ロマンス小説などへの広がりとその再評価，比較，さらに，フェ

ミニズム批評など文学や言語学の成果を取り入れながら展開している。とくに，批判的フェミニズム（米山リサ 2003）の視点は，性差別に対して対抗的な視座を中心に捉えつつ，「女性」というカテゴリーの同一主義的，普遍主義的理解を批判する[19]。米山は，アメリカの雑誌における占領下の日本女性のメディア表象を分析し，そこにみられる女性の「解放」は一義的なものであり，日本の女性を構築する全ての権力関係において「解放」を意味するわけではないとする。

第二に，送り手研究を含意したメッセージ分析である。斉藤正美（1998）は，クリティカル・ディスコース・アナリシスの学際的な視点からディスコース分析の方法を用いて，メディアが他者表象を行う際に作り手の解釈枠組みが関与することについて，「ウーマン・リブ運動」を例に明らかにする。斉藤は，この分析からマイノリティを「他者化」する表象の特徴として，女性運動を当事者に直接語らせない，運動の目的を知らせない（記事にしない），男への反乱というメタファーを付与するなどを明らかにしている。また，国広陽子（2001）は，主婦という表象の分析において，制作者集団のジェンダーを参与観察し，他者としての「専業主婦」が制作者の「イメージとしての主婦」の実態化として映像化されると結論付けている。

第三に，従来のフェミニズム的な価値をとらえ返す視点である。守如子（1999）は，ポルノグラフィ文化と狭義のポルノグラフィを分けて考え，女性もポルノグラフィを消費する経験を持つことや，女性が表現するポルノグラフィの可能性を示唆する。これは Butler, J.（1997＝1999／2004）が，Mackinnon（1987＝1993）と異なる立場をとる見解とつながる。また，西倉実季（2003）は，フェミニズムは美醜の問題を「政治的な問題」として論じてきたが，それでは女性たちの経験や認識の主体的側面を見過ごしてしまうとして，議論の必要性を求めている。

第四に，研究主体もその対象も性別にとらわれない方向が模索されつつある。メンズセンターの男性雑誌プロジェクトによる男性雑誌の分析，男性が語るポルノグラフィ（沼崎一郎 2002）・セクシュアリティ（森岡正博 2002）など，男

性による男性言説の分析が行われている。

　しかしながら，従来「女性とメディア」が問題としてきた性差別的なメディア及びメッセージは「改善」したとはいえない。横川寿美子（1999）は，テレビドラマ「北の国から」の分析から，女性の登場人物は性的に奔放であることを通じてのみストーリー展開に関わることができるという法則を導き出している。Winship, J.（2000）は，1990年代のイギリスの広告における女性像は活発で挑発的な強い女性であるが，男性の視線に見守られる存在であり，家父長制的な男性の支配を合わせ持つとしている。こうした女性像は，むしろ巧妙なかたちでより強化されているといってもよい[20]。

　② フェミニスト・メディア・スタディズの課題

　2000年代に入って，何人かの研究者がジェンダーとメディアに関する状況およびその研究について総括を行っている。井上輝子は2002年に，これまでの日本におけるジェンダーとメディア研究の研究成果を整理し，1995年をその集大成の時期と位置付け，また1996年の国際シンポジウム（「カルチュラル・スタディズとの対話」）におけるワークショップ「メディア・ジェンダー・セクシュアリティ」以降の展開を新たな動向として整理した（国広 2003）。その上で，ジェンダーの視点の導入がマスコミ研究にもたらしたものとして次の5点を挙げる（2002年春季マス・コミュニケーション学会ワークショップ2）。① メディアのジェンダー・バイアスの発見とジェンダーの視点からのメディア変革（マスコミ研究の実践性への示唆），②「女性ジャンル」を研究対象とする正当性確保（研究対象の拡大），③ 読みの多様性・能動性の発見（ジェンダーを先導として，階級，エスニシティへの視点も），④ 性表現をめぐる新たな論議（古典的「表現の自由」論への疑問と「表現の権利」論の導入），⑤ メディア・リテラシー運動の展開（民主主義社会の基礎としてのメディアのあり方の追求），である。

　この問題提起を受けて，このワークショップでは，ジェンダーとメディア研究が今日のマス・コミュニケーション研究において「制度化」されつつあるのではないかという議論が行われた。とくに「制度化」の負の側面として，他の

研究領域との交流を妨げ，別のセクションの研究者が「ジェンダーを横目で見る」ことにつながること，マス・コミュニケーション研究が，ジェンダーが問題視される以前の海外の理論研究の成果を問い直すことなく使用している例にみられるように，ある時代・社会のイデオロギー性を帯びた「理論」であることに無自覚に，海外の学説を紹介する「理論研究」のあり方自体を問い直す必要があることが問題として論じられた。ジェンダーが分野として囲い込まれると，メディア研究全般のジェンダー・イデオロギーが問われず，結果としてメディアのジェンダー体制やメディア研究，コミュニケーション研究のパラダイム転換につながらないという点で一定の合意が得られたのである。日本においてジェンダーとメディア研究が行われるようになって約30年を経ての評価と課題が導出されたといえよう。

　ジェンダーとメディアの現状について考察としては，村松（2005）は，テレビが既存のジェンダー関係の維持と変容にどのように関わってきたかについて，第一回国連女性会議が開催された1975年から30年間の変遷を概観している。日本のテレビは，女性をある意味では重視してきたとし，テレビCM，娯楽番組（テレビドラマ，テレビアニメ，バラエティ番組），オーディエンス・発信者としての女性，のいずれにおいても男女共同参画の方向に変化してきたとする。例えば，テレビCMは，「全般的には，女性と男性の差異を強調し，既存のジェンダーをある部分では驚くほど素朴な形で提示し，あるいは巧妙な形で強化するようなイメージ」を描き出しているが，一方で「男性が身を飾る美しさの価値を積極的に肯定するようなCM」や「自分の衣類を『当たり前に，自然に洗う男』が登場する」など，「ジェンダーの二分法の境界線を越えようとするものが散見される」とする。テレビがジェンダー関係を変容させていく契機として大きな役割を果たすためには，女性がオーディエンスであるにとどまらず，発信者としてもテレビを利用していくことが不可欠であるとする。

　一方，竹信三恵子（2005）は，新聞では2000年以降，女性問題報道の後退が深刻に進んでいるとする。この背景には，①新聞が従来から抱えている「男性・正社員」優位の土壌，②新自由主義の中での新聞が基盤にしてきた安定

中間層の急速な分解，③冷戦時の二極の対抗機軸が崩れ，「批判精神」を支える反対勢力の軸を失ったこと，④男性の独擅場だった社会政策・政治・経済といった主流分野に「ジェンダー」が登場してきたことへの不安，などの要因があるとする。この中でも竹信は，労働環境を含めた新聞社の構造と，送り手における女性が未だ少ないことを問題とする。かつて年金の第三号被保険者の問題も，男女雇用機会均等法も新聞の家庭面が火付け役となって女性たちの行動を後押ししてきたが，現在では，「男性も読める」という掛け声の下に「ジェンダーのない生活情報ページ」に変質し，「女性に必要な情報の保障」が得られないとする。ジェンダーとこれにまつわる差別はなお存在するにもかかわらず，女性は新聞媒体から自分たちに必要な，女性のための硬派なニュースを摂取する機会が，逆に限られてしまうというのである。

例えば，2009年に日本が女性差別撤廃委員会から勧告を受けている事実がその一つである。日本は，女性差別撤廃条約を批准しているが，女性差別改善への取り組みが「不十分」であることが指摘された。改善項目は，法律の改正や男女の賃金格差，先住民族などマイノリティ女性の意思決定機関への任命など多岐にわたり，改善のためのタイムテーブルを2年以内に文書で提出することを求められるなど，日本政府は厳しい対応を迫られた。朝日新聞の論説委員である竹信は，このことを，2009年9月21日付朝日新聞で大きく伝えたが，この事実は一般にあまり認知されなかったばかりか，「日本はすでに男女平等だ」という認識の方が強く，「男女平等の取り組みなど時代遅れ」という空気すらあるとする。竹信（2010）は，「日本にとっての壁は，多くの人々がこれ（男女平等政策が不十分であること：カッコ内筆者加筆）に気づいていない点」であるという。さらに，主要先進国にとどまらず，国際社会は女性の活用競争に入っているが，こうした世界の動向を伝え変化を気付かせるべきときに，日本ではそうした情報を取り入れて発信するはずの政治，経済，マス・メディアのどの分野の意思決定の場にも女性の姿がほとんどないことを問題視する。

客観的な指標として，国連のGEM統計をみてみると，勧告が行われた2009年に発表されたデータでは，日本は，その国の人びとの生活の質や発展の度合

いを示す指数である HDI（Human Development Index：人間開発指数）は測定可能な179カ国中8位であるにもかかわらず，その国の女性の政治参加や経済界での活躍を示す GEM（Gender Empowerment Measure：ジェンダー・エンパワーメント指数）は108カ国中58位，経済参加，教育，政治的エンパワーメント，健康の4分野についての男女の格差を表した GGI（Gender Gap Index：ジェンダーギャップ指数）は130カ国中98位となっている（国連開発計画 2009）。つまり，女性に関わるテーマになると順位が著しく下がることから，男女平等施策が不十分であることを裏付ける。

また，小玉（2009a）は，これまでのジェンダーとメディア研究を概観し，ジェンダーの視点の導入がメディア研究にもたらしたものに言及する。ジェンダーの視点がメディア研究に導入されたことによる変化として，「男性を標準としてきた研究に対し，女性を対象とすることが"特殊"ではなく，"普通"のことであるとする正当性が得られたこと」，「メディアのジェンダー的偏りの証明により，メディアの公正さやメディア倫理について新しい視点が導入され，反省の契機が生まれたこと」をあげる。加えて，女性表現の問題点が実証された結果，男性もステレオタイプで描かれ，社会的に規制されていることに気づき，男性学的視点が加わったことによりジェンダー研究に平衡感覚が出てきたこと，エスニシティをはじめさまざまなマイノリティの視点，現代的な格差や階級の問題も加わり，多様な発信と受信の存在が確認され，読みの多様性と視聴者・読者の能動性が再確認されたとする。

その一方で小玉（2009a）は，ジェンダーとメディア研究が直面しつつある当面の課題の一つとして，「従来の問題に対する解答がいまだ得られていないこと」を指摘する。「商業主義によりジェンダー化された身体」をメディアが提示し続ける問題を例に挙げ，資本主義と表現の自由を単純に解釈して受け入れるとこの現状を制御するのは難しいとする。ジェンダーの違いを楽しむ風俗はメディアという仮想の舞台でより一層強調され，それがまた，現実生活の中に戻る連鎖をどう断ち切り批判したらよいのかと問う。グローバリゼーション[21]のなかにあって女性も男性もそれぞれの立場・環境により一つではない

ことが認識されるようになったが，それでも依然として男女差別，あるいは性の二分法そのものが差別を促す実情は存在する。小玉は，このような状況の中では，力による統一を回避し，先進的な例をもとに平等への方向性を示すことが大切であり，ジェンダーの分散化を防ぎつつ多様性に配慮する態度が必要であるとする。また，それがグローバル社会におけるメディアの在り方であり，それを指し示すことがジェンダーとメディア研究に求められているとする。

(2) ジェンダー問題へのアプローチとメディア企業の構造的偏り

　マス・メディアの送り手に女性が少ないことが，伝えられる内容のジェンダー・バイアスにつながるか否かについて議論があることはすでに述べたとおりである。しかしながら，日本の場合，メディア企業で働く報道職の女性（とくに意思決定に関わる女性）は，世界の中でも極めて少ないという現状があり，このことは日本のメディアがジェンダー問題に十分なアプローチができていないことと大きく関わっていると考える。

　2011年3月，ワシントンで行われた国際会議（International Women Media Leader's Conference）[22]において，IWMF（国際女性メディア財団）による『報道メディアにおける女性の地位に関する世界レポート（Global Report on the Status of Women in the News Media）』が報告された[23]。

　この報告は，世界中のニュースメディアで女性の役割を強化することを目標とするネットワークであるIWMFが，南北アメリカ，ヨーロッパ，アジア・オセアニア，アフリカなど全世界59カ国の500以上の報道機関（新聞社，テレビ局，ラジオ局）で，女性の数，地位，処遇，男女平等に関する指針などを調査した結果をまとめたものである。日本については，GCN（ジェンダーとコミュニケーション・ネットワーク　代表：林香里，谷岡理香）が協力し，全国の報道機関から大小8組織のインタビュー調査を行った。

　全体の結果をみると，世界の報道機関において上位管理職（報道局長，次長，編集長・幹部編集者など）の72.7％を男性が占めており，女性は27.3％であった。1995年の国連の報告にある12％（国連／日本統計協会『世界の女性―その実態と

統計1995』における世界70カ国調査）よりも増えたとはいえ，3割に満たない。調査対象の半数以上の報道機関が男女平等に関する全社的な方針を確立しているが，意思決定に関わる者の約4分の3が男性で占められている。59カ国のうち20カ国で，女性ジャーナリストは，まだ「ガラスの天井」に直面しており，その見えない障壁は中位管理職（報道部長・次長，デスク，論説委員など）と上位管理職においてみられると報告は指摘する。

　専門職（記者，編集者など）に占める女性の割合は36.1％で，男性が約3分の2を占める。ただし，上位専門職は，41.0％で男性と同等に近づいている。国や地域により環境や条件が異なるので一概に言えないが，地域別で比較すると，東欧，北欧において女性の割合が高い。経営トップ（株主，オーナー，役員など）と上位管理職に女性が占める割合はそれぞれ，東欧（32.9％，43.1％），北欧（35.7％，36.8％）であったほか，その他の職位も40％を超える項目が多く，男性と女性の割合が均等に近い。

　日本についてみると，上位管理職における女性比率は1.4％で，世界平均の27.3％だけでなく，アジア・オセアニア平均の9.2％と比べても突出して低い。中位管理職をみても，4.8％と非常に低いといえる（世界平均38.7％，アジア・オセアニア平均13.4％）。8組織のみの限定的な結果であるとしても，世界との差は大きいと言わざるを得ない。これらのデータについて村松（2011）は，発信者のダイバーシティに関して言えば，男女だけに限定しても世界最下位レベルであり，このことが改善を要する重要な問題と認識されていないこと自体が異常であるとしている。

　加えて，日本の場合，着目すべきは報道機関における女性従業員数自体が少ないことである。調査対象の8組織の全従業員中，女性は15％であった。アジア・オセアニア10カ国82組織の平均は20％台であり，中国，フィジー，ニュージーランドなどは男女ほぼ同数，または女性の方が多い国もある。日本は管理職以前に女性の絶対数が少ない。

　日本新聞協会の調査によれば，2011年4月1日時点での日本の新聞・通信社（97社）における従業員は，男性38,565人，女性6,753人で，女性比率は14.9％で

ある。部門別にみると，統括・管理部門，出版・事業電子メディア部門が20％台でやや多く，編集，営業が10％台，制作・印刷・発送が5.0％となっている（日本新聞協会 2011）。

　両調査ともほぼ同様に女性比率が低いことがわかるが，これでも状況が改善されてきた結果とみることもできる。1995年の国連報告（前述）にもデータ提供された「第4回国連世界女性会議女性とメディア研究日本委員会」による調査（1994年10月）を引用して日本の状況を振り返ってみると，日本全国の71の新聞・通信社，112の放送局から回答を得たこの調査によれば，1994年の時点でメディア企業における全就業者中の女性の割合は，新聞社（通信社も含む）で8.0％，放送局で13.4％であった。

　新聞社では全国紙・ブロック紙で低く，県紙・地方紙や専門・英文紙でやや高く，発行部数10万部未満の社で20％程度と高め，放送局ではNHKが最も低く，設立年の新しいラジオ単営局や衛星放送社で比較的高かった。また，管理職についてみると，部長級以上の管理職は，新聞社で0.68％，放送局では0.95％と極めて少なく，女性管理職の割合は，必ずしも全社員中の女性割合の高い会社や機関で多いとは限らなかった。新聞社の編集部門での女性割合はようやく10％を超えたものの，女性管理職の割合は今以上に少なかった。

　放送局では，民放キー局に関しては，アナウンス部門の女性比率が40％を超え，目立って多いが，その圧倒的多数は非管理職で，経験の浅い女性が多用されていることがわかる。次いで，編成・営業・経理・総務部門，制作・情報部門，報道部門，スポーツ部門，美術部門に女性が10～20％程度いるものの，いずれも非管理職が大多数で管理職中の女性比率は数パーセントに過ぎない。

　NHK（全国）は，編成・営業・経理・総務部門，制作・情報部門を除き，女性比率は10％未満であり，報道部門では4.3％ととくに少ないことが目立つ。技術部門は，民放・NHKとも女性はほとんどいない。

　民放地方局に関しては，編成部門で女性が31.7％いるほか，アナウンスを含む報道・番組制作部門，営業・経理・総務部門にも20％程度ずついるが，いずれも非管理職が多く，管理職中の女性の割合は多い部門で6％程度である。

世界レポートが報告された2011年時点では，新聞・通信社の記者職における女性記者の比率は15.9％である。1994年の8.0％から，1999年の10.2％，2002年の11.4％と年々増加している（日本新聞協会 2011）。2010年度採用の内定者数において，女性と男性が同数の会社も出てきた。放送局では，民放202社で，2010年7月現在の女性比率は21.2％，新規採用者においては34.8％である。NHKの職種別女性比率も，技術関係を除き20％近くまで上昇している（総合ジャーナリズム研究編集部 2011)[24]。

　報道機関で女性の採用が本格的に行われ始めたのが男女雇用機会均等法以降なので，25年経過してようやく一定程度の人数の女性が勤務するようになったといえる。ただし，気になるのは女性の退職率が高い（定年退職を除く）ことである。女性のキャリア形成が困難であることが示唆される。

　1994年の調査では，男女の雇用環境について質的調査も行っている。それによると，性別において不均衡な就業状況にもかかわらず，圧倒的多数の新聞社・放送機関が「採用・訓練・昇進・定年などは男女平等の方針である」と答えている。1984年からの10年間の採用増などをみると男女平等の方向への一定の進展はあったとする一方で，女性には総量規制があったり，管理職登用では格差があることを認める社もあり，運用の実態において依然男女差別が残っているとされている。

　また，出産・育児・介護休暇等を含め，制度面では会社による差が大きく，新聞社の方が放送局より充実しており，女性比率は新聞社より放送局で高いが，放送局ではより若い女性に比重が置かれ，女性が長く働くのに適した環境が整っているとはいいがたいと付記されている。

　しかし，2009年IWMF調査で対象となった日本の8組織においては，各社とも産休，育児関連を中心に制度を充実させている傾向が認められた。全ての会社が何らかの男女平等に関する指針を持っていると回答しており，女性にとって働きやすい環境づくりを進めることは組織にとって重要な課題と認識されているようであった。

　産休・育休を充実させて女性の就業定着率を高めたり，一度子育てで休職し

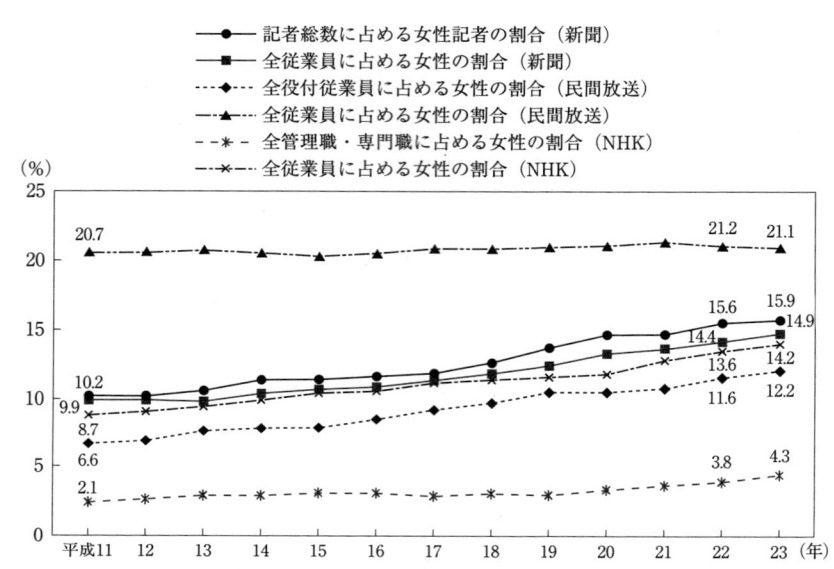

凡例:
- 記者総数に占める女性記者の割合（新聞）
- 全従業員に占める女性の割合（新聞）
- 全役付従業員に占める女性の割合（民間放送）
- 全従業員に占める女性の割合（民間放送）
- 全管理職・専門職に占める女性の割合（NHK）
- 全従業員に占める女性の割合（NHK）

注）NHKの「管理職・専門職」とは，組織単位の長及び必要に応じて置く職位（チーフプロデューサー，エグゼクティブディレクター等）をいう。民間放送の「役付従業員」とは，課長（課長待遇，同等及び資格職を含む）以上の職にある者を指す。

図2-1　メディア企業で働く女性の割合の推移

出典）内閣府（2012）『平成24年男女共同参画白書』p.52を参考に作成。

た人に再就職の機会を与えたりする会社もあった。育児休業の取得やセクシュアル・ハラスメントへの取り組みなど，法整備が後押しして制度が充実してきたことを受け，男女ともにそれらを活用することができる環境を整え，運用していくことが次の課題といえる[25]。

「女性比率世界最低レベル」は日々の報道に表れる。「情報の送り手が誰であるか」は，「どんな情報が発信されるか」に加えて「その情報がどのように発信されるか」に関わる。Tuchman, G.（1978＝1991）は，ニュースがどのように社会的に構成されるかを研究し，その中で女性解放運動の報道について送り手を調査している。女性記者の証言（「記事に載るようになるべく軽くウィットに富んだものにした。まじめに書いたら没になると恐れたのだ。」など）から，女性

解放運動が「柔らかいニュース」として伝えられたこと，「男性エディターの選択パターンに表れる偏見」(Molotch, H.L. 1975) によって女性解放運動を特殊扱いする傾向が助長されたとする。そして，ジャーナリストの職業意識，つまり「具体性を重んじる倫理，現在志向，そして構造上の問題より偶発的な出来事の重視」(Phillips, E.B. 1976) がニュースを形成するとする。

国広陽子 (2001) は，テレビ番組における「主婦表象」を分析すると同時に，テレビの制作者集団のジェンダー認識を参与観察した。その結果，他者としての「専業主婦」が制作者の「イメージとしての主婦」の実態化として映像化されていることを発見した。他方，諸橋泰樹 (2002) は，女性誌などの女性向けメディアを作っているのは男性で，女性向けメディアは男性的価値観が反映された「男性メディア」であることに疑問を呈している。

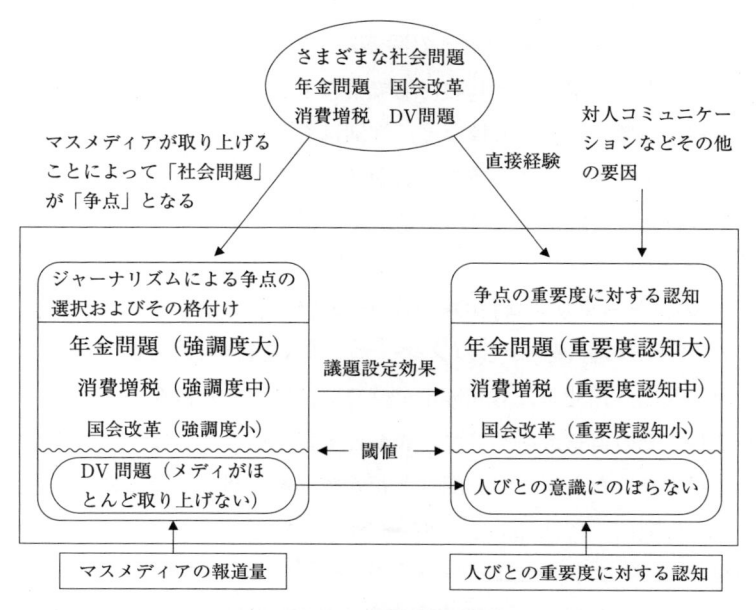

図2-2 議題設定理論の基本的枠組み（架空の例）

出典）斉藤慎一 (2012)「ニュース報道とジェンダー」（国広陽子・東京女子大学女性学研究所編『メディアとジェンダー』勁草書房，p.34)

また，斉藤慎一（2012）は，これまで女性にかかわりの深い社会問題があまりメディアで取り上げられてこなかった原因の一端として，ニュースに携わる女性の割合が少ないというメディア産業におけるジェンダー構造の問題を指摘し，議題設定機能の基本的構造を用いて分析している。

　図2-2は，議題設定の基本的な構造を視覚的に示したものである。存在している4つの社会問題のうち3つまではマス・メディアが取り上げ，重点の置き方にはちがいがあるものの，ニュースとして一定期間報道される。しかし，4つ目の社会問題（女性への暴力であるDV：ドメスティック・バイオレンス）は，マス・メディアが全く取り上げないとすれば，このDV問題は多くの人びとの知るところとはならず，争点とならない。また，仮に一定の閾値を超えて取り上げられても扱いが軽い（強調度が小さい）場合，人びとの意識のなかでも大きな問題としては認識されてないことになる（斉藤 2012）。

　送り手とニュースの議題設定との関連は，男性／女性だけではないだろう。さまざまな立場の人がそれぞれの対場で情報を享受できる情報環境を目指すならば，年齢，地域，国籍，人種など，性別はもとより送り手のダイバーシティに関して，マス・メディア産業の構造がメディア内容に与える影響についてのより多くの研究と実践が必要である[26]。

(3) 「ケアのジャーナリズム」の視点からの問題提起

　ここで，「ケアの倫理」からのジャーナリズムを視野に入れておきたい。「ケアの倫理」とは，1982年にGilliganが最初に世に問うた概念で，「"他人のニーズを察知し，そのニーズをケアする義務と責任を引き受けよ"という命令，つまり手の届く身近な人間への心配りと相互依存を前提とした人間関係の維持に価値をおく倫理観」（Gilligan, C. 1982＝1986）である。

　林香里（2011）は，「ケアのジャーナリズム試論」において，日本のマス・メディアジャーナリズムは西欧自由主義（リベラリズム）思想の影響を強く受けており，客観主義からなる「正義の倫理」（Rawls, John 1971＝2010）が優位に置かれ，「ケアの倫理」は評価されてこなかったという。従来のジャーナリ

ズムに貫かれた「正義の倫理」と「ケアの倫理」を接合して新たなジャーナリズムの在り方を模索する必要性を強調する。

表2-1は,「正義の倫理」と「ケアの倫理」を対比させたものである。正義の倫理は,「何が『正義』にかなうか」を問いとしているのに対して,ケアの倫理は,「他者のニーズにどのように応答すべきか」を問う。また,ケアの倫理は,道徳的問題の発端として「主観的苦痛をいかに緩和するか」に主眼を置く。

林(2011)は,「ケアの倫理」とジャーナリズムの接点として,次の3点をあげる。

第一に,メディアは市民や市民社会の組織との間で権利上の競合が起こった場合,法の観点から優先順位をつけて——つまり多くの場合,「表現の自由」権利の優先となるが——解決を図りがちであるが,そのような方法は失効する局面があるということを認識しなければならない。「ケアの倫理」においては,マス・メディアが市民との相互作用とネットワークのなかで存在しており,またそのようにしか存在できないことを確認しているために,その文脈において実行可能な正義をそのつど物語的に発見すべしと要請される。したがって,マス・メディアの「言論の自由」という原理原則は,倫理的な理由によって必

表2-1 正義の倫理とケアの倫理

	問い	道徳的命令	人間観	道徳的問題の発端
正義の倫理 (J. ロールズ 1971)	何が「正義」にかなうか	個人の普遍的基本的人権と自由を侵害してはならない	自立した理性的個人,他者との「分離」	人間の諸権利の競合について,いかに優先順位をつけるか
	いかなる状態が「公正」か			客観的不公正をいかに是正するか
ケアの倫理 (C. ギリガン 1982)	他者のニーズにどのように応答すべきか	人間の特異な個別性を承認し,誰一人としてとり残されたり傷つけられたりしてはならない	相互依存性,ネットワーク的存在	さまざまな文脈における複数の責任の衝突にどう対処するか
	「正義」はいかに実現するか			主観的苦痛をいかに緩和するか

出典) 林香里(2011)『オンナ・コドモのジャーナリズム ケアの倫理とともに』岩波書店, p.34
　　表題は筆者による。

然的に制限される局面がありうるということを認めなければならない。

　第二に，メディアは，自らの立場と社会で生きる一人ひとりの人間との力の不均衡を考慮したうえで，絶対的弱者に優先的に言葉を与えるような手当て（ケア）を積極的に行う責任を負っていることが，組織の本質的な道徳的義務として導出されることになる。そのことは，自由主義的な意味で権利としての「言論の自由」の実現のための「多元的言論」の実践という語りとは異なった，実存する要求に呼応する，より強い道徳的義務と責任を意味する。多元性が実現された公共圏とは，いわば「ケアの倫理」によって実現される弱者たちに対するエンパワーメントの結果に過ぎないのである。

　したがって，第三に，「ケアのジャーナリズム」では，ジャーナリズムにおける「公共圏」の必要性は認めながらも，ジャーナリストたちに社会の文脈の中で「公共性」をよりダイナミックかつラディカルに同定する能力を要求する。そのことは，絶対的弱者たちへ優先的な配慮をし，記事や番組を文脈依存的に製作する職業者を評価する，新しい職業倫理基準に向けての制度的努力を要請することになる。

　つまり，「客観的ジャーナリズム」か「ケアのジャーナリズム」かの二項対立ではなく，これまで「客観的ジャーナリズム」に関しては評価基準が蓄積されてきたが，「ケアのジャーナリズム」の方は，対象の特異性であったり，時代の偶然性などに還元されるような個別特殊事例として扱われてきており，「ケアの倫理」は，実際は多くのジャーナリストによって実践されてきたにもかかわらず，倫理の観点から体系的な職能的評価や批判の対象になりえなかったのである。

　客観的ジャーナリズムとケアのジャーナリズムは，表2-2のように整理される（林 2011）。ケアのジャーナリズムを実践することは，従来のジャーナリズムにおいて重視されてきた取材対象からの独立性や，観察者としての立場を超えて，時には対象に依存的であったり支援者としての役割を担う。取り上げるテーマも，権力，事件，コンフリクトイベントだけでなく，個人のニーズや苦悩，悲しみといった人々の日常を扱う。何より大きな違いは，ジャーナリズ

表2-2 「客観的ジャーナリズム」と「ケアのジャーナリズム」

	客観的ジャーナリズム	ケアのジャーナリズム
基底思想	自由主義	ケアの倫理
人間の一般的性向	自己完結的, 自律的	相互依存的, ネットワーク的関係性
ジャーナリストのあり方	対象から独立, 観察者	対象に依存, 支援者
テーマ	権力, 事件, コンフリクト, イベント	個人のニーズ, 苦痛, 悲しみ, 日常
取材対象	政府, 企業, 各種団体などの既存組織, プロフェッショナル, 専門家など	未組織の個人, 当事者, 素人
ジャーナリストとしての職能	スピード, 正確さ, バランス, 複数性, 意見と事実の峻別	人から言葉を引き出すこと, 相手への思いやり, 問題の察知
スタイル	客観的, 情報提供的	主観的, コミュニケーション重視, ストーリー・テラー, 対象への共感
目的	アジェンダ・セッティング	コミュニティ動員, 社会的コミットメント

出典) 林香里 (2011)『オンナ・コドモのジャーナリズム ケアの倫理とともに』岩波書店, p.36
表題は筆者による。

ムの目的が, アジェンダ・セッティングだけでなく, コミュニティへの動員や社会的コミットメントが加わる点である。

「ケアの倫理」からの報道は, ジェンダーとメディア研究がマス・メディアジャーナリズムを研究する際に大きな主題となってくるであろう。例えば, 2011年の東日本大震災報道では, 阪神淡路大震災時と比べて, 高齢者, 障害者などさまざまな立場の人が抱える問題に焦点を当てた報道が十分といえないまでも行われたといえる。しかしながら, 女性の視点の少なさは, 指摘されるところだ。避難所での妊産婦へのケア, 支援が届きにくい母子家庭への配慮など, 深刻かつ緊急を要する問題があっても, 報道されないと受け手に伝わらない。防災対策に女性の視点が必要であることの指摘も十分ではなかった。また, 災害時の性暴力に関しても言及ができていないといえる。これらの情報は一部のオルタナティブ・メディアに頼っているのが現状である。

ケアのジャーナリズムの実践の可能性の場として，市民による言論・表現の自由を実現するオルタナティブ・メディアによる「パブリック・アクセス」を挙げることができる。例えば，アメリカでは30年以上前からパブリック・アクセス運動が行われてきた。パブリック・アクセス・センターの全米組織「コミュニティ・メディア連合（ACM）」によると，全米で100万人以上の手により，毎週2万時間の新しいパブリック・アクセス番組が制作されているという（津田正夫・平塚千尋 2002）。パブリック・アクセスは，ケーブル会社が無料で提供するチャンネルだが，その運営主体は市民団体（NPO），ケーブル会社，自治体，地域の大学などさまざまで，市民の誰もが番組をつくって放送する権利がある。パブリック・アクセスは，従来のマス・メディアによるコミュニケーションと異なり，あらゆる立場の人が情報発信できるという点が特徴的である。少数民族や在住外国人，障害者などマイノリティ，市民活動からの情報発信も多い。

日本でも，インターネット放送を中心に，パブリック・アクセスへの取り組みが徐々に活性化している。ケーブルテレビなどコミュニティ・メディアで地方からの情報発信に女性が活躍している事例として，カフェ放送てれれ（大阪），中海テレビ（米子）のパブリック・アクセス・チャンネル，むさしのみたかテレビ局（三鷹），やまえ村民テレビ（熊本県）などがある。生活や地域のなかにテーマを見出し，その映像を発信している。他にも，DV被害者や性的マイノリティの当事者の声を届ける「ラジオパープル」や，引きこもりやニートの当事者が発信する「オールニートニッポン」，労働者が自ら動画を作り発信する「レイバーネットTV」といった当事者からの発信が行われている。

インターネット放送局である特定非営利活動法人「OurPlanet-TV」は，「非営利」「コミュニティ」「パブリック・アクセス」をキーワードとした「多様性」「参加」「対話」のメディアで，ダム反対，ハンセン病女性の半生，朝鮮学校立ち退き問題など社会的メッセージ性の高い話題を取り上げ，ウェブサイトに映像を紹介する取り組みを行ってきた。2011年3月11日の東日本大震災後は「脱原発デモ」の情報発信にも力を入れている。「OurPlanet-TV」の代表であ

る白石草(2011)は,「一人ひとりがメディアの主役になる必要がある」という。日本においては,一般市民が放送にアクセスできる制度がない。市民が番組作りに参加できるケーブルテレビ局は増えているものの,市民に編集権が与えられているケースは極めて稀であり,系列化された大手テレビ局の力が強まるなか「小さな声」はほとんど伝わらない状況に陥っている。白石は,今こそ,総務省がメディアを直接監督する制度を見直し,電波を市民に開放するよう求める時期に来ているのではないかとする。日本におけるパブリック・アクセスを考える上で,従来の情報発信のシステムの問い直しは不可欠である[27]。ただし,こうした実践はまだ始まったばかりで,日本におけるメディア状況を鑑みれば,いわゆる「客観的ジャーナリズム」に貫かれたマス・メディアによる社会的影響はオルタナティブ・メディアに比べて大きいと言わざるを得ない。

　再びマス・メディアによるジャーナリズムに目を転じると,一つの記事や番組に,「客観的ジャーナリズム」と「ケアのジャーナリズム」の双方の倫理が混在する場合もある。本研究の対象とする犯罪報道などはその好例であるといえる。また,テーマが政治経済分野など一見ケアの理念からは遠い領域にあっても,「ケアのジャーナリズム」的倫理感覚があるかもしれない。生活世界を対象にしたジャーナリズムであっても,「ケアのジャーナリズム」とは言い難いものもある。犯罪報道において「女性」は生活世界領域の情報を男性よりも多く報道される傾向にあるが,弱者に配慮したものばかりではなく,むしろその逆である場合も多い。「ケアの倫理」からのジャーナリズムという観点で考察することは,犯罪報道がジェンダー問題をどのように取り扱っているのかを明らかにするうえで重要な要素となるといえる。

　他方,ラベリング論について言及するならば,ここでも社会構築主義が導出される。山本功(2009)は,ポストラベリング論として,ラベリング論は実証主義との論争において「敗北」し衰退したとされるが,ラベリング論が開いた視座は,セレクティブサンクションや逸脱ラベルの内面化だけではないとする。人びとへの反作用に対する注目という研究課題は,犯罪化・非犯罪化だけにとどまらず,マス・メディアや議会や行政機関がどのように逸脱や社会問題を創

出しているのか，あるいは，人びとはどのように社会的事実を構築しているのかを経験的に探究しようとする社会構築主義に引き継がれているとする。

社会構築主義では，社会問題とは，「問題である」とクレイムし，定義する活動の産物であるとされる。そうした「クレイム活動」を研究対象としたのがKitsuse, J.I.（Spector, M.& Kitsuse, J.I. 1977＝1990）である。Kitsuseは，人びとのリアクションへの注目というラベリング論の問題設定を引き継ぎ，社会の状態ではなく，人びとが社会を分類し，意味づける仕方を分析しようとした。「社会問題とはある種の状態であるという考えを捨てて，それをある種の活動として概念化しなければならない」とし，この活動を「クレイム申し立て活動」と名付ける。「社会問題とは，ある状態が存在すると主張し，それが問題であると定義する人びとによる活動である」とするのである。

Kitsuseの「クレイム申し立て活動」という見方を用いると，犯罪報道はまさにクレイム申し立ての場である。近年，犯罪報道の中で報道されることが多くなった児童虐待やドメスティック・バイオレンスといった事項は，ジェンダー問題と深くかかわっているが，こうした問題が取り上げられるようになったのは，法制度の充実も含めて社会からの「クレイム」により問題化されるに至ったといえる。マス・メディアによるジャーナリズムは「クレイム申し立て活動」に関与しているのである。

本書では，社会構築主義において用いられる「クレイム申し立て」という概念を援用することにより，犯罪の背景に存在すると考えられる児童虐待やドメスティック・バイオレンスといった「問題」も射程に入れて分析を行いたい。一見弱者に寄り添っているように見える問題の表出は，犯罪報道においてはどのように扱われているのか，ジェンダーに関わる問題を報道することが「ケアの倫理」からのジャーナリズムの実践となっているのか考察を行うことは，ジェンダーとメディア研究の課題に照らして重要な意味を持つと考えるからである。

第3節 小　括

　1970年代，日本におけるジェンダーとメディア研究は，1960年代のアメリカを中心とした第二波フェミニズムの流れを受けた女性学の担い手たちによる，メディアにおける女性像批判から出発した。女性学による「女性とメディア」研究は，制度上の男女平等を要求しただけでなく，性差別的な文化の影響源として，教科書やマス・メディアにおいてステレオタイプ的に表現される女性像を問題とし，メディアの伝える情報の男性中心的偏りを批判した。

　1980年代になると，「女性とメディア」研究は，マス・コミュニケーション研究の一分野として確立した。女性雑誌の分析により女性向け情報が，女性を消費へと駆り立てる商業主義的側面を持つことが指摘され（井上・女性雑誌研究会 1989），ジャーナリズムにおける女性の扱われ方が類型化して示された（小玉 1991）。また，ポルノグラフィにおける「性表現」が支配─被支配の関係性を示すものとして問題提起された（加藤 1989）。これらの研究の源流には，フェミニズム思想・運動があり，フェミニストによる男性中心主義批判が通底している。研究に内包されるイデオロギー性が批判的にとらえられる一方で，従来見えてこなかった，メディアそのものが孕む偏りを顕在化する役割を担い，一定の成果を得たといえる。

　1990年代に入ると，「女性」に代わって「ジェンダー」が用いられることが多くなり，「性別」というカテゴリーそのものを主題化し，「性別」をはじめとする社会的な権力関係を研究対象とすることを可能にした。しかしながら，性差別表現といった場合，誰にとって差別的なのかという研究主体に関わる議論や，ジェンダー・ニュートラルな表現にすることが現実社会での性差別の解消につながるのか，つながるとすれば，それは誰にとっての是正かという問いが起こった。ジェンダーとメディア研究は，現在のところ，これらの問いに明快に答えることはなく，「女性」に限定されない「ジェンダー」がいかに構築されるかという社会構築主義の研究課題に到達している。

　また，カルチュラル・スタディズの視点による研究の蓄積は多方面に研究対

象を広げた。しかしながら、フェミニスト研究者が問題にしてきたメディアにおける女性差別的表現が解消したわけではない。それにもかかわらず、研究の蓄積に伴い「女性向けジャンル」そのものを前提として肯定的にとらえた研究も増え、ジェンダーが引き起こす階層性への関心はやや希薄になる傾向もみられる。研究の蓄積と比例して女性学的関心が高まっているとはいえない。女性や弱者の問題がマス・メディアにおいて議題化されないという指摘がある一方で（斉藤 2012）、むしろメディアの中の性差別を問題とする視点そのものが過去のものとなっている観を呈している。

2000年以降に行われたジェンダーとメディア研究の総括では、ジェンダーとメディア研究がマス・コミュニケーション研究の領域において一定の成果を上げ、ある種の「制度化」が議論されるまでになったことを評価しながらも、「従来の問題」が解決していないことが指摘されている（国広 2003, 村松 2005, 小玉 2009a）。女性問題報道に関して後退が進んでいるとする見解もある（竹信 2005）。これらの問題意識を引き継いでいくならば、社会構築主義のジェンダー論やカルチュラル・スタディズなどこの領域が到達した新たな概念や手法を用いた研究を進めていくと同時に、従来からの問題関心に対する取り組みを続けていくことが必要になろう。

一方、日本のメディア企業における送り手女性の少なさは、世界のデータからみても突出している。意思決定に関わる者の人数はもとより、女性の絶対数が少ない。このことがメディア内容と関連するか否かという議論がある一方で、送り手のダイバーシティの確保という観点からは課題があると言わざるを得ない。日本のメディア企業におけるキャリア形成の在りようが送り手のダイバーシティに与える影響を探ることが研究課題となる。また、ニュース化の過程で誰がどのように関わっているかを明らかにすることも重要である。

他方、「ケアの倫理」からのジャーナリズム研究は、「ケアのジャーナリズム」を提案する一方で、日本のジャーナリズムは、女性を含む社会的弱者に配慮した報道に積極的評価を行ってこなかったことを指摘する（林 2011）。「ケアの倫理」は、実際は多くのジャーナリストによって実践されてきたにもかか

わらず，倫理の観点から体系的な職能的評価や批判の対象になりえなかったのである。「ケアの倫理」に焦点をあてることは，ジェンダーとメディア研究の新しい方向性の一つを示すといえる。今日のジャーナリズムにおいて何が優先的に伝えられ，何が伝えられなかったか，そのことは，社会におけるジェンダー観にどのような影響を与えているといえるかを探る手掛かりとなるといえる。

　本書がテーマとしている犯罪報道におけるジェンダー問題との関わりで述べるならば，「ケアの倫理」によるジャーナリズムは，犯罪の被害者のみならず，被疑者に寄り添う報道や，犯罪の背景となる問題を顕在化し社会に問うことの可能性を持つといえる。女性被害者や女性被疑者は，犯人視報道やプライバシーの侵害，メディアスクラムなど犯罪報道において問題とされる事項に加えて，性役割からの逸脱を問われるなどジェンダーによる社会関係を内包した問題を抱える側面があることを第1章第3節において述べた。女性の場合，被害者・被疑者ともに異性関係に言及される，容姿や服装に言及される，性暴力の被害者が落ち度を問われる，子殺しや虐待事件の被疑者が母性を問われる，などの特徴がみられることが指摘されている。こうした報道は被害者に寄り添った報道とはいえないだろう。また，性役割の観点から被疑者を断罪するだけでは「社会問題」の本質に迫れないばかりか解決にはつながらないといえるのではないだろうか。こうした点に対してアプローチを可能にする方法の一つがケアのジャーナリズムの視点ではないかと考える。マス・メディアが伝える女性表現について，「酷い」「差別的だ」などという主観的感想を個々人が持つことが仮にあったとしても，客観的ジャーナリズムの中立のスタンスに対して，ジェンダーとメディア研究でさえ論理的に異議を差し挟むことをしてこなかった。とくに主体をめぐる議論を経た2000年以降においては，その傾向が強いと言えよう。ケアのジャーナリズムは「客観性」だけを重視するのではなく，当事者に寄り添うことによって問題に迫る姿勢を示すのである。

　本書では，犯罪報道における女性被害者・女性被疑者の表現について，これまで何が問題とされ，何が是正されたか，残された問題は何か，それは誰に

とっての問題であるかの整理を行い，さらに具体的な事件報道の検証をとおして，現在のジェンダー問題とどのように関わっているのかを明らかにしたい。一部ですでに解決済みとされているジェンダーと性差別が，現代社会においてどのような在りようを示しているのかを解明すると同時に，マス・メディアが伝える情報が現代の社会生活にどのような機能を果たしているかを明らかにするものでもある。

注）
1）19世紀末から20世紀初めにかけて欧米で高揚した女性参政権運動を第一波フェミニズム，1960年代末から20世紀初めにかけて公民権運動や反戦運動などの新しい社会運動の潮流の中から女性が女性への抑圧・差別に反対し男性支配に異議申し立てを行った運動を第二波フェミニズムと呼ぶ。「個人的なことは政治的である」という標語は第二波フェミニズムの象徴的スローガンである。また，1990年頃から始まる男／女二元論自体を疑う脱構築を試みる思潮を第三波フェミニズムと呼ぶことがある。
2）1974年には100支部，会員約4万人。
3）研究者だけでなくフェミニズム運動の参加者たちから運動体や研究グループが組まれ，教科書や絵本，CMといった身近なメディアを取り上げて批判研究を発表した。市民組織の主なものは，行動する女たちの会（国際婦人年をきっかけとして行動を起こす女たちの会として1975年発足）のほか，FCT市民のメディア・フォーラム（旧市民のテレビの会）(1977年)，女性雑誌研究会(1983年)，コマーシャルの中の男女役割を問い直す会(1984年)，ジェンダーとコミュニケーション・ネットワーク（GCN1994年）などがある。
4）こうした研究の方向性は，欧米の研究成果に多くを負っている。アメリカを中心として，メディアがいかに性役割ステレオタイプを伝達しているか，数量的に示す研究が蓄積された。例えば，Friedan, B.（1963＝1965・1977・2004）は，『女らしさの神話』において，女性向け雑誌を分析し，女性らしさを賛美し，とりわけ主婦を称賛するアメリカの女性雑誌が，「名前のない問題」の源であるとしてメディアの影響を指摘している。
5）1986年に「行動する女たちの会」に改称。
6）1975年メキシコで行われた第一回国連世界女性会議で採択された「世界行動計画」では，「マス・メディア」は全6章中の1章分を割り当てられていた。マス・メディアが社会変革の推進者としての潜在力を持ち，ステレオタイプの除去・女性の新しい役割の強化・発展過程への女性の参加促進に貢献しうることの期待と，現状では改革が必要なことが述べられている。

7) 日本マス・コミュニケーション学会では，1989年から毎年「女性とメディア」に関するテーマを取り上げている。
8) Mackinnon（1987＝1993）は，性行為における男性の支配を強調し，すべての性行為はレイプであるという視点からポルノグラフィを論ずる。しかし，フェミニズム一般では，① ポルノグラフィの直接被害（ポルノグラフィの制作現場で被写体となる女性が被害を受ける），② ポルノグラフィの社会的被害（ポルノグラフィが暴力的，性差別的なセクシュアリティを構成する），が問題とされる。ただし，ポルノグラフィを批判するフェミニストばかりではない。
9) 松田（1996）は，このような問いを指摘するにあたって，性差別肯定派の言説とは一線を画すものであり，社会的文脈で「絶対的な性差別表象」が存在し得ないことを強調するためとしている。
10) マス・コミュニケーション論において経験学派は，批判学派に比べてコミュニケーションの直接的な効果を研究するという傾向を持っているが，1980年代以降のメディア研究における「能動的なオーディエンス」への関心は社会的文脈のなかでの「受け手」の多様な読みを視野に入れる必要を示している。
11) 村松（1998）は，メディア内部の女性はメディア外女性の代弁者としてその表現手段を使い得る立場にあるが，少数のメディア内女性が多様なメディア外女性の代弁者となることは難しいと述べる。しかし，メディアを通じて語るのが誰かによって内容の違いが生まれることを考慮すれば，女性も男性も多様な人が担うべきで，メディアで働く女性の増加はメディアが変わることの必要条件であるとする。
12) 江原（1995b）は，ある概念への批判が生じるのは，その概念が描き出す「現実」に異を唱えたい場合であるとして，ジェンダー概念の創出やそれへの批判の背後にあるいくつかの「問題」（ここでの「問題」とは異なる現実のせめぎあい）が存在し，それを区別することを試みている。その概念が何を対概念として，あるいはどのような概念集合の中で使用されてきたのかという視点で区別をした結果，① 性別の自然的一元的把握 vs 性別の「自然／文化」という二元論的把握（セックス／ジェンダーという対概念による把握），② 自ら「普遍的」な「知」であることを主張する「人間」概念に基づく世界観 vs 世界観には「性別」があることを主張するフェミニスト的世界観，③ 性別という軸に基づく社会理論 vs 性別という軸をいくつかの軸の一つとして置く社会理論（「性別」／「性別秩序」という概念によるジェンダー／階級／人種／エスニシティ／セクシュアリティ等の概念群におけるジェンダー）という3つの「問題」として把握できるという。
13) 最初に，ジェンダーとセックスを区別したOakley, A.（1972）も，ジェンダーとセックスは単に同じ区別を見る2つの方法にすぎないのではなく，男あるいは女，少年あるいは少女になるということは特定の生殖器をもつことと同じ位，服装，しぐさ，職業，社会的ネットワーク，パーソナリティ等の関数であるとして，セックスに基づき特定の方向に分化されるジェンダーという捉えられ方は，「性別」に関

わる現象は全て変更することが不可能であるかのような議論がなされていることを批判している。
14) ジェンダー概念が「性別をどのように把握するか」ではなく，近代社会において「普遍的」なるものとして置かれてきた「知」に対抗しようとしているというものである。女性の社会的経験はほとんど表現されてこなかったばかりか，「知」の担い手においてもほとんど存在しなかった。フェミニストたちは，「知」に「女性も参加させよ」という方向で主張するのではなく，「知」の在り方自体男性中心主義的であるとして批判を展開している。しかし「中立的である」という理由で「ジェンダー」という語を用いたとすれば，男性中心主義的「知」の在り方を肯定するばかりか，「性別」と同義のジェンダー概念になってしまうといえる（江原 1995b）。
15) ③は，①と②の批判から発生するものである。①や②の含意がみられないジェンダー研究において描き出される。「性別化された現実」は，さまざまな立場にいる女性たちの社会的経験を覆い隠してしまうという問題である。エスニック・マイノリティの女性，同性愛の女性，障害者の女性，高齢女性など，さまざまな立場から異議申し立てが行われ，男性中心主義を批判していたフェミニズムそのものが「白人中産階級異性愛者女性中心主義」に陥っているという批判が行われた（江原 1995b）。
16) ジェンダーが社会的に形成されてきたとの視点を持ちながら，ニューメディア利用における性差を分析したものとして村松（1990）がある。
17) Van, Zoonen.（1991＝1996）は，女性をメディア・メッセージに表現された支配的文化の無力な犠牲者としてではなく，自分自身の日常生活や経験を能動的に創っていく存在としてとらえる必要性を述べる。
18) こうした動向を，井上は1995年以降と区分している（日本マス・コミュニケーション学会2002年春季ワークショップ，国広陽子「"ジェンダー"はマス・コミュニケーション研究者の問題意識と方法にどのような影響を与えるか？ ——ジェンダーを横目でみているあなたに」）。
19) ジャンル研究において採用されている視点は，従来の性差別表現に対する問題提起という批判的なものもあるが，女性文化や女性性の発見という肯定的なものもある。
20) 日本マス・コミュニケーション学会 2002年春季大会のワークショップ（前掲）において，男性支配・女性被支配の価値前提で研究が進められてきたことが，「ジェンダーとメディア」研究の制度化につながるという指摘があったが，「女性とメディア」研究から一貫して問題にしてきた男性支配という軸での分析は，今もなお必要である。
21) 小玉（2009a）は，グローバリゼーションの波は統一的なジェンダー観の普及と，状況の分散化をもたらしたとする。地球規模でのジェンダー秩序を構成する結びつきは，2つの基本タイプ「ジェンダーの相互作用」と「ジェンダーの新しい舞台

（アリーナ）」からなるとするConnell, R.（2002＝2008）の見方を紹介する。Connellは，「帝国主義とグローバリリゼーションは世界規模で作動する制度を生みだしてきた。これらの組織はすべて，その内部にジェンダー体制を備えており，それぞれのジェンダー体制は，それぞれのジェンダー力学，すなわち，利害，ジェンダー・ポリティクス，変化の過程を備えている。世界に広がる制度は，このように，ジェンダー形成とジェンダー力学のための新しい舞台を作り出す」とする。

22) この会議では，出席者がそれぞれの自国の報道機関におけるジェンダー平等を推進するための行動計画を採決した。

23) ウェブでの公表は2010年12月。http//iwmf. org/pdfs/IWMF-Global-Report.pdf　2012年9月21日閲覧。

24) 2012年7月では，新聞・通信社の記者職における女性比率は16.5%。民放203社の従業員における女性比率は24.7%，新規採用者の女性比率は30.4%。『総合ジャーナリズム研究』No.224（2013）より。

25) GCNは，調査対象を拡大し質的調査を中心に日本での調査を続けている。報道機関における女性のキャリア形成がどのように行われているのか，キャリアを継続・形成している女性はいかなる条件を有しているか，キャリア形成を阻む要因があるとすればどのようなことか，などを明らかにすることを目的としている。

26) 小玉（2009b）は，「放送文化とジェンダー」において，放送内容は文化を形成するが，日本における文化形成の主役は「主流の人々」＝「男性，20～60歳位，（一流）大学卒，首都圏在住，日本人，健常者」であり，そこから排除された「女性」やその他の人びとの視点は十分に生かされていないとする。

27) 松浦さと子（2012）は，イギリスのコミュニティラジオを取材し，ボランティアがソーシャルメディアをも駆使し，社会政策にもインパクトを与える様子を紹介する。1970年代後半のイギリスは，公共放送であるBBCと，広告費で成り立つ「商業放送」だけに「複占」された状況にあったが，コミュニティラジオが第二の公共放送と謳われるまでになり，2004年には社会的利益を明確に掲げる非営利コミュニティラジオが，放送免許を取得する法制度を整えた。そして，若者，移民，難民，女性，障害者，貧困にあえぐ人びと等，境にある人びとの声を伝えている。日本における市民メディア活動の制度作りにとって大いなるヒントになるであろう。

第3章

犯罪報道における女性に関する研究

　第3章では，犯罪報道と女性に関する先行研究の整理を行う。犯罪報道において女性の扱われ方が男性と異なり，それには性差別的な視点が含まれることについて，1980年代から指摘されてきた。指摘の現況においても十分通じるものも多い。

　また，裁判員制度やインターネットの普及など現代の制度や環境において新たに派生する問題や，児童虐待を例に，第1章で言及したある種のモラル・パニック状況についても整理を試みた。

第1節　犯罪報道における女性の扱われ方に関する問題提起

(1)　女性の活動による問題提起

　日本におけるジェンダーとメディア研究の領域において，マス・メディアが描く女性像の研究が行われるようになったのは1970年頃からであることは第2章で述べた。また，報道の在り方の問題の一つとして犯罪報道の問題点が論じられるようになったのは1970年代後半であることは，第1章で述べたとおりである。この両方の領域が重なる部分である，犯罪報道における女性の報道のされ方が「問題」として本格的に言及されるようになったのは，1980年代に入ってからである。

　1985年，大阪の「月火水の会」というグループが過去3年間の事件・事故報

道に登場する女性像を分析し，「新聞の社会面にあらわれた女性たち」という冊子にまとめ，次のような問題点を指摘した（月火水の会 1985）。①「女性」が強調される。女性が事件を起こすと肩書の上に「女」が付き，女子高校生，女子大生，女社長となる。② 男性には対応語のない「若妻」「OL」やプライバシーに関する「内縁」「愛人」「連れ子」などの表現が使われる。③ 女性は家にいる者，と決めつけるなど性役割固定観念に基づいている。④ 性犯罪の被害者の状況を詳述する。これら4つの点の他に，「月火水の会」では性役割をもとに女性を非難する表現の例として「母親の無理心中続出」をあげている。これは「子供を道連れにする母親の身勝手さが目立つ」表現であり，「父親はしつけを妻まかせにしておきながら，理由が思い当たらないとコメントしている」と批判する。彼らは，こうした女性表現に対して「現実を固定化するような表現は，女性差別を固定化することだ。それは女に対する暴力といっていい」と積極的な改善の取り組みを呼びかけ，1994年には，「新聞をとおして見えてくる男社会」（1994）をまとめている。

　大庭絵里・和田明子・望月すみえは，『法学セミナー増刊　人権と報道を考える』（1988）において，誌上パネルディスカッション「社会面にあらわれる女性」を行い，女性被疑者の女性に関する報道は，女性性や容姿，服装，などを目立って取り上げるだけでなく，性差別的な言い回しで人権を侵害しているという指摘をしている。「月火水の会」のメンバーである和田は，女性が犯罪を犯した場合，センセーショナルに扱われることが実際に調べて明らかになったとする。また，被害者の場合も女性差別的な書かれ方をすると発言している。このディスカッションでは，男性に対する表現にも偏見があることを指摘している。結婚していない男性に対して「一人暮らしの不透明な生活」と表現することなどである。

　また，1990年には『総合特集シリーズ　犯罪報道の現在』において鈴木和枝は，これらの女性たちの動きを含めたメディアにおける女性表現の問題について整理を行った上で，メディアが送り出す女性像を変えていこうとする日本や諸外国の動きを紹介している（鈴木和枝 1990）。同書では，「人権と報道関西の

会」第10回例会の活動報告として、「月火水の会」の和田明子による「報道にあらわれた女性差別」と題する報告内容が8項目にまとめられている。① 職業・身分の上につきまとう「女」、② 集団の中で強調される女（「主婦ら賭博で逮捕」など）、③ 詮索される男性との関係（「内縁」「愛人」「再婚」「男友達」「前夫」など）、④ こだわる血縁関係（「連れ子」「実子」「継母」など）、⑤ 根強い女性に対する固定観念（「母の愛」「やせたい女心悲し」「女性独特の自己中心的性格」など）、⑥ 女だけに使われている呼称（「若妻」「老女」「未亡人」「新妻」「娘さん」など）、⑦ 女性が加害者となっている場合、⑧ 判決文の中（判決文も新聞と同じように男女の間柄を強調することの批判）、である。犯罪報道だけをとらえたものではないが、社会面における事件・事故報道は犯罪報道と重なる部分が大きい。「日々の新聞記事が差別・偏見を助長し再生産している事実を見逃すわけにはいかない」とまとめている。

このように、犯罪報道における女性の扱われ方に関する問題提起は、まず、メディアにおける女性像の偏りを問題視し、異議申し立てする女性たちの活動において着目されたことがわかる。

(2) 展開の契機となった事件

こうした女性たちによる問題提起が行われる中、日々の具体的な事件報道へのアプローチが展開されるようになる。とりわけ犯罪報道における女性の問題の議論を活性化する契機となった事件がいくつかある。例えば、西船橋駅ホーム転落死事件[1] (1986) である。この事件では、男性被害者（都立高校体育科教諭）と女性被疑者（ダンサー）の職業の対比から興味本位な報道が多くみられた。マス・メディアが被疑者（被告）女性の職業を「ダンサー」と報じたことについて、職業を報じる必要があるのか、女性の職業を伝えることが偏見を生み正当防衛の可能性のある事件に対してある種のイメージを持たせてしまうのではないかという議論が起こった。この議論は、前掲の大庭・和田・望月 (1988) のパネルディスカッションでもテーマの一つとして取り上げられている。その結果、女性に対する男性の暴力の問題を浮き彫りにし、女性に対する

有志の女性達の応援団が結成されるなど支援の輪を広げることとなった。この事件の裁判で被告女性を支援する女性団体が，女性に対する性的嫌がらせの概念として「セクシャル・ハラスメント」という言葉を使い，「セクシュアル・ハラスメント」という言葉が広まるきかっけの一つとなった[2]。

　1987年の池袋事件[3]（池袋買春男性刺殺事件）は，男性被害者（客）のサディスティックな行為と女性被疑者の職業（報道では「ホテトル嬢」）が，興味本位な報道を加速させた例といえる。さらに，報道だけでなく，正当防衛が争われた裁判の中で，検察官が「売春行為を業とする女性と通常の女性とは，わいせつ行為に対する抵抗感が質的に全く異なる」と断言したことや，判決文に「被告人が売春をするためにホテルに赴いたことが本件のきっかけをなしている」という表現があったことなどから，フェミニストの女性たちは，職業により性的自由，身体的自由が制限されることや，その背景にある職業差別と女性差別を問題とした（角田由紀子 1995）。

　これら2つの事件は，事件そのものが孕むジェンダーの問題，（とくに性に関わる）職業への差別を顕在化し，女性の性的自由の議論への発展と同時に，メディアにおける被疑者女性の取り扱い方の問題も顕在化した。

　一方，女性が被害者の場合の事件としては，1989年の女子高生コンクリート詰め殺人事件[4]があげられる。「なぜついて行ったのか」「なぜ逃げなかったのか」と女性被害者の落ち度を問う報道が繰り返されたことに対して，中山千夏らは，朝日新聞社をはじめとする報道機関に抗議を行った経緯をまとめている（おんな通信社編 1990）。「ニュース三面鏡　女高生殺人数々の疑問」（朝日新聞 1989年4月4日）において，「なぜ逃げなかったのか」という表現に加えて，被害者が「安心して泊まった」，少年たちは「婦女暴行などの非行歴はあっても，今回のようなむごたらしい事件をうかがわせる手口はなかった」など，被害者に配慮のない表現がみられたとして，中山らが執筆した記者に電話でインタビューを行ったことなどである。彼女らの活動は，マス・メディア各社とのやりとりを通して，当時のマス・メディアの送り手の性差別観を問題とした。被害者の落ち度を問うのはなぜか，性暴力と殺人の被害者である女性を匿名に

する必要があるのではないかという質問状を報道機関各社に送り，それぞれ回答を得た。この抗議行動は，回答そのものよりも，女性からの異議申し立てをマス・メディアの送り手に伝えることに意味があったといえる。例えば，「性暴力の被害者で生存している場合は匿名，死亡している場合は実名報道という報道基準」の朝日新聞社は「死者は匿名にしても利益がない」とその理由を説明したが，この事件の裁判報道（二審判決時 1991年）では，新聞社は各社とも被害女性を匿名（または「高校生」表記など）にした[5]（おんな通信社編 1990, 1991）。

　1980年代中頃から1990年頃にかけて市民活動を中心とした女性たちにより行われ始めた犯罪報道における女性の取り扱われ方の問題提起は，「犯罪報道と人権」を議論する研究者や弁護士等の専門家，報道の送り手も巻き込みながら展開していくこととなる。

　東京電力女性社員殺人事件[6]（1997）は，多くのマス・メディアが被害者のプライバシーの暴露に傾斜し，被害者の尊厳を貶める報道がなされた。一部マス・メディアの送り手も含めて「被害者報道はどうあるべきか」，「被害者報道の原則とは何か」を考えさせる大きな契機となった（日本弁護士連合会・人権擁護委員会 2000）。日本弁護士連合会・人権擁護委員会は，『人権と報道　報道のあるべき姿を求めて』（2000）において，この事件の報道について全国紙はかなり自粛した報道内容となっていたが，夕刊紙やスポーツ紙は被害者の私生活を興味本位に垂れ流し，それに対する議論も反省もないとしている。また，週刊誌報道は，事件そのものよりも被害者の私生活，プライバシーにかかわる情報の暴露が中心となっており，興味本位かつセンセーショナルに報じるという異常な報道姿勢で，女性蔑視を反映した報道と断言し，テレビ報道も同様の切り口での放映がなされたとする。この批判は，あくまで被害者報道の在り方を議論する上での一つの事件報道分析であるが，同時に「女性被害者の扱われ方」が議論になったのである。

第2節　犯罪報道における女性被害者・女性被疑者に関する研究

(1) 女性被害者の取り扱い方に関する研究

① 犯罪報道における女性被害者の特徴

矢島正見 (1991) は，犯罪報道における被害者の分析を行い，女性被害者は男性被害者と比べ報道される率が高いと指摘する。また，年齢層別にみると，14歳以下の子どもが報道される率が高いという。矢島は，犯罪報道は社会的弱者への犯罪という攻撃・迫害に対する新聞の「社会的使命」から導かれたところのニュース価値だけでなく，ある種の「楽しみ」的要素を含んでおり，子どもや女性が被害者である方が「話題の提供」という点でニュース価値が高いとされているところに要因があるとする。

筆者は，1988年から1992年の新聞報道（朝日新聞，毎日新聞，読売新聞）において女性が関わっている犯罪事件の報道件数をカウントした（表3-1 ①，②，③　四方 1996）。朝日新聞は年間約1,500件から2,000件，毎日新聞は年間約2,200件から2,500件，読売新聞は約1,100件から1,500件の間で推移していること，犯罪の種類別[7]にみると殺人事件が常に数多く取り上げられ，朝日新聞は年間約300件から500件，毎日新聞は年間約500件，読売新聞は年間約200件から250件程度報道されていることを明らかにした。女子高生コンクリート詰め殺人事件の報道が行われた1989年は，誘拐事件の報道が多く，朝日新聞は330件，毎日新聞は469件，読売新聞は276件であった。

また，筆者は，女子高生コンクリート詰め殺人事件の事件発覚時1か月間の新聞報道の分析を行い，被害者の実名報道について（表3-2 ①），被害者の落ち度に言及した記事件数と語句数（表3-2 ②），リンチの様子を興味本位に報じた記事件数（表3-2 ③）を調べている（四方 1996）。実名，年齢，学校名は全記事数の約80％に掲載されていた。被害者の落ち度に言及した記事は全記事数の19.4％で，その内容は性格，異性関係・素行，なぜ抵抗しなかったか，合意があったなどの語句であった。リンチの様子を興味本位に報じた記事件数は，全記事数の16.6％であった。

第3章 犯罪報道における女性に関する研究

表3-1 犯罪事件の報道の推移

① 朝日新聞

(件)

事件内容 / 年	詐欺	(女性) 疑	(女性) 害	汚職	(女性) 疑	傷害 暴行 恐喝	(女性) 疑	(女性) 害	強盗 窃盗	(女性) 疑	(女性) 害
1988	267	3	5	298	0	255	2	3	237	2	2
1989	106	5	0	560	0	182	0	12	166	5	7
1990	119	1	0	45	0	204	1	7	227	0	6
1991	167	0	0	130	0	160	0	5	211	0	6
1992	166	0	0	43	0	332	2	5	223	0	3

事件内容 / 年	誘拐	(女性) 疑	(女性) 害	殺人	(女性) 疑	(女性) 害	両	その他	(女性) 疑	(女性) 害	合計
1988	67	0	3	488	27	188	10	556	11	8	2,168
1989	330	0	300	475	23	245	0	324	1	1	2,143
1990	8	2	0	297	12	137	1	772	1	2	1,672
1991	75	0	3	266	9	119	1	576	0	0	1,585
1992	74	0	21	309	17	98	3	348	2	2	1,495

② 毎日新聞

(件)

事件内容 / 年	詐欺	(女性) 疑	(女性) 害	汚職	(女性) 疑	傷害 暴行 恐喝	(女性) 疑	(女性) 害	強盗 窃盗	(女性) 疑	(女性) 害
1988	235	16	3	295	0	340	2	9	256	4	12
1989	99	3	0	55	0	167	2	12	110	6	8
1990	143	1	2	75	0	197	2	5	149	4	2
1991	137	1	0	43	0	108	1	7	231	2	7
1992	153	1	0	102	0	154	4	5	188	0	1

事件内容 / 年	誘拐	(女性) 疑	(女性) 害	殺人	(女性) 疑	(女性) 害	両	その他	(女性) 疑	(女性) 害	合計
1988	107	2	44	477	47	198	4	852	2	16	2,562
1989	469	0	352	581	16	241	5	764	3	9	2,245
1990	69	2	3	437	11	183	6	1,399	9	5	2,469
1991	148	5	2	374	12	165	10	1,334	16	15	2,375
1992	83	0	28	463	24	108	11	1,066	3	4	2,209

③ 読売新聞 (件)

事件内容 年	詐欺	(女性)		汚職	(女性)	傷害 暴行 恐喝	(女性)		強盗 窃盗	(女性)	
		疑	害		疑		疑	害		疑	害
1988	164	1	2	110	0	217	0	2	143	5	4
1989	84	2	1	38	0	115	2	17	111	2	2
1990	115	6	1	42	0	141	0	8	111	0	1
1991	128	2	6	58	0	97	1	9	106	2	3
1992	98	0	1	235	0	217	0	9	89	3	1

事件内容 年	誘拐	(女性)		殺人	(女性)			その他	(女性)		合計
		疑	害		疑	害	両		疑	害	
1988	31	0	13	257	10	115	6	559	9	0	1,481
1989	276	0	252	269	7	110	0	408	6	2	1,301
1990	15	0	0	178	1	98	4	509	0	3	1,111
1991	35	0	3	147	6	79	4	352	2	18	923
1992	19	0	12	194	9	74	5	276	5	3	1,128

詐欺：詐欺，横領
汚職：汚職，背任，贈収賄
傷害・暴行・恐喝：傷害，傷害致死，暴行，強姦，脅迫，恐喝
強盗・窃盗：強盗，窃盗（未遂を含む）
誘拐：誘拐，誘拐殺人，監禁
殺人：殺人，殺人未遂
その他：過激派，密輸，覚醒剤，偽造，脱税，猥褻，他

(女性)：女性がかかわっている事件の件数
疑：女性が被疑者の件数
害：女性が被害者の件数
両：被疑者，被害者の件数

出典）四方由美（1996）(「社会面にみる女性の犯罪報道」諸橋泰樹・田中和子編『ジェンダーからみた新聞のうら・おもて［新聞女性学入門］』現代書館，p.82, 83)

表3-2　女子高生コンクリート詰め殺人事件の報道

① 被害者女子の実名報道について

	対象紙	朝日	読売	日経	合計
	記事数	13	14	9	36 (100.0%)
プライバシー言及	実名	10	13	8	31 (86.1%)
	住所	7	6	0	13 (36.1%)
	年齢	10	13	8	31 (86.1%)
	学校	10	12	7	29 (80.5%)
	顔写真	3	3	2	8 (22.2%)

第3章 犯罪報道における女性に関する研究　71

② 被害者の落ち度に言及した記事件数と語句数（記事内複数カウントあり）

		対象紙	朝日	読売	日経	合計	具体例
		記事数	13	14	9	36 (100.0%)	
落ち度に言及		被害者の落ち度に言及した記事	2	3	2	7 (19.4%)	（下段に記載）
	落ち度に触れる語句群	容姿	0	1	0	1 (2.7%)	「元アイドルタレント倉田まり子に似た美人で」
		性格	1	2	2	5 (13.8%)	「明るい性格」
		異性関係・素行	1	1	1	3 (8.3%)	「外泊もままある」
		なぜ抵抗しなかったか	3	1	2	5 (13.8%)	「なぜ抵抗しなかったのか」
		合意があった	2	0	0	2 (5.5%)	「安心して泊まった」

③ リンチの様子を興味本位に報じた記事件数と語句数

		対象紙	朝日	読売	日経	合計	具体例
		記事数	13	14	9	36 (100.0%)	
興味本位記事		リンチの様子が興味本位な記事	1	3	2	6 (16.6%)	「火ダルマ」

朝日・読売・日経各紙朝・夕刊社会面。第一報が掲載された1989年3月30日から同年4月28日までを分析。

出典）四方由美（1996）「社会面にみる女性の犯罪報道」（諸橋泰樹・田中和子編『ジェンダーからみた新聞のうら・おもて［新聞女性学入門］』現代書館, p.99）

　筆者は，女性被害者について「セクシュアリティに関わる事件の被疑者がとりわけセンセーショナルに扱われる」ことを指摘し，この事件の報道から強姦事件における女性被害者の報道の特徴を検討した。その特徴は，① 落度を問われる，② 容姿に言及される，③ 生活の様子，男性関係，交友関係に言及される，の3点であると指摘している。強姦事件の被害者は報道において，「何故ついていったのか」「何故逃げなかったのか」と落ち度が強調され，被害者にも非があったと読者に思わせるような表現が使われる傾向がみられ，また，容姿についての興味本位な見出しが使われがちであったとする。さらに好奇の的になりやすい異性関係や素行に言及した記事も多かったと分析した。このような傾向は「被害者に潔白性を求める強姦事件の裁判において，被害者が裁かれる側に転じてしまう構図」と同じであり，背景には「強姦神話[8]」や「性のダブルスタンダード」が存在するのではないかとする。被害者の潔白性に言及

する報道は，女性の性規範に対して厳しいと結論付けている（四方 1996）。

　小玉美意子・中正樹・黄允一（1999）は，東京電力女性社員殺人事件（1997）と学習院大男子学生殺人事件[9]（1997）の週刊誌報道を比較分析し，女性が被害者の場合は，男性が被害者の場合と比べて，プライバシーの侵害が著しいとする。女性被害者が売春を行っていた東京電力女性社員殺人事件の報道では，被害者の性行動に関して大きく取り上げ，女性の身体を商品として扱う傾向があることを指摘する。一方で，学習院大男子学生殺人事件の男性被害者は，風俗に関わるアルバイトをしていたが，性行動を大きく取り上げられることはなかったという。小玉ら（1999）によるこの研究は，犯罪報道において男性と女性では異なる扱いがあること，性行動が関わる事件の場合，女性のニュース価値が高く，女性被害者に対する性規範が厳しいことを裏付けるといえる。

　さらに筆者は，女子高生コンクリート詰め殺人事件（1989）と岐阜中2女子殺害事件[10]（2006）の新聞報道を比較して，15年余りを経ても変化がない点として，① 女性被害者の実名報道，② 女性被害者の異性関係を強調し落ち度を問う報道の2点を指摘した（四方 2007）。両事件とも，被害者は実名，時に顔写真付きで報道され，学校名や住所といった個人情報についても報道されていた。また，両事件の被害者は異性関係について言及され，そのことが犯罪に巻き込まれた原因であるかのような書かれ方をされており，被害者の落ち度を問う報道となっている。一方，変化があった点として，① ブログの公開，② 原因を社会背景に求める論調，を指摘した[11]。

　2つの事件を比較すると，女子高生コンクリート詰め殺人事件にはみられなかった情報源として，岐阜中2女子殺害事件の報道では，被害者本人の書いたブログ（日記風サイト）の内容を伝えた点があった。ブログに掲載されていた被害者の日記を伝えた記事の多くが，被害者の異性関係の部分を引用していることが特徴としてみられた。その結果，被害者の意図しないところでプライバシーが暴露され，交際トラブルがあったかのように伝えられている。また，事件現場である「夜中に若者がたむろする空き店舗」を抱える住宅街に関して言及する記事（『毎日新聞』2006年4月22日，『朝日新聞』2006年4月23日）は，事件

の原因を社会的な背景に求めようとするものであったが、そういう場所に出入りする不良の若者たちを強調した点で、被害者に非があったように読者に伝える側面もあった。この2つの事件の比較から、約15年を経て女性被害者の報道をめぐる状況は大きくは変化していないこと、また、インターネット情報を引用する記事や社会的な要因に言及する記事などの変化は、詳細な情報から被害者の落ち度を推測させるなど、女性被害者への報道被害をさらに深刻にする結果となっていると指摘した（四方 2007）。

② 裁かれる側に転じる女性被害者

女子高生コンクリート詰め殺人事件や東京電力女性社員殺人事件にみられるように、女性被害者は、実名、住所、年齢、学校名・職業などを報道され、顔写真も大きく報道される場合がある。未成年の被疑者のプライバシーは保護される一方で、被害者のプライバシーは考慮されない。事件報道の在り方についてさまざまな議論がある中、報道はプライバシーに配慮する方向に変化しつつあるものの、被害者のプライバシー保護についてまだ十分でない面があるだけでなく、インターネット情報などの新しい情報源の出現によって更なる侵害も懸念される。とくに、性犯罪事件の女性被害者の報道においては、被害者にスキがあった、被害者の方から誘ったなどと、悪かったのは被害者であるとする強姦神話の言説がみてとれる。

例えば、女子高生コンクリート詰め殺人事件は、「被害者の落ち度」について言及された。被害者が亡くなったことで、興味本位で被害者の家族や私生活などさまざまな情報が伝えられ、被害者の落ち度を読者・視聴者に印象付けたといえる。岐阜中2女子殺害事件では、被害者の落ち度を明確に問うものはみられなかったが、被害者の異性関係について詳細に伝えられた。複数の新聞が、被害者や被疑者の友人の話や、被害者のブログの内容など、プライバシーに関わる情報を伝えた。また、被害者が事件現場となった元パチンコ店に出入りしていた、などの被害者の行動に関する記事もみられた。

これらの情報は、被害者側に非があると明確に書かなくとも、そのように読

者が推測するような内容である。推理小説を楽しむように読者は「読み物」として事件報道を読み，被害者はそこで落ち度を問われる。このような傾向は，被害者に潔白性を求める強姦事件の裁判において，被害者が裁かれる側に転じてしまう構図と同じであり，背景には「強姦神話」や「性のダブルスタンダード」がある（細井・四方 1995）。これらの指摘から，被害者の潔白性に言及する報道は，女性の性規範に対して厳しいという仮説を導くことができる。

また，こうした報道は，被害者が裁かれる側に転じてしまう構図を作り出すと同時に，加害者を免罪する視点を生みだす。例えば，子どもが被害者の場合に多くみられる性犯罪行為を「いたずら」と言い換える表現は，読者に加害行為を軽微なものと伝える可能性があるといえる。さらに，被害者と加害者が「顔見知りであった」と報じるだけで，被害者の落ち度を推測させるのではないだろうか。

被害が公になったとき，被害者が世間からバッシングされ二次被害を受けることが指摘されるが，報道もその一つである[12]。被害者を裁く視線を提供し，報道が二次被害のきっかけを作り出すと言ってもよい。性関係の暴露や強調は，犯罪において被害者に非があったかのように伝わるだけでなく，プライバシーの侵害でもある。他方，犯罪の被害という場面で伝えられることは「魔女狩り」的な側面を持ち，女性の性に対する厳しい性規範が強化されるといえよう[13]。第2章において言及したように，メディアが描く女性については，従来からジェンダー・バイアスが指摘されているが，女性被害者の報道は，それが色濃く見られる場であると仮定することができる。

梓澤和幸（1999）は，「加害者の人権は守られるが，被害者の人権は蹂躙され放題ではないのか」といわれる被害者報道の在り方を「被害者報道の過ち」として，なぜ「過ち」が繰り返されるのか原因を追究し，① 被害者は無防備のままマスコミの取材にさらされている，② 被害者を守る倫理的法的枠組みがない，③ 犯罪被害者の精神的身体的苦痛，取材と報道による被害の増幅の実態が知られていない，の3点を原因として挙げている。詳述すると，被疑者には通常弁護士が付く場合が多いが，事件後すぐに被害者や被害者遺族に弁護

士会からの措置が行われない場合もある（①）。被疑者，被告人は無罪推定をおかされない，前科が報道をされない，不必要な人格非難報道をされない，公益性，公共性のない報道をされないなどの枠組みで一応守られているが，被害者を保護する法的枠組みは死者の名誉棄損，プライバシーなどがあるが被疑者被告人の名誉を保護する理論に比較すれば貧弱である（②）。被害者（や遺族）がPTSD（心的外傷後ストレス障害）に苦しむこと，またPTSDの典型的症状のほか孤独感，自責感，恥，感情や興味の縮小，不安，復讐の感情などに苦しむことがある（③）。こうした状況が被害者の報道被害を生んでいるとして，犯罪被害者（遺族）の法的地位を確立する必要を提案した。

③ 被害者報道の問題に関する議論

日本弁護士連合会・人権擁護委員会（2000）は，被害者報道の問題点と被害者取材の問題点を整理している。それによると，被害者報道の最大の問題点は，被害者のプライバシーに対する配慮がみられないことだとする。従来，被疑者，被告人の報道にあたり，実名にするか否かについては議論が継続してきたが，被害者報道にあたっての実名報道の可否については，そうした議論が少なかった。その理由は，被害者がその実名や住所を報道されることにより，精神的なダメージを受けることが十分に省みられなかったためとする。しかしながら，被害者の中には犯罪事件に巻き込まれたこと自体を不名誉に感じる者もおり，報道により名誉を傷つけられたと感じる例も多い。

被害者取材の問題については，取材の段階でも「被害者への配慮」が著しく欠落している点を指摘している。被害者（や遺族）は，犯罪によって精神的に大きなダメージを受け，周囲の援助と保護が必要な状態に置かれているにもかかわらず，場所をわきまえない夜討ち朝駆け的な取材を受けたり，集中砲火的なカメラのフラッシュを浴びて多大なストレスを受ける。取材におけるルール作りや，これを逸脱した場合の抑止力ある制裁も検討されるべきであるとする。

また，日本弁護士連合会・人権擁護委員会（2000）は，1999年のシンポジウムに先駆けて報道各社にアンケート調査を行い，被害者報道について回答を得

ている。それによると，新聞，雑誌，テレビ，ラジオ，各社からの計142通の回答中，被害者の報道について「匿名を原則とする」という回答は9通で，そのうち5通は「殺人」等の重大事件の被害者は例外という回答であったという。一方で，「性犯罪」「報復のおそれのあるケース」については，被害者を匿名で報道するというルールもほぼ確立しているという結果を得ている。また，1989年と1999年の各2月上半期における新聞紙上において，被害者報道がどのようになされているかについて紙面調査を行い，次のような結果を得ている。① 被害者を特定した事件報道の数そのものの減少。② 被害者が匿名（性別・年齢は表示されるが）で報道されるケースの増加。③ 10数％ほどあった被害者の顔写真掲載率が数％に減少。④ 被害者の住所についてアパート名・部屋番号まで表示するというケースの消滅。1999年時点では，紙面に犯罪被害者の実名が登場するケースは50％程度であり，いわゆる「重大でない事件」においては被害者の実名は省略される場合が多いとする。

ただし，被害者死亡のケースは匿名での報道はほとんどなく，住所の報道も「市町村」以上の詳細な報道となり，顔写真の報道のケースも増加する。家族がより深い悲しみの中にある場合に，かえって被害者のプライバシーが報道される結果になると言わざるを得ず，被害者死亡の場合にそのプライバシーへの配慮が後退せざるを得なくなるという報道基準そのものの問題が指摘されるとする。

一方，2000年に全国犯罪被害者の会が結成されたことは，犯罪被害者が社会の中で関心を持たれ，当事者による発言が受け止められる契機となった[14]。性犯罪の被害者自身が情報発信することにより，性犯罪被害者のおかれた状況や，報道被害の現状について広く訴える動きも起こってきている（小林美佳 2008）。芹沢一也（2006a）は，「メディア全体が，あるいはそれを読む読者が加害者にしか関心を向けていなかった」が，犯罪被害者の活動とともに，そうした状況は変わって，「メディアは犯罪被害者にこそ目を向け始めた」とする。高橋シズエ・河原理子（2005）は，犯罪被害者（遺族）らの報道被害の経験をまとめると同時に，河原は記者としての犯罪事件の報道において被害者（遺族）と向

き合うことの葛藤を述べている。このように，現在では，犯罪被害の当事者とマス・メディアの送り手側の両者から被害者報道に対する意見が出されている状況にあるといえる。

　他方，日本はマス・メディア企業で働く女性の人数が少ないことはすでに述べてきたが，近年はデスク以上の職務に就く女性も登場し，送り手女性たちは個々に，時には連携しながら女性報道の改善を模索してきた。2005年10月に行われた北京JAC＋10では，女性記者たちの取り組みが具体的事例を紹介する形で報告された（四方　2006）。「女○○」「女性○○」「美人○○」など女性や女性の容姿を強調する表現や，「ご主人」「女房役」など性役割を強調する表現を不必要に使わない配慮をしていること，当初「桶川女子大生殺人事件（1999年）」と呼ばれていた事件を「桶川ストーカー殺人事件」に変更したこと，「女性医師を逮捕」ではなく「主治医を逮捕」と言い換えたことなど，性別を強調するカテゴリー表現への配慮が報告された。こうした取り組みは，デスクなど報道の仕方に決定権を持つ責任ある立場に女性が居てこそできたことだという（四方　2006）。

　こうした取り組みやその情報の共有は，女性の視点からの情報発信を促進させるだけでなく，複眼的な視点からの発信にもつながる。地方においても，九州の地方紙の女性記者がネットワーク「九州女性記者の会[15]」をつくり，報道の在り方について意見交換を行うなどの活動を行っている。同会の2010年の大会では裁判員裁判における性犯罪報道をテーマとした議論が行われた（四方　2010）。報道する側からの問い直しによって，女性被害者・女性被疑者の報道のされ方も変化していくといえる。放送分野では，女性放送者懇談会が同様の働きをする組織として期待されるといえよう。

(2)　**女性被疑者の取り扱い方に関する研究**
　① 犯罪報道における女性被疑者の特徴
　矢島（1991）の研究によれば，1988年の検挙人数と新聞の犯罪記事数から「報道率」を算出[16]したところ，殺人が他の罪種に比べてきわめて「報道率」

が高く，次が強盗，放火，恐喝の順であったという。また，容疑者（表記原文のまま）の「報道率」は，年齢層別では30歳代，40歳代，50歳代の容疑者が高く，性別では圧倒的に男性が高い。男性容疑者は女性容疑者と比べておよそ2.5倍，報道されていた。しかし，記事の大きさでは，男性容疑者より女性容疑者の方が大きい扱いになる率が高く[17]，理由として「女性の犯罪には別のニュース価値があるということであろう」と矢島は指摘している。

女性が新聞の犯罪報道に登場する場合は，表3-1にみるように，殺人事件と傷害事件が多く，被害者・被疑者を問わない。女性が犯した事件の報道量は，犯罪検挙の比率と必ずしも一致していない。例えば，1990年の『犯罪白書』によれば，1989年の女子の刑法犯の罪名別検挙人員比は，殺人17.3，窃盗28.1と窃盗の方が多い（法務省 1990）にもかかわらず，「殺人」の被疑者に関する報道量の方が「窃盗」のそれよりはるかに多い。

殺人の被疑者の中でも，女性が被疑者の場合に，その特徴が最も顕著なのは「子殺し」報道であろう。女性は出産・育児と子どもと関わることが多いために，「子殺し」は女性の犯罪であることが多く，子殺しで検挙された者の95％は女性である（警察庁『犯罪統計』2004年）。その背景には，子育ての孤立化にともなう責任の重圧や，子育て中の就労の困難さ，経済的な問題などがあると考えられている。しかし，報道ではそういった社会的背景が考慮されることなく母親の非情さばかりが強調されることが多いとされる。

1972年から1975年にかけ，子殺し報道が続いた時期の新聞において，「母性喪失」「母親失格」「無責任ママ」（『朝日新聞』1973年2月24日）という言葉が用いられ，「赤ちゃん殺し相次ぐ，残酷！未婚の母石膏詰め自供，勤めの邪魔になって」（『読売新聞』1972年10月5日）など，センセーショナルな見出しが多かった。中谷瑾子（1973a，1973b）は，この時期の朝日新聞の報道件数の変化を追って，件数は1972年8月から増加して1975年には減少し始めたこと，報道増加の一因は1972年に東京で行われた国際心理学大会に参加した記者たちが問題意識をもったこと，およびその年の後半期にほかに新聞紙上を占めるような大きな事件が起こらなかったことだと指摘している。後に，田間泰子（2001）

は，この時期の報道を分析し，子捨てや子殺しの関連記事には母親を非難する語りがしばしばみられるが，そこで語られている母親は，具体的なある事件の母親ではなく，より一般的な「ダメな母親」や「欠陥ママ」であり，父親を排除した「母と子」の物語と加害者に転じてしまった「加害者としての母」の物語がつくられたとする。

1970年代前半のこのような報道に対して金森トシエ（1976）は，「子捨て子殺しの母親の事件に限っては，犯罪の陰に男ありである。失格父親が，冷酷夫がおり，母性の喪失を問うなら，なぜ父性の喪失は問わないのか」と述べて報道姿勢を批判し，合わせて旧来の女性役割観を報道が増幅させていると指定した。女性は普遍的に「母性」を有しているものだということを前提に，母親役割を逸脱した女性を非難することで，女性の性役割を補強しているとしたのである。現在でも，「子殺し」の報道では女性の役割，特に母性の喪失について問題視しているものが多く見られる。母性を強調し，母親役割を逸脱した女性を紙上で非難することは，「犯罪報道を通して性役割を示し，強化する効果を持つ」とされる（細井・四方 1995）。

また，事件の種類に関係なく，女性は容姿や職業に言及されてきた。例えば，イエスの方舟事件[18]の失踪女性たちは，見出しにおいて「薄化粧の女性たち」と表現され，「小ぎれいなバッグを手にし，彼女らの多くが赤い口紅，アイシャドーをし，髪を赤く染めていた」（『朝日新聞』1980年7月4日）と報道されている。また，前述の西船橋駅ホーム転落事件や池袋事件などのように，いわゆる「水商売」を職業としていた女性の場合は，容姿や職業を集中的に報道されがちである。

小玉ら（1999）は，学習院男子学生殺人事件の報道分析から，男性被害者よりも加害者（表記原文のまま）女性の方が，より詳細な情報を報道されたという結果を得ている。加害者女性が風俗店で働いていたことを強調する記述がなされ，加害者女性を雑誌の「性の商品化」としてとらえた雑誌報道が見られたと指摘する。この事件では，女性被疑者は，よりネガティブな情報を伝えられたことに加えて，男性被害者よりもプライバシーが侵害されたとする。

筆者は，巣鴨子ども置き去り事件[19] (1988) の新聞報道を分析し，容疑者（原文のまま）女性の実名報道（表3-3 ①）の状況と，性役割や性に関することがらに言及した語句数（表3-3 ②）を調べている（四方 1996）。実名報道は全記事数の41.9％，住所の報道は87.0％，年齢報道は，67.7％であった。性役割や性に関する事柄では，家事の放棄，育児の放棄がともに全記事数の12.9％，子どもの戸籍に関することが38.7％，出産22.6％，愛人関係16.1％で，無責任な母に関する言及は16.1％みられた。この事件における女性被疑者の報道の特徴として，① 母性を問われる，② 家事・育児ぶりに言及される，③ 容姿に言及される，④ 性関係に言及される，の4点を指摘した。また，筆者は，巣鴨子ども置き去り事件と秋田連続児童殺害事件[20] (2006) の新聞報道の比較を行い，変化していない点として，① 女性被疑者の実名報道，②「ひどい母親」を強調される女性被疑者，の2点を指摘した（四方 2007）。

巣鴨子ども置き去り事件の報道では，全紙が被疑者である女性の実名を掲載し，顔写真を掲載した新聞はないものの各紙とも住所，年齢を公表し，特に読売においては逮捕の時点で実名・呼び捨てで報道された（四方 1996）。この事件では，「部屋は散らかり放題」（『読売新聞』1988年7月26日），「置き去りにして姿くらます」（『読売新聞』1988年7月23日）など家事や育児の放棄に言及する記事や，「女性に離婚歴はなく」（『朝日新聞』1988年7月23日），「父親の違う子を5人産んだ」（『朝日新聞』1988年7月24日）など異性関係や戸籍に言及する記事が目立った（四方 1996）。

一方，秋田連続児童殺害事件は，容疑者呼称であるものの，分析対象とした全紙で被疑者の実名が報道された。顔写真を掲載する紙面もあり，いずれも被疑者の個人情報やプライバシーには配慮されていない。「ゴミ袋は空のカップでいっぱいだった」（『毎日新聞』2006年7月19日）など長女にカップ麺を食べさせていたことをことさら強調し，家事や育児をしないことに言及する記述や，「自宅に知人の男性が訪ねてきていた」（『朝日新聞』2006年7月18日），「自宅には男性の客が訪ねてくるようになった」（『毎日新聞』2006年7月19日）といった異性関係を強調する記事など，母親としての責任を果たさない「母親失格」の

表3-3 巣鴨子ども置き去り事件の報道

① 容疑者女性の実名報道について

	対象紙	朝日	読売	日経	合計
	記事数	15	9	7	31 (100.0%)
プライバシー言及	実名	6	6	1	13 (41.9%)
	(うち呼び捨て)	(6)	(6)	(1)	(13)
	住所	11	9	7	27 (87.0%)
	年齢	8	8	5	21 (67.7%)
	写真(顔)	0	0	0	0 (0.0%)
	(住居)	2	1	1	4 (12.9%)

② 性役割や性に関する事柄に言及した語句数(記事内複数カウントあり)

	対象紙	朝日	読売	日経	合計	具体例
	記事数	15	9	7	31 (100.0%)	
性役割に言及	家事の放棄	1	3	0	4 (12.9%)	「部屋は散らかり放題」
	育児の放棄	2	2	0	4 (12.9%)	「ミルクは飲ませず」
	愛人関係	2	3	0	5 (16.1%)	「姿くらまし愛人と生活」
	結婚歴	2	0	0	2 (6.5%)	「離婚歴はなく」
	出産	4	2	1	7 (22.6%)	「父親の違う子を5人産んだ」
	子どもの戸籍	5	6	1	12 (38.7%)	「子どもたちに戸籍はなかった」
	(うち否定)	(3)	(4)	(0)	(7)	「子どもたちに戸籍はなく」
	非道な母	1	1	0	2 (6.5%)	「涙はみせていない」
	無責任な母	1	4	0	5 (16.1%)	「反省の色はみられず」

朝日・読売・日本経済各紙の朝・夕刊社会面。
事件第一報が報じられた1988年7月22日から同年8月13日までを分析。

出典) 四方由美(1996)「社会面にみる女性の犯罪報道」(諸橋泰樹・田中和子編『ジェンダーからみた新聞のうら・おもて[新聞女性学入門]』現代書館, p.94)

烙印を押すような報道がなされている。このような傾向は2つの事件ともに見られ,子どもの父親の責任に言及した記事が無いことも共通している(四方 2007)。

このように被害者と同様に,女性被疑者もまたプライバシーを侵害されていると考えることができる。被疑者は事件の加害者＝犯人とみなされるためか(犯人視報道),被害者よりもさらに詳細に私的な情報が伝えられ,人権を侵害される傾向にある。加えて被疑者の場合,性役割に関してネガティブな側面か

らの情報が多く報道される傾向も指摘されている。このような点で，女性被疑者はより貶められると仮説を立てることができる。

② 断罪される女性被疑者

このように，女性被疑者は事件の加害者（＝犯人）とみなされ，被害者と同様に私的な情報が伝えられるだけでなく，事件によっては，性役割に関してネガティブな側面からの情報が多く報道される傾向がみられる。しかしながら，性役割やジェンダー規範を孕む問題が彼女らの犯罪行為の背景にあったとしても，その点に言及する報道はほとんどなく，あったとしても被疑者の立場を代弁するには至っていない。

女性被疑者の方がより大きく報道されることとも関わると推察されるが，女性が被疑者の事件でメディア・スクラムが問題になる事件が散見される。和歌山カレー事件[21]（1998）では，被疑者女性が逮捕される前から，女性とその家族に取材が集中した。日本弁護士連合会人権擁護委員会（2000）は，この事件の報道被害の特徴を2点に分けて指摘している。「① 被疑者の特定や逮捕が遅れたため，誰が犯人かわからないという状況のもとで，自治会内でのマス・メディア主導の犯人探しが公然と行われ，一つの狭い地域全体を膨大な数の報道陣が取り囲むようにして取材したことにより，一般市民に過ぎない地域住民の生活やプライバシーが長期間に亘って侵害されたという点，② 別件の保険金詐欺事件が発覚した後の被疑者に対する取材は，数多くの脚立が被疑者宅を取り囲み同人宅を取材記者が覗き込むという，取材する側から見ても異常と評価をせざるを得ないきわめて特異な状況であったにもかかわらず，被疑者逮捕までこのような取材による人権侵害の状況はほとんど改善されることがなかった点にある」とする。さらに，逮捕日以降，ワイドショーおよび週刊誌は，女性被疑者のプライバシーを報道し始め，彼女の生い立ち，学生時代の成績，離婚歴などが映像や写真付きで伝えられた。和歌山カレー事件は，ロス疑惑事件・松本サリン事件の教訓がいかされなかった例で，「被疑者および近隣住民のプライバシーを高度に侵害し，人権侵害として救済すべき状況にあったことは争

いがないであろう」（日本弁護士連合会・人権擁護委員会 2000）とされている。

秋田連続児童殺害事件もまた，メディア・スクラム（集団的過熱取材）の対象となった特徴的な事件であると同時に，被疑者女性が，事件発覚当初は被害者の母親として登場していたため呼称の取り扱い方について例外的な特徴を示す事件である（島崎哲彦他 2012）。被疑者が小１男児死体遺棄容疑で逮捕された時にはみられなかった，母としての非道さや無責任さを取り上げた記事が長女殺害容疑で再逮捕された時点を境に急増する。同時に被疑者の性格に関する否定的な報道も増加した。「悲劇の母」から殺人の被疑者へというストーリー性が加わることで非難報道が激化した例といえよう。この事件では，被疑者自身が放送倫理・番組向上機構（BPO）に訴え，BPO の正式な見解として「『秋田県能代地区における連続児童遺体発見事件』取材についての要望」（放送倫理・番組向上機構 2006）が，放送と人権等権利に関する委員会委員長の名義で発表された。BPO は，「本件事案の取材対象者のプライバシーを侵害することのないよう，節度を持ってあたることを強く要望します」（放送倫理・番組向上機構 2006）という内容の文書で，マス・メディア各社の取材攻勢に対して自粛を要請した[22]。

一方で，女性被疑者の報道は，母性神話[23]を背景とした母親役割を強化する言説として機能するという仮説を導出することができる。例えば，秋田児童連続殺害事件では，「虐待行為」についての情報が多く報道された。さらに，新聞紙面は，社会問題としての児童虐待問題についても同時に論じる場となった。しかし，児童虐待は虐待した当事者だけを責めればよいという性質のものではなく，むしろ，虐待の背景にどのようなものがあったかが重要な点であろう。多くの紙面にみられたような，育児の孤立化，貧困など，加害者を追い詰める背景を追わずに当事者（被疑者）だけを責めるような報道は，被疑者の人権という観点からも，再発防止という観点からも大きな課題があるといえる[24]。

このような女性被疑者の報道を田間泰子（2001）は，「記事の目的が事件報道ではない」とし，母性喪失と父親不在の物語として伝えられる事件の情報は，読者に母性神話を伝える結果になっていると指摘する。犯罪報道における女性

の描かれ方の背景には，新聞報道における女性の扱われ方の特徴に加え，社会規範と密接にかかわる性に関する言説にそった記事づくりがあると考えられる。女性被疑者の報道にみられる，性規範に関する厳しい言及は，読者にどのような影響を与えるだろうか。村田泰子（2006）は，「虐待する母」を強調することは，重篤なケースの割合が高い「虐待する父」に関する議論をおろそかにする結果になったとし，「虐待する父」への対応は早急に取り組まれるべき課題であるとする。

前述のように，巣鴨子ども置き去り事件も大阪2幼児放置死事件も共に，子育てに無責任な母親という印象が強調されたことが指摘されている。これらの事件でも母性神話，子育ては女性の役割という見方にそって報道されていることが推察される。このような報道が，さらに受け手のジェンダー認識を強化し，再生産することにつながるのではないだろうか[25]。性役割・性規範を逸脱した女性を責めるまなざしは，翻って女性全体へのまなざしとなるといえる。「犯罪者」として断罪される際に，性役割も同時に強調されて伝えられることの影響は大きいのではないだろうか。

また，ニュース映像を分析した清水瑞久（2006）は，母親の暴力によって女児が死亡した事件のニュースにおいて，母親の暴力の非情さと，暴力にさらされる女児を対置してその強度を増幅するように展開される映像表現は，より母親の非情さと女児の痛ましさが強調されるという。またそれは，その暴力をもたらす社会構造的な問題を見えにくくし，母親の「心」の問題として囲い込んでしまうとしている。

③ 児童虐待事件の報道

ここで，児童虐待事件の報道について述べておきたい。

日本において，児童虐待事件が「児童虐待」という言葉を用いて報道で取り上げられるようになったのは1990年代に入ってからであり，児童虐待防止等に関する法律（平成12年5月24日　法律第82号　以下，児童虐待防止法）の成立年である2000年の前年から急激に増えてきたとされる（上野加代子・野村知二 2003）。

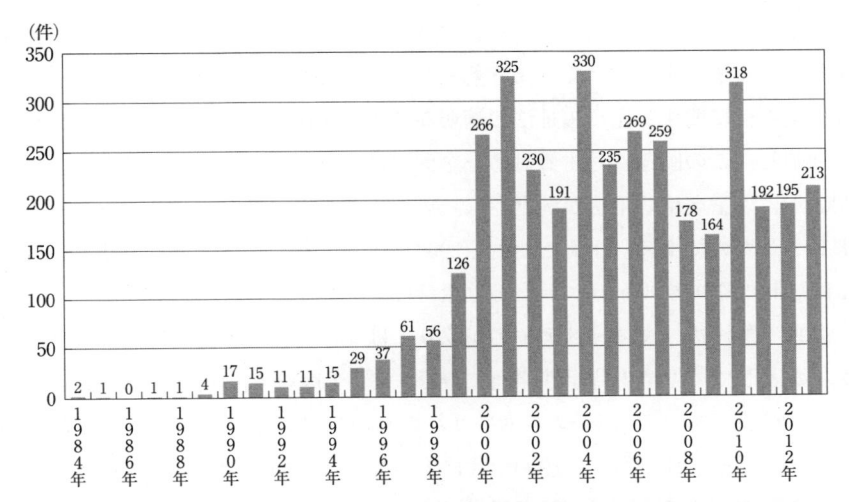

図3-1　見出しに「児童虐待」が含まれる記事件数（朝日新聞：合計3,752件）

「児童虐待」という言葉は，1990年代に入るまで今日のように頻繁に用いられていなかった。

図3-1は，見出しに「児童虐待」と記載された朝日新聞の記事件数を示したものである[26]。1990年頃からみられはじめ，1999年から2000年にかけて増加したことがわかる。上野・野村（2003）は，子供を折檻する親，殺める親，遺棄する親，世話をしない親がいるという認識がそれまでなかったわけではないが，あくまで個々の出来事や事件ケースとしてであって，「児童虐待」という言葉で括られ，一般の人たちにまで広く論じられることはなかったとする。むしろ，「日本に児童虐待が少ないのはどうしてか」ということの方に関心が向いていたといってもよく，日本は初婚年齢が高いこと，文化装置としての「母性」が機能していること，親族・近隣のネットワークのサポートがあることなどを挙げ，母子の密接な相互作用のなかで子どもをしつけていく日本社会の文化の違いにその理由を求めていた（井垣章二 1985）。

その状況が一変したのは1990年代に入ってからである。1990年度から，厚生省は児童相談所の虐待の相談処理件数を集計し発表するようになり，民間の虐

待防止の団体が各地で結成された。マス・メディアも児童虐待に関する特集を組み，わが子に手を挙げてしまう親たちについて報じるようになった。厚生省は児童虐待に関する児童福祉法の適切な運用を全国の児童相談所等の関係機関に通知し，この問題に対する対応を全国に徹底させた。こうした流れを受けて2000年に児童虐待防止法が制定され，虐待の防止と早期発見のネットワークが構築されたのである。上野・野村（2003）は，このような「児童虐待」に関する問題状況をモラル・パニックと位置付け，考察を行っている。

　上野・野村は，マス・メディアが取り上げなければ「児童虐待」の浸透はなかったとして，児童虐待事件報道に着目する。1980年代は児童虐待事件に関する記事は少なく（朝日新聞の検索において9件），アメリカを中心とした海外の話として報道されており，1990年代に入って日本国内の問題として扱われるようになるのであるが，人びとにより強いインパクトを与えたのはルポルタージュ形式の特集記事であるとする。とくに朝日新聞の連載記事「親になれない」（1990年11月と1991年3月の5回連載）は，メッセージの方向を明確に絞り，エピソードだけで構成されたルポルタージュで，子供の名前には固有名詞を用い，直接話法を多用する記事であり，「ひどい目に遭っている子どもがいる」「虐待は連鎖する」というストレートな問題提起として，読者の心情に訴えかけたとする。

　これらを含む1990年代初めの児童虐待に関する報道において共通する点として，アメリカの現状と対策に言及しながら日本の「遅れた状況」を紹介するという構成であったことがあげられる。これにより，従来から存在し認知されていた折檻する親が「現代的な児童虐待」問題として認識され，取り組むべき社会問題として認識されていったのである。上野・野村（2003）は，2000年から2001年が「児童虐待」に関するマス・メディア報道の一つのピークであったとし，その理由は児童虐待防止法制定をめぐる議論の紹介と問題提起であるとする。その報道の傾向は，「同じ年に成立した少年法改正の報道では，少年犯罪は疑念の余地のない『悪』としては扱われていない」（上野・野村 2003）のに対して，児童虐待は「政治的な論争の余地も専門家による議論の余地もない，

誰が見ても疑う余地のないシンプルな問題として扱われ，問題は家族であり家庭であり，とりわけ現代の母親のありようであり，問題を解決できるのは大きな力を付与された専門機関と専門家たちの連合であること，そして解決のための新しい法規定が急務であることがさらに強調されていた」（上野・野村 2003）とする。

一方，村田泰子（2006）は，日本において1990年代に始まる児童虐待問題全般の社会問題化の過程で，カタカナで表記された「ネグレクト」という言葉とそれが意味するところが，広く一般に知られるようになったとする。児童虐待防止法制定時（2000）においては，ネグレクトは貧困とは直接結びつかない問題として構成されており，端的に「保護者」が「その監護する児童」に対して「児童の心身の正常な発達を妨げるような著しい減食または長時間の放置その他保護者としての看護を著しく怠ること」とだけ定義され，親と子の一方的な責務の不履行にのみ目を向けた法律となっている[27]。村田は，この定義を見る限りでは，ネグレクトはあたかも両性の「親」が等しく行うもののように見えるかもしれないが，児童虐待防止法と前後して大量に産出されたネグレクト文学（ネグレクトを主題にした文学作品や映画，ジャーナリズムなど）の主人公は，ほぼ例外なく母と子であるとする。また，虐待関連のさまざまな報告書をみてもネグレクトの具体例として挙げられているのは，ほぼすべてが女親によるネグレクトであるとして，日本における1990年代以降のネグレクトは，典型的に，女親が加害者となる児童虐待の行為であると指摘する。

その上で村田（2006）は，ネグレクト問題を「女親のシティズンシップ」という観点から思弁的考察を行っている。実在の事件を扱った杉山春（2004）のルポルタージュを通して，ネグレクトに対する3つのまなざしを指摘する。第一に，日々の生活態度全般へのまなざしという点について，衣食住の管理を営む市民としての健全で安寧な生活態度あるいは生活水準の維持に関わることがらが女親の責務として描かれていること，第二に，自立性の欠如へのまなざしという点について，自己の返済能力を超えた買い物や借金への言及が，計画性を持って家計をやりくりするジェンダー役割からの逸脱として描かれているこ

と，第三に，福祉サービスのクライアントへのまなざしについて，自ら進んで病院や保健所といった支援機関との連絡をたってしまった母親を描き，彼女が国家が正しいと決めたやり方で子育て上の問題解決を行わなかったために，また，サービスを利用するという行為をつうじて，「専門家」と呼ばれる人びとが占有する知識と権力に正当性を付与してやらなかったために非難にさらされていると考察している。これら3つのまなざしは，近代市民社会で望ましいとされる生活態度や価値観の「ネガ（陰画）」としてのネグレクトの姿を浮かび上がらせる。村田は，「親業のスタンダード」の問題に加え，「市民の健康や福祉全般」の維持や推進に関わるポリティクスのなかで，ネグレクト・マザーが置かれている状況を導出し，ネグレクトがこうしたポリティクスとの関連で再定位して理解される必要があるとするのである。これらの一連の指摘は，児童虐待事件の女性被疑者の報道を分析する際に，重要な示唆を与えてくれる。

　他方で，児童虐待事件は，母親が加害者（被疑者）の場合に報道される率が高いことが指摘できる。表3-4は，「児童虐待に係る事件検挙人員（被害者と加害者の関係別・罪名別）」を示したものである。また，表3-5は，表3-4と同期間の児童虐待事件の報道件数（被害者と加害者の関係別・罪名別）である[28]。この2つの表を比較すると，母親（女性）による虐待の方が僅かだが多く報道されているが，2010年の検挙件数で比較すると父親等による虐待件数の方が母親等より多く，とくに身体的暴力（暴行，傷害，傷害致死）は父親等が多い。また，強姦は100％が父親等であることがわかる。2010年の検挙人員は，父親等が286件（総数比69.3％），母親等が119件（総数比30.7％）で，父親等の検挙人員は，暴行31件，傷害155件，傷害致死11件となっている。このように母親による虐待が多く報道されることにより，「母親による虐待が増えている」というイメージを増幅させる可能性がある[29]。

　これまで，被疑者の個人情報やプライバシーに関する情報が報道されることについては人権の視点から考察し，性役割に関する記述に関してはジェンダー規範の再生産という観点から指摘をしてきたが，これらのことが社会的な文脈において何を意味することになるのかについて配慮した研究が行われる必要が

あると考える。その意味で，上野・野村（2003）の指摘する，児童虐待が議論の余地なく「家族や家庭の問題」，「母親のありようの問題」へと収斂される傾向や，村田（2006）が指摘する児童虐待と「母親のシティズンシップ」とのか

表3-4　2010年の児童虐待に係る事件検挙人員
（被害者と加害者の関係別・罪名別）

加害者		総数	殺人	傷害	うち傷害致死	暴行	重過失致死	強姦	強制わいせつ	保護責任者遺棄	逮捕監禁	その他
総数		387 (100.0)	29 (7.5)	220 (56.8)	18 (4.7)	37 (9.6)	1 (0.3)	16 (4.1)	11 (2.8)	20 (5.2)	7 (1.8)	46 (11.9)
父親等		268 (69.3)	7 (1.8)	155 (40.1)	11 (2.8)	31 (8.0)		16 (4.1)	10 (2.6)	3 (0.8)	4 (1.0)	42 (10.9)
	実父	109 (28.2)	4 (1.0)	64 (16.5)	4 (1.0)	12 (3.1)		5 (1.3)	1 (0.3)	3 (0.8)	1 (0.3)	19 (4.9)
	養父・継父	86 (22.2)	2 (0.5)	48 (12.4)	5 (1.3)	8 (2.1)		6 (1.6)	3 (0.8)		1 (0.3)	18 (4.7)
	母親の内縁の夫	64 (16.5)	1 (0.3)	42 (10.9)	2 (0.5)	7 (1.8)		5 (1.3)	5 (1.3)		2 (0.5)	2 (0.5)
	その他（男性）	9 (2.3)		1 (0.3)		4 (1.0)			1 (0.3)			3 (0.8)
母親等		119 (30.7)	22 (5.7)	65 (16.8)	7 (1.8)	6 (1.6)	1 (0.3)		1 (0.3)	17 (4.4)	3 (0.8)	4 (1.0)
	実母	108 (29.7)	22 (5.7)	57 (14.7)	6 (1.6)	4 (1.0)	1 (0.3)		1 (0.3)	16 (4.1)	3 (0.8)	4 (1.0)
	養母・継母	4 (1.0)		4 (1.0)	1 (0.3)							
	父親の内縁の妻	3 (0.8)		2 (0.5)		1 (0.3)						
	その他（女性）	4 (1.0)		2 (0.5)		1 (0.3)				1 (0.3)		

出典）法務省（2011）『平成23年版　犯罪白書』p.179

表3-5　2010年の朝日新聞における児童虐待事件の報道件数
（被害者と加害者の関係別・罪名別）

加害者		総数	殺人	傷害	うち傷害致死	暴行	重過失致死	強姦	強制わいせつ	保護責任者遺棄	逮捕監禁	その他
総数		156 (40.3)	27 (93.1)	85 (38.6)	15 (83.3)	4 (10.8)	1 (100.0)	(-)	(-)	21 (+)	5 (71.4)	13 (28.3)
父親等		76 (28.4)	7 (100.0)	54 (34.8)	9 (81.8)	2 (6.5)		(-)	3 (100.0)	3 (75.0)	7 (16.7)
	実父	38 (34.9)	6 (+)	24 (37.5)	4 (100.0)	1 (8.3)		(-)		3 (100.0)	(-)	4 (21.1)
	養父・継父	13 (15.1)	(-)	11 (22.9)	3 (60.0)	(-)		(-)			1 (100.0)	1 (5.6)
	母親の内縁の夫	16 (25.0)	1 (100.0)	14 (33.3)	2 (100.0)	(-)		(-)			1 (50.0)	(-)
	その他（男性）	9 (100.0)		5 (+)		1 (25.0)					1 (+)	2 (66.7)
母親等		80 (67.2)	20 (90.9)	31 (47.7)	6 (85.7)	2 (33.3)	1 (100.0)		(-)	18 (+)	2 (66.7)	6 (+)
	実母	70 (64.8)	19 (86.4)	25 (43.9)	4 (66.7)	1 (25.0)	1 (100.0)		(-)	17 (+)	2 (66.7)	5 (+)
	養母・継母	2 (50.0)		2 (50.0)	1 (100.0)							
	父親の内縁の妻	3 (100.0)		3 (+)		1 (+)						
	その他（女性）	5 (80.0)	1 (+)	1 (50.0)		1 (100.0)				1 (100.0)		1 (+)

※　（　）内は，白書の各検挙実数に対する掲載比。（＋）は，実数を超えている場合。（－）は，掲載されていない場合。
※　2010年1月1日〜同年12月31日までの朝日新聞記事（地方版含む朝夕刊）より作成。
　児童虐待事件が報じられた件数をカウントした。同事件による重複はなし。

かわりは，重要な指摘である。

(3) 近年の動向と問題点

　これまで述べてきた先行研究を振り返ってみると，犯罪報道の在り方を論じた研究において主要な論点として挙がっているのは，女性被害者に関しては，被害者救済・支援全体の中に含まれる部分と，性犯罪の被害者のプライバシーへの配慮という点であろう。この点については，研究者や司法関係者だけでなく，マス・メディアの送り手にも共有されるに至ったといってよい。新潟日報の高橋正秀は，柏崎・女性監禁事件[30] (2000) を通して，性暴力の女性被害者の報道は実態を「どこまで書くか，書けるのか」「記事化しないと犯行の残虐性が見えてこない。一方で被害者とその家族の心情を思うと『報道によるセカンド・レイプ』の恐れが重くのしかかる」という葛藤があることを述べ，被害者家族の立場で考えることが人権報道の原点だと結論付ける（高橋 2000）。一方，犯罪被害者の会発足による状況の変化や，犯罪被害者等基本法や裁判員制度の施行後の変化やその評価についてはまだ多くは論じられていないといえる。

　また，「事実」のみを伝える「客観的な」報道を行う傾向も各社にみられる。しかしながら，報道内容がその事件について読者の認識に与える影響を考えると，新聞社が知り得た「事実」のなかから「どの事実を伝えるか」が重要になる。読者は報道された「事実」から事件を構成する。被害者にも非があったと推測させるような結果にならないとは限らないからである。この点についての検証も必要である。

　一方，女性被疑者については，本章でも言及したいくつかの事件におけるメディア・スクラムやプライバシーの侵害が議論となっている。これは女性被疑者に特に焦点を当てた議論ではないが重要な点である。他方，女性被疑者と犯罪報道とのかかわりについて言及している研究としては，社会構築主義の視点からの論考である。本章で言及した子殺し事件や児童虐待事件の社会的構築という議論は，ジェンダーの視点からの犯罪報道の考察にとって有用な示唆を与えてくれる。

本項では，これらの点以外で，近年の動向と犯罪報道の考察において配慮すべき点について述べる。

① インターネットによる情報流出

これまで述べてきたように，女性被害者・女性被疑者の報道には多くの問題が指摘されるが，近年の新聞報道においては，一部被害者を匿名で伝えるなど，当事者のプライバシーに関して慎重な姿勢がみられる。こうした方向は，報道される側の人権という観点からみると，「改善」ととらえることができる。

ただしそこで議論が必要な点は，被害者の匿名性を維持するために加害者を匿名で報道する場合である。このようなケースは，セクシュアル・ハラスメントなどの性犯罪事件に多い。加害者を匿名にすることは，一見，被害者の特定を防ぐために有効なようだが，先に述べたように，性犯罪は「被害者が悪かった」とする見方に容易に転じてしまう構図がある。加害者の匿名報道は，誰が何をしたか世間に知らされない状況で加害者は社会的制裁を受けず，一方被害者は，風評被害を受けつつ，加害者からの報復に怯えながら暮らさなくてはならならず，結果として被害者に不利益が生じる[31]。親告罪である性犯罪は，被害を訴え出ること自体が被害者の負担になるとされているが，とりわけインターネットによる情報の流出と拡散が加害者の報復や第三者からの二次加害による被害のおそれにつながるとすれば，性犯罪において，被害を訴え出ない件数，いわゆる「暗数」が多くなることにもつながるといえよう。

新聞報道が慎重になりつつあるのに比べて，インターネットによる情報はプライバシーの流出を加速させている。インターネットの普及は，誰でも不特定多数の人びとにブログなどを通じて情報発信することを可能にした。インターネットは，新聞報道の情報はもとより新聞が伝えない情報を伝えるメディアという側面を持ち，誰もが発信者になることができることから，被害者・加害者の「知人」とされる者から真偽の定かでない情報が書き込まれる。2012年7月に問題になり報道されている大津市のいじめ自殺事件[32]（2011）において，被疑者や被疑者家族に関する真偽が定かでない情報がインターネットを通じて

「晒された」ことは記憶に新しい。こうした匿名での悪意ある情報もあれば，亡くなった被害者自身のブログが新聞をはじめとしたマス・メディアで伝えられるということもある。2012年8月に，ルーマニアの首都ブカレストに到着した大学生が空港近くで殺害された事件[33]では，被害者本人のフェイスブックとツイッターへの書き込み内容がマス・メディアの報道で伝えられた。この事件では，被害者の服装についても報道のなかで議論された。浅野健一（2012）は，「ここ数年，ブログなどに流れている情報や映像を，『本人が公開している』という理由で報道するケースが増えている」とする。浅野は，被害者は私人であり，自分に関する個人情報は自分で管理する権利が何人にもあるとし，被害者は報道されることを前提として（情報を）アップしているわけではないのだから，勝手に報道するのは問題だとしている。

インターネット情報の研究は分析の対象とする範囲が広く，体系的に分析することが難しい面を有するが，報道被害という観点から，排除して考えることのできない状況となっている。犯罪報道がインターネット上でどのように扱われているか分析を行うことは重要な課題である。

② 裁判員制度導入により顕在化する問題

2009年5月から導入された裁判員制度以降，犯罪事件の裁判報道に変化がみられる。裁判員制度は，「国民の中から選任された裁判員が裁判官と共に刑事訴訟手続に関与することが司法に対する国民の理解の増進とその信頼の向上に資する」（裁判員の参加する刑事裁判に関する法律（平成16年法律第63号：裁判員法第1条））にあるように，裁判に国民・市民が参加し，開かれた司法となることが制度の主眼となっている。裁判員裁判の報道は，国民・市民自身が参加する裁判として，従来の裁判報道よりも読者に「わかりやすい」解説を行い，読者が裁判をより身近に感じる工夫をしているようである（土屋美明 2009）。

「わかりやすい」ことが評価される一方で，事件を単純化してとらえてしまうという弊害も起こる。裁判の争点になっている事柄以外のことは排除されてしまうため，深刻な背景（例えば，殺人の背景にドメスティック・バイオレン

スが存在する場合など）がみえにくくなってしまうという問題がある。一方で，裁判の争点となっている事柄については非常に詳細に伝えるという偏りもみられる。

　性犯罪事件の裁判員裁判においては，被害女性が特定される恐れや，被害証言の心理的負担，市民感覚の裁判員による二次被害などが懸念されている。これらの点について報道する場合にも配慮が必要である。報道されることによる三次被害である。性犯罪は，道徳的問題や社会に対する犯罪とされてきたが，近年は被害者の心に回復困難な傷をもたらす犯罪とみなすように変化してきた。こうした変化を踏まえた上での報道がのぞまれる。

　従来，犯罪報道においては，学者や司法関係者などいわゆる有識者のコメントを掲載することで，事件の解説や社会的背景との関わり，捜査方法などを説明すると同時に，有識者のコメントが記事に信憑性を持たせる役割を果たしてきた。この手法に加えて近年裁判員裁判の報道に多用されているのが，裁判員や裁判員候補者を含む市民のコメントである。

　有識者のコメントを専門家の発言と位置付けるなら，一般市民のコメントは素人目線の発言である。事件の恐怖，加害者への批判，被害者への疑問など，市民の感覚で発言したことが記事になる。このような場面では，所属や氏名を公表される有識者であればしないであろう不用意な発言も，比較的安易に掲載される可能性がある。現在のところ，女性被害者や女性被疑者に対する市民のコメントにおいて，彼女らの人権侵害として問題になった例はないが，読者であると同時に取材対象でもある裁判員のコメントについては，慎重に取り扱っていかなくてはならない[34]。

　裁判員裁判で性犯罪が審理されることに被害者や支援者の懸念が高まっており，「性暴力禁止法をつくろうネットワーク[35]」などの市民団体が，性犯罪事件を裁判員裁判の対象から除外するよう最高裁や検察庁に要請している。地方においても，各地方裁判所や地方検察庁に対して市民団体による要請が行われている[36]。この動きは，性犯罪事件を裁判員裁判で審理することに対して配慮を要求する要請であるが，その報道とも大きく関わる。詳細な被害状況を明

らかにする審理方法は，市民に性犯罪被害の深刻さを知らせるという面では評価されるが，被害者の負担が大きいからである。

　2009年8月，最高検察局は被害者の自宅近くに住むなど生活圏が共通する候補者を裁判員に選任しないよう求める方針を決め，全国の高等検察局，地方検察局に通知した。また，最高裁判所は，裁判員選任手続きの際，候補者に被害者の氏名を明かさないなど配慮する方針を決めた。

　このことは，新聞紙上でも引き続き議論を呼んでいる。「性犯罪と裁判員裁判　制度見直し被害者の視点で」(『読売新聞』2010年8月28日) では，裁判員の選任手続きへの不安や，被告や被害者の供述調書の朗読など，被害者の精神的負担の大きさが問題視される。また，裁判員裁判を嫌がり示談に応じる被害者 (容疑者は起訴猶予) や，被害者の希望により制度の対象となる強姦致傷をあえて適用せず強姦罪で立件した大分県警の例なども紹介されている。

　他方，裁判員の参加する刑事裁判 (裁判員裁判) を実施するのは第一審の地方裁判所だけに限られる (裁判員法第二条)。事件発生地域の地方裁判所で審理される事件についての地元地方紙や地方放送局の報道は全国紙のそれより記事・ニュース番組の件数が多いだけでなく，情報量が多くなる[37]。コラムや投書など事件報道以外の報道も多い。読者・視聴者は，地元地域の地理的，文化的状況に詳しいことで，被害者・被疑者のプライバシーを知ってしまう確率も高い。裁判員制度との関わりから配慮すべき問題も多くある。裁判員裁判にあたっては，裁判員候補者を被害者に提示し知人の有無の確認が行われるが，顔だけ知っている可能性もあり，特に地方では特定される可能性がある。裁判時に面識がなくても，裁判後に生涯にわたって知り合うことがないという保証もない。

　土屋 (2009) は，裁判員制度導入にあたって行われた裁判員制度・刑事検討会 (2002) での議題について次のように述べている。新聞，テレビなどのメディアによる事件・事故・裁判をめぐる取材と報道について，「集団的過熱取材」が行われ，被疑者らを犯人視するような報道が無制限になされたのでは，職業的な訓練ができている裁判官ならともかく，全く経験のない裁判員は混乱

したり，影響されたりして，すでに裁判の前に被告に対して「犯人ではないか」という「予断」や「偏見」を持ってしまい，「公正な裁判」が害される可能性があることが指摘されたという[38]。

これは，地方紙の報道において懸念される問題でもある。地方紙は，地域における市場占有率が高く，地域に密着したネットワークによる取材は，犯罪報道においても読者の生活圏に直接かかわる情報として伝えられる。報道の論調によって事件に先入観を持つ可能性も高いといえよう。裁判員に選出される時点で記事を読んでいる場合，地方裁判所で審理が行われる事件に対する印象や考え方に影響を与える可能性はないとは言えない。地方紙の報道には負の側面があることにも配慮しなければならない。

③ 犯罪の当事者をめぐる問題

近年，セクシュアル・ハラスメント，ドメスティック・バイオレンス（DV），デートDV，ストーカー被害などの犯罪に関わる言葉・概念が社会に浸透し，従来「犯罪」とされてこなかった事柄が，被害者に対する重大な人権侵害であり犯罪行為であると認識されたことで，女性被害者・女性被疑者へのまなざしが変化してきた。例えば，犯罪の背景や社会的要因について被害者の立場から指摘する報道もみられる。「性暴力を考える」（『朝日新聞』1996年2月26日朝刊から3回連載① もう黙らない，② なぜ逃げなかった，③「手慣れた女だった」）では，被害者からみた性暴力や，訴えにくい制度，社会意識の問題を取り上げている。日本では被害者のプライバシーを守る法規がないことに加え，警察や司法関係者の多くに，性暴力被害者の心理や行動への理解が少ないことにも言及した記事となっている[39]。また，警察に相談していたにもかかわらず被害に至った桶川ストーカー殺人事件[40]（1999）では，報道が警察の責任を追及した結果，この種の問題解決の難しさが指摘されるに至っている[41]。

本章でも取り上げてきたとおり，被害者については，個人情報やプライバシーに配慮する動きが，社会的にも展開している。犯罪被害者の会や被害者支援など当事者や支援者などの働きかけの他，犯罪被害者等基本法が制定された

ことによる基本計画の策定など,被害者支援そのものに関心が高まっていると
いってよい。当事者の立場からは不十分であるかもしれないが,確実に状況に
変化がみられる。しかしながら,従来から問題とされてきた被疑者,被告人の
人権についての議論が継続しているものの,女性被疑者に関しては,20年前と
状況があまり変わっていないといえる。被疑者＝犯人という犯人視に加えて,
個人情報やプライバシー情報が報道される傾向にあると指摘される。

　その一方で,「加害者の被害者性」に着目する議論もみられる。橘由歩 (2009)
や鎌田慧 (2009) は,秋田連続児童殺害事件について,被疑者が受けてきた虐
待を明らかにしながら,被疑者自身の被害者性を指摘する。また,北村朋子
(2009) は,2005年に起きたインターネット殺人依頼事件[42]について,殺人を
依頼した妻と殺害された夫との間にドメスティック・バイオレンスがあったと
し,被害者と加害者の逆転を指摘する。殺人犯として服役している女子受刑者
の中にも,こうした状況にある者が複数存在するのではないかという。

　女性による子ども虐待に関しても従来と異なる見方が可能である。中でもネ
グレクト (育児放棄) は,個人の心の問題や単なる無責任の問題としてではな
く,ジェンダーの問題として考えるべきだと村田 (2006) は指摘する。第2節
(2)③で述べたように,村田は,杉山 (2004) のルポルタージュを用いて,ネ
グレクト・マザーの形象と近代市民社会の諸規範との関連について思弁的に考
察している。

　また,被疑者・加害者の家族に焦点を当てた論考もある。家族が事件や報道
に巻き込まれるという点では,被害者家族も加害者家族も同様であり,社会的
非難や差別という側面では,被疑者の家族の方がより深刻な状況にある場合も
考えられる。鈴木伸元 (2010) は,複数の「加害者家族」の取材を通じて,彼
らが家族の犯罪 (冤罪も含む) をきっかけに失業,借金,転校,周囲からの嫌
がらせなどさまざまな社会的困難に巻き込まれる状況を明らかにしている。こ
れまで社会的には目を向けられてこなかった加害者側の当事者が抱える問題を
指摘している[43]。

　また,鈴木 (2010) は,加害者家族支援に関するイギリス,アメリカにおけ

る先進的な例を紹介している。イギリスのNGO組織であるPOPS[44]（Partners of Prisoners and Families Support Group）では，家族に逮捕者が出た場合，その後の刑事手続きに応じて次のような活動を行っている。警察が被疑者家族に対してPOPSの活動を知らせる，裁判所への付き添い，裁判におけるアドバイス，電話や面接による相談の受付，刑務所への付き添い，出所後や保護観察中における家族への助言などである。「逮捕」「服役」「出所」という3つの場面すべてにおいて，家族が抱える問題を一緒に処理しており，家族はこれらのサービスのほとんどを無料で受けることができる。100人のスタッフと30人のボランティアで成り立ち，年間25万以上の家族と関わりを持つという。重点的に取り組んでいることの一つに，受刑者の子どもに対するサポート体制作りがある。

アメリカでは，1990年代中頃から刑務所で服役中の受刑者に対して行動スキルを学ばせるプログラムが取り入れられている。家庭や職場など生活の場面でどのように振る舞えばよいのか，受刑者にモデルを提示し，再犯を犯さずに生活していける力を身に付けさせる一方で，親が受刑者となった場合に，面会に訪れた子どもにどのように接していけばよいかを学ばせるコースもある。受刑者一人ひとりと面接を行い，それぞれがどのような問題を抱えているか話し合い，家族も含めたサポートを行っている。

また鈴木（2010）は，犯罪や個人に対しての意識の持ち方が日本とアメリカではまったく違うことを指摘する。銃乱射事件の加害少年の実名が報道された際，少年の母親に段ボール2箱におよぶ励ましの手紙や電話がアメリカ全土から殺到した例を紹介し，実名公表が加害者家族への激しい非難に結びつく日本の実情との違いを述べる。

日本においても，2008年に日本で初めての加害者家族を支援する市民団体ワールドオープンハートが仙台を拠点に設立された[45]。加害者家族も報道被害の被害者という点においては被害者と同様の状況にある人も多く，加害者側という意味でより深刻な被害を受ける場合もある。ワールドオープンハートでは，24時間体制で電話相談を受け付けるほか，月に一回ほど加害者家族が集ま

る「わかちあいの会」を主催し，対話の場を設けている。まだ始まったばかりの活動であるが，被疑者・加害者をめぐる状況に変化のきざしがみられる例といえる。

　こうした多様な観点から被疑者を取り巻く状況を認識しなおすことにより，女性被疑者への見方だけでなく，ジェンダーの問題の背景がより明確になるのではないだろうか。それは，事件当事者に対するセンセーショナルな非難報道を変化させる契機となるかもしれない。社会における認識の変化と報道との関わりについて知ることができるテーマであり，重要な課題であるといえよう。

第3節　小　　括

　犯罪報道における女性の扱われ方の研究は，マス・メディアが描く女性像を問い直す女性たちによって1980年代に問題提起された。大阪のグループ「月火水の会」は「新聞の社会面にあらわれた女性たち」(1985) と題するパンフットを作成し，新聞の社会面は，「①「女性」が強調される。女性が事件を起こすと肩書の上に「女」が付き，女子高校生，女子大生，女社長となる。② 男性には対応語のない「若妻」「OL」やプライバシーに関する「内縁」「愛人」「連れ子」などの表現が使われる。③ 女性は家にいる者，と決めつけるなど性役割固定観念に基づいている。④ 性犯罪の被害者の状況を詳述する。」などの特徴があり，こうした女性表現は，現実の女性差別を固定化するとして批判を行った。

　大庭絵里・和田明子・望月すみえ (1988) は，『法学セミナー増刊　人権と報道を考える』において，誌上パネルディスカッション「社会面にあらわれる女性」を行い，女性被疑者に関する報道は，女性性や容姿，服装，などを目立って取り上げるだけでなく，性差別的な言い回しで人権を侵害しているという指摘をしている。また，1990年には『総合特集シリーズ　犯罪報道の現在』において鈴木は，これらの女性たちの動きを含めたメディアにおける女性表現の問題について整理を行った上で，メディアが送り出す女性像を変えていこうとする日本や諸外国の動きを紹介している（鈴木 1990）。「日々の新聞記事が

差別・偏見を助長し再生産している事実を見逃すわけにはいかない」とまとめている。

　また，こうした動きのなかで起こった西船橋駅ホーム転落事件（1986）や池袋事件（1987）は，犯罪報道における女性被疑者の取り扱い方の問題を顕在化させた。興味本位にプライバシーを暴く報道は，女性差別や職業差別に関する議論を呼んだ。一方，女子高生コンクリート詰め殺人事件（1989）は，性暴力の被害者がプライバシーを暴かれること，落ち度を問われることを浮き彫りにさせた。これらの事件報道の在り方は，専門家や一部の報道関係者も注目し議論となった。東京電力女性社員殺人事件（1997）の際も，多くのメディアは，事件そのものよりも女性被害者の私生活を興味本位に報道し，被害者の尊厳を貶める報道を行ったが，その中で新聞の全国紙は自粛した報道を行ったとされる。

　報道に対抗する動きとして，被害者支援の立場からの動きがある。女子高生コンクリート詰め殺人事件の報道に対しては，中山千夏らを中心とする活動があった（おんな通信社 1990, 1991）。彼女らは，被害者報道における人権侵害について，報道各社に対し具体的な抗議を行うなどの行動を行った。その結果，この事件については裁判報道以降，被害者のプライバシーに配慮した報道が行われた。この活動は，性犯罪事件の報道において女性被害者の人権に配慮すべきという論説の一つの道筋をつくった。

　犯罪報道における女性被害者・女性被疑者の取り扱い方の研究は，主に1990年頃から行われている。女性被害者は，男性被害者に比べてニュースとして取り上げられることが多いこと，それは子どもや女性が被害者である方が「話題の提供」という点でニュース価値が高いとされているからではないかとされる（矢島 1991）。東京電力女性社員殺人事件（1997）と学習院大男子学生殺人事件（1997）の報道比較では，女性被害者の方が，男性被害者に比べて身体を商品として扱われる報道が多く，女性被害者は性を大きく取り上げられる傾向にあった（小玉・中・黄 1999）。筆者は，女子高生コンクリート詰め殺人事件（1989）の分析を行い，「セクシュアリティに関わる事件の被疑者がとりわけセ

ンセーショナルに扱われる」と指摘し，女性特有の特徴を検討するために強姦事件について特徴を検討した（四方 1996）。その特徴は，① 落度を問われる，② 容姿に言及される，③ 生活の様子，男性関係，交友関係に言及される，の3点で，強姦事件の被害者は報道において，「何故ついていったのか」「何故逃げなかったのか」と落ち度が強調され，被害者にも非があったと読者に思わせるような表現が使われていたと結論付けた。また，容姿についての興味本位な見出しが使われがちで，好奇の的になりやすい異性関係や素行に言及した記事も多かったとする。このような傾向は，被害者に潔白性を求める強姦事件の裁判において被害者が裁かれる側に転じてしまう構図と同じであり，背景には「強姦神話」や「性のダブルスタンダード」が存在するのではないかと推察される。これらのことから，被害者の潔白性に言及する報道は，女性の性規範に対して厳しいという仮説を導出した。

　女性被害者の報道をジェンダー規範とのかかわりで述べると，性犯罪事件の女性被害者の報道においては，被害者にスキがあった，被害者の方から誘ったなどと，悪かったのは被害者だとする言説がみてとれると指摘されている。とくに被害者が亡くなった場合は，興味本位で被害者の家族や私生活など様々なプライバシー情報が伝えられ，被害者の落ち度が読者に印象付けられることもあるとされる。また，被害者の落ち度を明確に問うものではなくとも，被害者の異性関係について詳細に伝えられることで，読者に落ち度を推察させる場合もある。複数の新聞が，被害者や被疑者の友人の話や，被害者のブログの内容など，プライバシーに関わる情報を伝えたり，被害者が事件現場に出入りしていた，などの被害者の行動に関する記事の存在である。読者は，推理小説を楽しむように「読み物」として事件報道を読み，結果的に被害者はそこで落ち度を問われることになるのではないだろうか。

　こうした報道は，被害者が裁かれる側に転じてしまう構図を作り出すだけでなく，加害者を免罪する視点を生む。背景には，「嫌なら抵抗するはずだ」といった「強姦神話」や女性の性に厳しい「性のダブルスタンダード」があるとされる。日本社会において人びとが共有する規範が報道に反映していると推察

できる。

　一方で，被害者の人権を尊重するための動きがある。日本弁護士連合会・人権擁護委員会（2000）は，被害者報道の問題点と被害者取材の問題点を整理し，被害者の報道，取材において配慮が欠けていることを指摘した。1989年から1999年の10年間において，被害者報道はいくつかの点で変化し，犯罪被害者の立場に配慮するように変化しているが，被害者死亡のケースでは報道基準そのものを問い直す必要があるとしている。また，全国犯罪被害者の会の設立（2000）による被害者側からの発言の機会の増加や，権利を擁護するための法制度である犯罪被害者等基本法の施行など，被害者の利益につながる動きがみられる。

　他方，女性被害者と同様に，女性被疑者もまたプライバシーを侵害されていることが指摘されている。被疑者は事件の加害者＝犯人とみなされるためか，被害者よりもさらに詳細に私的な情報が伝えられ，人権を侵害される傾向にある。加えて被疑者の場合，性役割に関してネガティブな側面からの情報が多く報道される傾向も報告されている。このような点で，女性被疑者はより貶められると仮説を立てることができる。また，子殺し事件や子供置き去り事件，近年では児童虐待事件の女性被疑者の報道は，母性神話を背景とした母親役割を強化する言説として機能するという仮説も導出される。例えば，児童虐待事件をきっかけに，児童虐待そのものの問題についても同時に論じられる機会が多くなったが，その多くは，加害者である母親を責める論調になっている。児童虐待は当事者だけを責めればよいという性質のものではなく，むしろ，虐待の背景にどのようなものがあったかが重要な点であるが，その点に言及されるものはまだ多くはない。犯罪報道における女性の描かれ方の背景には，新聞報道における女性の扱われ方の特徴に加え，社会規範と密接にかかわる性に関する言説に沿った記事づくりがあると考えられるが，虐待事件の被疑者も例外ではない。

　また，近年の動向と問題点として，本章ではインターネットによる個人情報やプライバシー情報の流出に関する問題，裁判員制度の導入により顕在化する

問題，犯罪の当事者をめぐる問題の3つの側面から整理を行った。新聞が被害者・被疑者の個人情報やプライバシー情報の取り扱いに慎重になる傾向があるのに比べて，インターネットによる情報流出は犯罪報道の二次的な被害を波及させる問題として重要な位置を占めているといえる。また，裁判員制度の導入により，裁判報道の在りように変化がみられる。裁判員制度の導入は裁判への市民参加を目的としており，紙面にも裁判員をはじめとする市民のコメントが登場する機会が増えた。性犯罪事件の審理においては，裁判員候補者を通じて被害者の個人情報やプライバシー情報の流出が起こる可能性がある。裁判員制度の導入における犯罪報道の変化を考慮した考察が必要になってくる。犯罪の当事者をめぐる問題では，被害者報道をめぐる状況改善の流れの中で，従来から議論されてきた被疑者の取り扱いはおざなりにされてきたことを指摘した。とりわけ子殺し事件や児童虐待事件の女性被疑者は，報道において厳しい批判にさらされている。検挙された虐待事件の加害者は男性（父親）の方が多いにもかかわらず，報道されるのは女性加害者（母親）の割合が僅かだが高い。子育ては女性（母親）の役割（責任）という社会的に根強い見方を前提として報道されている虐待事件であるが，第2節(2)③において述べたように，近年の虐待問題そのものがジェンダー規範からの逸脱という点から構築されている（上野・野村 2003）。また，村田（2006）は，「親業のスタンダード」の問題に加え，「市民の健康や福祉全般」の維持や推進に関わるポリティクスのなかで，ネグレクト・マザーが置かれている状況を導出し，ネグレクトがこうしたポリティクスとの関連で再定位して理解される必要があるとする。こうしたことにも着目して報道を論じる必要がある。

注）
1) 1986年1月14日23時頃，日本国有鉄道（現在のJR東日本）総武線西船橋駅の4番線ホームで女性（41歳）に対して泥酔した男性（47歳）が，頭を小突いたり罵声を浴びせたりした。更に男性が両手でコートを掴んできたためにもみ合いとなった。その後女性は，男性の行為を回避するために，男性を突き飛ばした。男性は泥酔のためかよろめいて線路上に転落した。その場にいた他の客が引き上げようとしたが，

男性は入線してきた電車にひかれ死亡した。千葉地裁は1987年，女性の正当防衛を認め無罪判決を下し，検察側も控訴せず無罪が確定した。
2）ただし，この事件の裁判の決着は1987年で，「セクハラ」が流行語となったのは1989年である。「セクハラ」が日本語として定着する直接のきっかけは，福岡セクハラ裁判（1992年，女性編集者が会社を相手取って環境型セクハラを争い勝訴した，日本で初めて「セクシュアル・ハラスメント」が認められた裁判）とされている。
3）池袋買春男性死亡事件ともいう。1987年，買春男性がその女性に対してサド的行為を強要，女性が手にしたナイフで男性が失血死した。東京地方裁判所は，女性側の過剰防衛と認定し有罪（一審では懲役3年の実刑判決，二審では懲役2年執行猶予付き）となった。
4）1988年11月から1989年1月の間に，東京都足立区綾瀬で起きた猥褻誘拐・略取，監禁，強姦，暴行，殺人，死体遺棄事件の通称である。別の事件で逮捕された際の取調中の加害者の供述により，被害者の遺体が発見されたことから事件が発覚した。加害者4名が刑事処分相当として東京家庭裁判所から検察庁へ送致（逆送）され，刑事裁判にかけられた。1990年7月東京地裁は，主犯格の少年Aは懲役17年（求刑無期懲役）とした。他の少年3人には準主犯格と見られる少年Bに懲役5年以上10年以下（求刑懲役13年），監禁場所に自室を提供した少年Cに懲役4年以上6年以下（求刑懲役5年以上10年以下），最も関与が薄いと見られた少年Dに懲役3年以上4年以下（求刑懲役5年以上10年以下）の不定期刑を言い渡した。本件では殺意の有無について争われたが松本光雄裁判長は判決で「未必の故意」を認めて殺意を認定した。1991年7月，東京高等裁判所は，少年A，C，Dに関する検察側の主張を認め一審判決を破棄，主犯格の少年Aに懲役20年，少年Cに同5年以上9年以下，少年Dに同5年以上7年以下をそれぞれ言い渡した。一方で少年Bに関しては懲役5年以上10年以下とした一審判決を支持，双方の控訴を棄却した。その他3人の少年は少年院に送致された。
5）『新・書かれる立場　書く立場　読売新聞の［報道と人権］』（読売新聞社 1995）によれば，この事件の被害者報道は逮捕・起訴直前時の1989年は実名，顔写真，容疑名明記，一審判決時の1990年は実名なし，顔写真なし，容疑名明記，二審判決時の1991年は匿名，顔写真なし，罪名なしと変遷している。このような変遷は，被害者への配慮を無視して紙面をつくることが不可能になったことを示しているという。一方，テレビ報道では，裁判（一審判決時）は各社とも顔写真付きの実名報道をおこなった。二審判決時は，顔写真を出さない局もあった。
6）1997年，東京電力の女性社員が東京都渋谷区にあるアパートで殺害された事件。被疑者（被告）とされたネパール人男性は，このアパートの隣のビルの4階に同じく不法滞在のネパール人4名と住んでおり，被害者が生前に売春した相手の一人でもあった。有罪判決によって服役したこの男性は釈放され，再審が確定している。
7）犯罪の種類を「詐欺」「汚職」「傷害・暴行・恐喝」「強盗・窃盗」「誘拐」「殺人」

「その他」に分けてカウントを行った。
8）強姦神話は，事実でないにもかかわらず強姦の原因について広く信じられている偏見で，強姦事件において被害者を貶める見方が含まれている。第5章においてさらに詳しく述べる。
9）1997年，東京都世田谷の路上で学習院大男子学生（被害者）が女性（加害者）に刺され死亡した事件。小玉・中・黄（1999）は，被害者が名門大に在学していることや大手企業に就職が内定していること，学生という本職以外に風俗に関わる仕事をしていることから，「東京電力女性社員殺人事件」の被害者と類似する条件がそろっている点に着目し，比較対照事例として取り上げている。
10）2006年岐阜県中津川市内の空き店舗で，中学2年生女子生徒が他殺体となって発見された事件である。女子中学生の交友関係から，岐阜県の高校一年生の男子生徒（15歳）が浮かび，川署で任意で事情を聞いたところ，女子中学生を殺害したことを認めたため，緊急逮捕に至った。
11）ブログの公開は，被害者の異性関係をより強調する結果となっている。
12）宮淑子（2010）は，日本社会をセカンド・レイプがはびこる社会として，裁判での裁かれ方もそうであるという。裁判報道においても配慮が必要である。
13）このように，犯罪報道は性に関する社会規範を強化することが推論されるが，この点についてはさらに検証が必要であると考える。
14）代表的な組織として「全国犯罪被害者の会」，「少年犯罪被害者当事者の会」があるが，こうした団体以外にも犯罪被害者やその遺族が存在する。鮎川潤（2010）は，犯罪被害者等といった場合にどのような状況の人がいるのかを明らかにしている。
15）1995年に北京女性会議を取材した熊本日日新聞，佐賀新聞の女性記者たちが中心となり，「女性たちの目線で地方紙報道について考える」ことを目的に，九州内の地方紙の女性記者を組織し，休刊日を利用して年1回の勉強会を行っている。
16）「報道率＝（新聞報道／犯罪統計）×10,000」（矢島 1991）。
17）矢島（1991）は，報道された記事を，記事の見出しの大きさにより大記事，中記事，小記事に分類し，報道の大きさの分類指標としている。
18）1979年から1980年に発生した信仰集団「イエスの方舟」がマスコミによってバッシングされた事件。家庭に居場所がないとして主宰者と共同生活をする信者らが出現したことが「失踪」騒動となり，「イエスの方舟」は信者の家族らから邪教と糾弾された。
19）1988年に発覚した東京都豊島区の保護責任者遺棄事件。父親が蒸発後，母親も4人の子どもを置いて家を出ていき，金銭的な援助等を続けていたとはいえ実質育児放棄状態に置いた。母親は恋人と同棲するために兄弟の世話を長男に任せ家を出る。母親は生活費として数万円を送金し，時折様子を見に来ていた。1988年4月，三女が長男の遊び友達らから暴行を受け死亡。同年7月，大家からの不良の溜まり場になっているとの通報を受け巣鴨署員がマンションの一室を調べ，長男（推定14歳，

以下同），長女（7歳），次女（3歳）の3人の子どもと白骨化した乳児（次男）の遺体が発見された。
20) 2006年，秋田県山本郡藤里町で2人の児童が殺害された事件。同年4月に小学校4年生の女子児童（当時9歳）が，自宅から10キロ離れた川で水死体となって発見された事案で，秋田県警では当初事故と判断していたが，5月に被害女子児童の2軒隣の男子児童（当時7歳）が約12km離れた川岸において遺体で発見された。1ヶ月の間に2人も亡くなっていることに疑問を抱き再捜査が行われ，女子児童の母親を事件の容疑者として逮捕した。
21) 1988年，和歌山県和歌山市で夏祭りの際に，カレーに毒物が混入され，67名が被害に遭い，4人が死亡した事件。
22) この要望が出された翌日から，男児の遺体が発見され遺体遺棄容疑で逮捕されるまでの間，被疑者女性の実名報道は自粛された。
23) 「母親は子に対して先天的・本能的な愛情を持つ」とされる母性観が強調され，母性の本質として絶対視する見方が広く信じられていることを神話とみなし，「母性神話」と呼ぶ。
24) 山野良一（2008）は，虐待の原因の一つは貧困であると分析し，虐待に至るいかなる要因も貧困と深くかかわっていることを指摘する。さらに主要OECD11カ国において，日本は生活保護等による政府介入後の子どもの貧困率が高いことを懸念する。また，山野（2006）は，母子家庭，父子家庭の貧困が児童虐待と関連して話題に上ることは少なく，養育支援策についてみると，母子家庭に対する支援策は衰退さえしており，父子家庭に対する支援は立ち遅れているとする。その理由は，虐待が親の人格的特性や心構えといった「こころ」の問題ではなく，社会福祉全体の欠陥や社会的な資源不足自体が子どもたちを虐待状況においている可能性があることへの配慮がないことを挙げる。
25) 2011年1月30日，大阪司法書士会館において「シングルマザーの孤立と貧困」をテーマとしたシンポジウムが開催され，シングルマザーの支援者，当事者，新聞記者などがパネリストとして登壇し，シングルマザーが置かれている厳しい現状について問題提起が行われた。
26) 朝日新聞の見出しに児童虐待の言葉が記載されている記事件数。朝日新聞記事検索サービス聞蔵Ⅱを使用。検索式：虐待 and 子 or 児。いずれも地方版を含む朝夕刊。上野・野村（2003）は，2000年から2001年がメディア報道の一つのピークであったとする（2002年時点）が，その後も増減はあるものの一定量報道され続けていることがわかる。
27) 2004年の改正防止法（児童虐待の防止等に関する法律の一部を改正する法律　平成16年4月14日，法律第30号）では，虐待禁止の法的根拠が「児童の人権」の保護にあることが改めて明確化された（第一条）。
28) 2010年1月1日〜同年12月31日までの朝日新聞記事（地方版含む朝夕刊）におい

て児童虐待が報じられた件数。一つの事件を1カウントとし，同事件による重複はなし。
29) 浜井浩一 (2006) は，犯罪統計を用いた報道は実態とギャップがあることを指摘している。
30) 2000年，新潟県柏崎市で10歳の時（当時小学校4年生）に行方不明になり，9年間監禁されていた女性が見つかり保護された事件。
31) キャンパス・セクシュアル・ハラスメント全国ネットワークでは，加害者の匿名報道は，加害者の利益にしかならないという議論が行われた（第15回全国大会：2009年9月）。
32) 2011年10月，滋賀県大津市で男子生徒がいじめを苦にマンションから飛び降りて自殺したとされる事件。2012年7月，男子生徒の遺族が，いじめの加害者とされる生徒らを相手取って損害賠償を求めた。
33) 2012年8月，海外インターンでルーマニアを訪れた日本人学生（20歳）が殺害された事件。
34) 裁判員による初の性犯罪審理（青森地裁）の報道では，「性犯罪の深刻さを知れてよかった」というコメントなどの他，事件へのコメントもさることながら裁判員経験に関するコメント「良い経験になった」「みんな裁判員になった方がいいと思う」（いずれも朝日新聞 2009年9月5日）に焦点があてられた。
35) 2008年7月結成。正式名称は性暴力禁止法制定全国ネットワーク。
36) 例えば，2009年7月15日，ウィメンズ EYE 宮崎（宮原宣子代表：当時）ら4つの団体が合同で，宮崎地方裁判所，および同地方検察庁に要望書を提出した。要望書は，裁判員裁判による性犯罪審理に関して最高裁判所が示した防止対策を周知徹底するよう求める内容。
37) 地方紙の報道に関しては第4章で述べる。
38) 土屋 (2009) は，「報道が裁判員裁判に与える影響」や「裁判員の保護」がメディア規制の理由に使われることを懸念する。
39) この記事を執筆した河原理子記者は，この記事への反響等を『犯罪被害者 いま人権を考える』(1999) にまとめている（河原理子1999）。
40) 1999年，埼玉県桶川市の東日本旅客鉄道（JR 東日本）高崎線桶川駅前で，女子大学生（当時21歳）が元交際相手（当時27歳）とその兄が雇った男によって殺害された事件。被害者がこれらのグループから監視・中傷・脅迫・プライバシーの侵害等のストーカー行為を受けていたために，「ストーカー殺人事件」と呼ばれることが多い。日本で初めて認知された複数犯による集団ストーカー事件でもある。被害者とその家族は，事件以前にストーカー被害に関して告訴状を提出していたにもかかわらず，捜査せず告訴状の取り下げを要求し，その後事件が起こった事実が判明。埼玉県警が謝罪を行った。
41) 伊藤高史 (2010) は，ジャーナリズムが国家権力に大きな影響を与えた事例とし

て記憶されている桶川ストーカー殺人事件の報道について，さまざまな力がどのようにジャーナリズムに働いたのかを考察し，被害者遺族個人があげた声をジャーナリズムが受け止め発信することにより，結果的に警察の正当性を揺るがし，権力者を動かすことになったとする。

42）名古屋市中川区のマンションで，2005年4月，会社員男性（51歳）が自宅の布団の中で殺されているのが見つかった事件で，愛知県警中川署の捜査本部は，2005年6月2日，被害者の妻（48歳）と同県蟹江町の工務店従業員（41歳）を殺人容疑で逮捕した。2人はインターネットのサイトで出会い，互いに抱えた多額の借金を清算しようと意気投合，被害者の財産や保険金目当てに殺害したとみて追及，容疑を認めたとされる。

43）家族内で殺人事件が起こった場合，被害者家族であると同時に加害者家族になる例もある（浜井浩一 2009）。

44）1988年創立，拠点はマンチェスター（鈴木 2010）。

45）代表，阿部恭子。弁護士，精神衛生士，大学の研究者らが設立メンバーに加わった。

第4章

近年の事件報道における女性被害者・女性被疑者の分析

　第4章では，第3章において整理を行った先行研究を踏まえて，女性被害者・女性被疑者の報道についてこれまで指摘されてきた点は近年の報道において，どのように変わったか，または変わっていないか，現在問題とされるべき点は何かについて探求するために，近年の新聞紙上における犯罪事件の女性被害者・女性被疑者の取り扱いに関する分析を行った。

　また，先行研究から明らかなように，近年の犯罪報道は，女性被害者の個人情報やプライバシーに関する情報の流出に配慮する傾向にあるとされるものの，被害者死亡のケースでは例外的で，被害者の性関係に必要以上に言及される傾向もみられる。こうした観点から，近年の犯罪報道において，女性被害者・女性被疑者の個人情報およびプライバシー情報がどのように伝えられているか，女性の性に厳しい言及がなされる傾向があるか，これらのことが性規範／ジェンダー規範の強化につながるといえるか，また，他に問題があるとすればどのような点か，個別の事件の新聞紙面の分析を通して明らかにしたい[1]。

第1節　分析概要

(1) 問題設定

　犯罪報道における女性被害者・女性被疑者の取り扱われ方を具体的な事件報道の内容分析を通して考察を行う[2]。第3章の先行研究からもわかるように，

犯罪報道において女性は，被害者であっても被疑者であっても個人情報やプライバシーに関する情報が過剰に伝えられるという側面がある。そこで，個人情報やプライバシーに関する情報がどのくらい報道されているのかまず量的に把握を行う。

また，犯罪報道において女性は，性役割やセクシュアリティに関する事柄がとりわけ目立って伝えられる傾向にある。性役割やセクシュアリティに関する事柄がどのように伝えられているのか，新聞報道の数量的把握を行う。その上で，女性被害者・女性被疑者の性格や生い立ち等の経歴で強調される点，主に性役割やセクシュアリティ等について目立って伝えられる点についての質的分析を行う。鈴木裕久・島崎哲彦（2006）は，量的方法の系譜に連なる（狭義の）内容分析とは別に，質的方法のデータ分析の必要性を指摘する。本研究の質的分析については，社会構築主義の視点——性差別的な言説を含む犯罪報道のあり方それ自体を「問題」としてきたジェンダーとメディア研究の立場から，言説分析の手法を適用して各事件について記述を行う。加えて，事件の性質と報道内容により，犯罪報道を「ジェンダー問題」の定義をめぐる「クレイム申し立て」あるいは対抗クレイムの一つとして位置付けた分析も行う。このことによって女性が報道される際の特徴を知ることができると考える。

他方，日本では，マス・メディアの中でも新聞に対する信頼度が高く，「中立・公正である」と考えられている。メディアによる人権侵害という問題をとらえる観点からも，テレビやインターネット，週刊誌などと比較して，新聞は「誠実な」メディアとされている。近年，新聞離れと言われて久しく，2010年10月に行われた国民生活時間調査（NHK放送文化研究所 2011）にみる新聞の行為者率も低下している[3]が，2011年に日本新聞協会が行った「2011年全国メディア接触・評価調査」によると，新聞を「週に5日以上読む」というほぼ毎日読む閲読習慣を持つ人は73.9％で，「週に1〜4日読む」という中頻度読者は19.1％で，合わせると90％を超える。時系列でみても「情報の信頼性が高い」「情報が整理されている」「情報の重要度がよく分かる」といった面への評価が上昇している（日本新聞協会 2012）。

さらに，新聞の情報は他のメディアに引用されるという意味でも「信頼度」の高いメディアである。「他メディアで知ったニュースを新聞で確認する」と答えた人のうち，「ネット上で書き込みをする人」の61.0％の人が「新聞で確認する」と答えている[4]。これらの理由から新聞の報道を分析することは，信頼されたメディアによる情報の社会的影響という観点からみて有意味なことだと考える。

これらの傾向を踏まえて，本研究では，いわゆる全国紙だけではなく，地方紙・ブロック紙の報道についても着目し，分析を行う。地方における地方紙・ブロック紙の役割は大きく，とくに地域の情報を伝達することにおいては，全国紙とは異なる働きをしている[5]。しかしながら，地元紙の地域密着型報道は，犯罪報道においては，被害者・被疑者の個人情報が読者に詳しく伝わってしまうという点において配慮が必要になる。裁判員制度の導入に伴って，裁判員候補者の事件に対する先入観に働きかける可能性も考えなければならない。事件発生地域の地方紙・ブロック紙と全国紙の報道比較を行い，これらの点についての考察も行う。

(2) 分析対象と方法

① 分析対象事件

2005年から2010年に起こった事件を中心に，次の事件の新聞報道を分析対象とした（一部の対象事件は事件発生が2004年12月[6]）。殺人事件をはじめとした凶悪犯罪に焦点を当て，かつ，報道の問題とジェンダーの問題，両者を分析することを目的として事件の背景にジェンダーの問題が存在すると考えられる事件を選定した。分析対象とした事件と事件発生年，分析に用いる新聞は次の通りである。

女性被害者の分析を行う事件は，女性が被害者となった殺人事件である福岡3女性殺害事件（2004），舞鶴女子高校生殺害事件（2008），千葉女子大生殺害放火事件（2009）を，強姦事件として京都教育大準強姦事件（2009）を選定した。いずれも対象期間に起こった殺人事件，強姦事件の中で，報道件数の多

かったものとした。福岡3女性殺害事件については，3大全国紙とブロック紙の比較分析を行うことを目的として，西日本新聞の販売地域で起こった事件のなかから記事件数の多い同事件を選定した。

女性被疑者の分析を行う事件は，渋谷夫殺害遺体切断事件（2006），福岡小1男児殺害事件（2008），宮崎乳児虐待死事件（2009），大阪2幼児放置死事件（2010）を選定した。いずれも対象期間に起こった女性が被疑者となった殺人事件，児童虐待死事件（放置，ネグレクト含む）の中で，報道件数の多かったものとした。福岡小1男児殺害事件については，3大全国紙とブロック紙の比較分析を行うことを目的として，西日本新聞の販売地域で起こった事件の中から件数の多いものを選定した。宮崎乳児虐待死事件が発生した地域の地方紙として宮崎日日新聞を分析し，3大全国紙と地方紙の比較を行った。

全国紙と地方紙・ブロック紙とを比較分析する対象事件として，先に選定した事件の中から，福岡3女性殺害事件，福岡小1男児殺害事件（全国紙とブロック紙の比較），宮崎乳児虐待死事件（全国紙と地方紙の比較）を再選定した。加えて，被害者・被疑者がともに女性であり，大きく報道された運転過失致死事件である栃木自動車運転過失致死事件（2009）を選定し，事件が発生した地域の新聞である下野新聞を分析，3大全国紙と地方紙との比較を行った。一般的に自動車運転過失致死事件は事件の背景にジェンダーの問題が存在すると考えられにくいが，栃木自動車運転過失致死事件は被疑者・被害者がともに女性でありテレビのワイドショー番組等で報じられたことに加えて，下野新聞の第一報「畑に女性の遺体」（2009年10月5日）では，被害者の服装，化粧，発見時の着衣の様子などが詳しく報じられるなどしたことから，女性表現の特徴を分析するために選定した。

- 女性被害者の分析（全国紙　朝日新聞・毎日新聞・読売新聞）
  福岡3女性殺害事件[7]（2004）
  舞鶴女子高校生殺害事件（2008）
  京都教育大集団準強姦事件（2009）

千葉女子大生殺害放火事件（2009）

• 女性被疑者の分析（全国紙　朝日新聞・毎日新聞・読売新聞）
　　渋谷夫殺害遺体切断事件（2006　＊分析は2007年～[8]）
　　福岡小1男児殺害事件（2008）
　　宮崎乳児虐待死事件（2009）
　　大阪2幼児放置死事件（2010）

• 全国紙と地方紙・ブロック紙の比較
　（全国紙／朝日新聞・毎日新聞・読売新聞
　　ブロック紙／西日本新聞　地方紙／宮崎日日新聞　下野新聞）
　　福岡3女性殺害事件（西日本新聞 2004年／ブロック紙）
　　福岡小1男児殺害事件（西日本新聞 2008年／ブロック紙）
　　宮崎乳児虐待死事件（宮崎日日新聞 2009年／地方紙）
　　栃木自動車運転過失致死事件（下野新聞 2009年／地方紙）

　② 内容分析の項目
　分析対象とした各事件を各紙に掲載された記事ごとに「犯罪報道分析シート」（巻末参考資料参照[9]）を作成し，次の項目のコーディングを行った。全国3大紙の朝日新聞，毎日新聞，読売新聞は，いずれも東京本社最終版を収録した縮刷版を，西日本新聞，宮崎日日新聞，下野新聞は，それぞれ発行版紙面を使用した。また，第4節のブロック紙・地方紙と全国3大紙の比較においては，朝日新聞，毎日新聞，読売新聞は，東京本社最終版に加えて該当する事件が起こった地域の地域版も用いた。
　内容分析の項目について，(A)記事の形式に関する項目，(B)記事の内容に関する項目に分けて詳述する。

(A) 記事の形式に関する項目

「1．新聞名」は，朝日新聞，毎日新聞，読売新聞，西日本新聞，宮崎日日新聞，下野新聞の別を記入，「2．日付」は記事掲載日を西暦で記入した。

「3．記事の種類」は，「① 刊号」の項目において「朝刊，夕刊，その他」の分類を行った。また「② 紙面」の項目で「総合面，社会面，投書，その他（総合，地方含む）」，「③ 種類」の項目で「一般記事，社説，解説，コラム，投書，その他」の分類を行った。どの刊のどの面に掲載されるか，記事の種類は何かを分類することにより，送り手がその記事をどのように位置付けているかがわかると同時に，受け手に対する影響を考察する手がかりになると考えるからである。

(B) 記事の内容に関する項目

「1．個人情報およびプライバシー」は，「① 氏名」は女性被害者・女性被疑者の実名記載の有無，「② 年齢」は女性被害者・女性被疑者の年齢記載の有無，「③ 職業」は「学生，女子高生，女子学生，女子大生，主婦，妻，母親，会社員，元会社員，無職」など，女性被害者・女性被疑者の属性や職業に関する記述の有無，「④ 学校名・会社名」は女性被害者・女性被疑者の所属する学校名・会社名の記載の有無（「県内の県立高校」等の記載は含まない），「⑤ 住所」は〇〇市以上に詳しい表記（〇〇町以下）の有無とした。また，「⑥ 顔写真」は女性被害者・女性被疑者の顔写真の掲載の有無，「⑦ その他の写真」は事件現場の写真や捜査写真，女性被害者・女性被疑者の住居の写真，家族の写真，学校関係者の写真などの有無，「⑧ 図表」は事件現場の地図，部屋の見取り図，事件経過等の年表，女性被疑者等のイラストなどの有無を記入した。「⑨ 経歴」は女性被害者・女性被疑者の学歴，職歴，生育歴などへの言及の有無，「⑩ 家族」は女性被害者・女性被疑者の家族に関する情報掲載の有無を記入した。女性被害者・女性被疑者は，個人情報やプライバシーに関する情報が侵害される傾向にあることが先行研究によって示されてきたが，これらの項目に分類して分析することにより，新聞の犯罪報道において個人情報やプライバシーに関す

る情報のどのような部分が多く取り扱われているか知ることができると考える。なお，分析においては，第1章第2節(3)において整理を行った通り，個人情報は「個人，生年月日等個人を識別できる情報」，プライバシーに関する情報は「通常人なら秘匿したい非公開の私的な情報」として用いている。

「2．コメント」には，紙面における掲載された記者以外の第三者によるコメントについて分類を行った。「① 周囲」は知人，近隣住民，通りがかりの第三者，上司，同僚，学校関係者などのコメント掲載の有無，「② 家族」は両親，親戚などによるコメント掲載の有無，「③ 識者」は専門家，有識者のコメント掲載の有無を記入した。第三者のコメントは，読者に対して記事内容に客観性を持たせる効果があると考えられる。分析対象事件に対して，誰によるコメント掲載が多いかという傾向を把握した。

「3．女性被害者・女性被疑者に関する表現」には，女性被害者・女性被疑者に関する記述と，表現の中でもとくに性役割やセクシュアリティ等に関する表現などを抽出した。容姿，服装，性格，異性関係（婚姻関係を含む），家族関係，ライフスタイル，母親役割，妻役割，娘役割などである。これらの表現を抽出することにより，女性被害者・女性被疑者の表現においてジェンダーに関するどのような側面が強調されているか，あるいはされていないかを分析できると考える。

「4．その他」には，女性被害者・女性被疑者に関する表現以外で事件報道や犯罪に関連する事柄（他の事件との関連，警察のコメントなど），問題提起，解決策のための提案などへの言及の有無と内容を記入した。分析対象事件やそこから派生する社会問題について論じた記事や，問題提起を分析することは，事件や記事の影響を分析する上で重要だと考えるからである。

〈内容分析の項目〉
(A) 記事の形式に関する項目
　1．新聞名：朝日新聞，毎日新聞，読売新聞，西日本新聞，宮崎日日新聞，下野新聞

2．日付
3．記事の種類
    ① 刊号：朝刊，夕刊，その他
    ② 紙面：総合面，社会面，投書，その他（解説，地方含む）
    ③ 種類：一般記事，社説，解説，コラム，投書，その他

(B) 記事の内容に関する項目
1．個人情報およびプライバシー
    ① 氏名：実名掲載の有無
    ② 年齢：年齢掲載の有無
    ③ 職業：学生，女子高生，女子学生，女子大生，主婦，妻，母親，会社員，元会社員，無職など，属性や職業に関する記述の有無
    ④ 学校名・会社名：特定の学校名・会社名の記載の有無
       （＊「県内の県立高校」等の記載は含まない）
    ⑤ 住所：○○市以上に詳しい表記（○○町以下）の有無
    ⑥ 顔写真：女性被害者・女性被疑者（当事者）の顔写真掲載の有無
    ⑦ その他の写真：現場写真，捜索写真，住居写真，家族の写真などの掲載の有無
    ⑧ 図表：地図，部屋の見取り図，年表，イラストなどの有無
    ⑨ 経歴：学歴，職歴，生育歴などへの言及の有無
    ⑩ 家族：家族に関する情報掲載の有無
2．コメント
    ① 周囲：知人，近隣住民，通りがかりの第三者，上司，同僚，学校関係者などのコメント掲載の有無
    ② 家族：家族のコメント掲載の有無
    ③ 識者：専門家，有識者のコメント掲載の有無
       （＊警察のコメントは「その他」項目にコーディングした）
3．女性被害者・女性被疑者に関する表現

：とくに性役割やセクシュアリティ等に関する表現などを抽出
容姿，服装，性格，異性関係（婚姻関係を含む），家族関係，ライフスタイル，母親役割，妻役割，娘役割など
4．その他
：関連（他の事件との関連，警察のコメントなど），問題提起，解決策のための提案などへの言及の有無と内容

第2節　女性被害者の分析

第2節では，女性被害者について，(a)事件概要，(b)分析対象，(c)個人情報およびプライバシー，(d)女性被害者に関する表現，の項目に分けて分析を行った。

なお，作成した「犯罪報道分析シート」の項目における(A) 1～3を(b)分析対象，(B) 1①～⑦を(c)個人情報およびプライバシー，(B) 3を(c)女性被害者に関する表現にそれぞれ用いて整理を行った（巻末「犯罪報道分析シート」を参照）。

(1) 福岡3女性殺害事件（2004年）

(a) 事件概要

2004年12月，飯塚市の公園で女性の死体が発見され，近くに住む女性（18歳）と判明した。2004年12月31日，出勤中の女性（62歳）が腹部を刺され，搬送先の病院で死亡した。2005年1月18日，福岡市博多区の公園で出勤途中の女性（23歳）が腹部を刺され死亡した。福岡県警は被害者の携帯電話を所持していたとして土木作業員の男性（35歳）を遺失物横領容疑で逮捕した。殺害現場の遺留物から，これらの3女性殺害がこの男性によるものと断定され，男性（35歳）は強盗殺人容疑で再逮捕され，起訴された。

一審の福岡地裁は2006年11月に死刑判決，二審の福岡高裁も2008年2月に死刑を支持して控訴棄却した。被告は最高裁に上告した。

(b) 分析対象

　分析期間　2004年12月13日～2008年12月24日
　分析記事数　全国紙3紙　計24件
　　　　　　朝日新聞　3件
　　　　　　毎日新聞　10件
　　　　　　読売新聞　11件

　福岡3女性殺害事件の新聞報道の分析期間は，2004年12月13日～2008年12月24日で，これは事件発覚時から被疑者逮捕を経て，第一審判決までの期間である。分析記事数は，全国紙3紙合計24件（朝日新聞3件，毎日新聞10件，読売新聞11件）である。

　図4-1は，各紙の記事の掲載面を示している。また，図4-2は，この事件の掲載面別にみた記事の掲載率である。この事件を総合面で扱ったのは毎日新聞の1件のみ（掲載率10.0%），他は全て社会面での扱いであった。

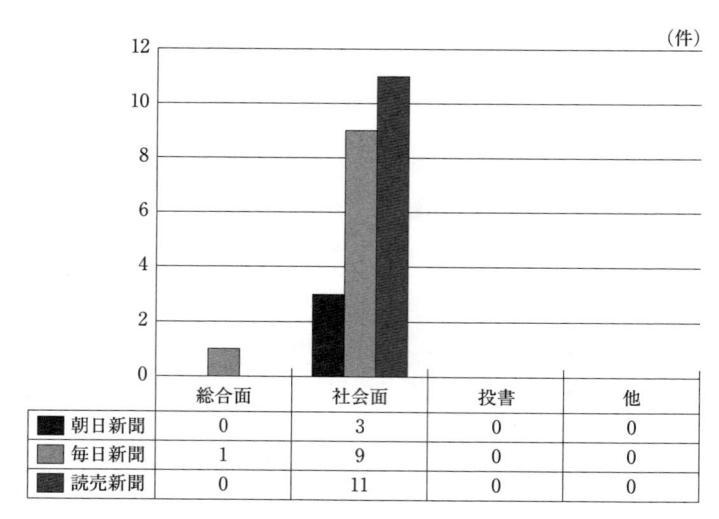

	総合面	社会面	投書	他
朝日新聞	0	3	0	0
毎日新聞	1	9	0	0
読売新聞	0	11	0	0

図4-1　福岡3女性殺害事件　掲載面別報道件数

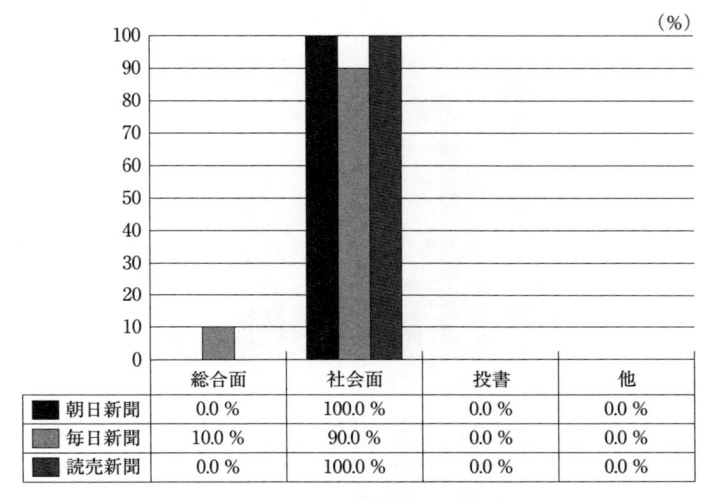

第4章 近年の事件報道における女性被害者・女性被疑者の分析 119

	総合面	社会面	投書	他
■ 朝日新聞	0.0 %	100.0 %	0.0 %	0.0 %
■ 毎日新聞	10.0 %	90.0 %	0.0 %	0.0 %
■ 読売新聞	0.0 %	100.0 %	0.0 %	0.0 %

図4-2　福岡3女性殺害事件　記事掲載面別比率

(c) 個人情報およびプライバシー

図4-3は，各記事おける被害者の個人情報およびプライバシーに関する情報掲載の有無を新聞別にカウントしたものである。また，図4-4は，各記事に被害者の個人情報およびプライバシーに関する情報が掲載された比率を新聞別に示したものである。

各紙ともに氏名，年齢，職業等が高い比率で掲載されていることがわかる。朝日新聞（氏名100.0％，年齢100.0％，職業等100.0％）と，毎日新聞（氏名70.0％，年齢80.0％，職業等80.0％），読売新聞（氏名90.9％，年齢90.9％，職業等63.6％）。朝日新聞と読売新聞は住所を掲載している（朝日新聞100.0％，読売新聞27.3％）。また，毎日新聞と読売新聞は被害者の学校名・会社名を報じている（毎日新聞10.0％，読売新聞18.2％）。

被害者の顔写真については，各紙とも掲載しており，朝日新聞と読売新聞がやや高い比率になっている（朝日新聞33.3％，読売新聞27.3％）。読売新聞のその他の写真は「遺族の写真」である（27.3％）。

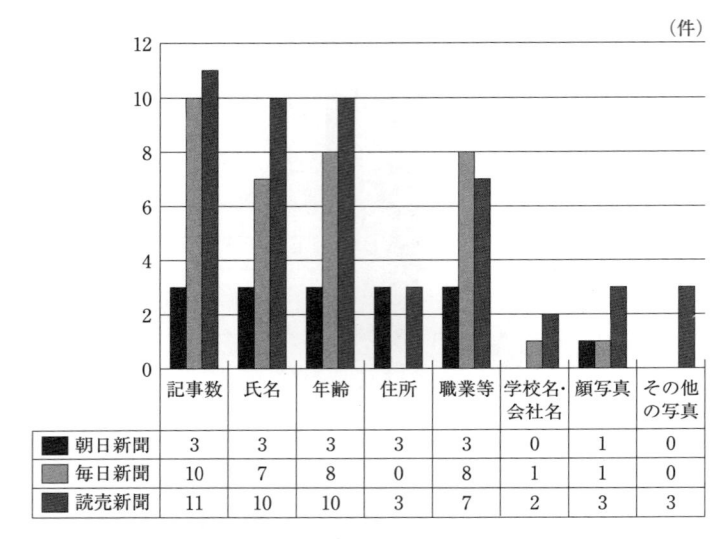

	記事数	氏名	年齢	住所	職業等	学校名・会社名	顔写真	その他の写真
朝日新聞	3	3	3	3	3	0	1	0
毎日新聞	10	7	8	0	8	1	1	0
読売新聞	11	10	10	3	7	2	3	3

図4-3　福岡3女性殺害事件　個人情報・プライバシー情報の掲載記事数

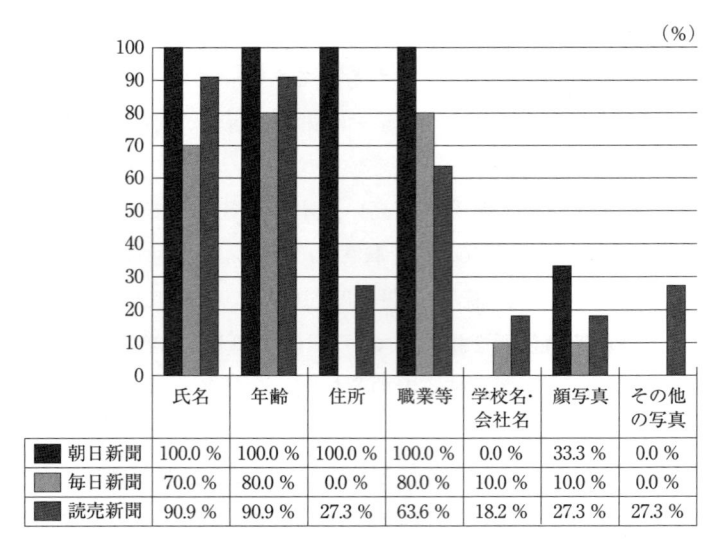

	氏名	年齢	住所	職業等	学校名・会社名	顔写真	その他の写真
朝日新聞	100.0 %	100.0 %	100.0 %	100.0 %	0.0 %	33.3 %	0.0 %
毎日新聞	70.0 %	80.0 %	0.0 %	80.0 %	10.0 %	10.0 %	0.0 %
読売新聞	90.9 %	90.9 %	27.3 %	63.6 %	18.2 %	27.3 %	27.3 %

図4-4　福岡3女性殺害事件　個人情報・プライバシー情報の掲載記事率

第4章　近年の事件報道における女性被害者・女性被疑者の分析　121

(d)　**女性被害者に関する表現**

　福岡3女性殺害事件は，被疑者のある種通り魔的な犯行と位置付けられた報道で，全国紙3紙の報道には，女性被害者らの私生活を暴露するような記事はみられなかった。しかし，毎日新聞（2005年1月19日）で一人の女性被害者の勤務先を明記している。また，読売新聞（2005年3月10日）では，一人の女性被害者について仕事内容を詳しく伝えている。そのことにより会社名は記載されていないが，勤務場所や彼女の業務内容がわかる記事となっている。

　また，裁判報道において「落ち度のない女性3人」（『毎日新聞』2006年6月29日），「落ち度のない被害者たち」（『毎日新聞』2006年11月14日）と検察の言葉を報じており，「落ち度がない」ことが強調される結果となっている。

　一方，朝日新聞は，個人情報やプライバシーに関して他の2紙より高い割合で記載があるものの，記事数が少なく扱いも大きくはない。女性被害者に関する詳しい記載も見られない。

(e)　**まとめ**

　福岡3女性殺害事件の報道においては，女性被害者の個人情報やプライバシー情報が掲載される傾向がみられた。中でも氏名，年齢，職業は多く掲載される傾向にある。また，学校名・会社名まで明記した記事は少なかったものの，記事内容には勤務先がわかる表現もみられた。

　被害者の落ち度を問う記事はなく，毎日新聞では，裁判における検察の表現である「落ち度のない」が複数回伝えられた。それと同時に，被疑者（被告）の残忍さや冷酷さが強調された。また，女性被害者についての性役割やセクシュアリティに関する表現はみられなかった。

(2)　**舞鶴女子高校生殺害事件（2008年）**

(a)　**事件概要**

　2008年5月8日朝，京都舞鶴市の高校1年の女子生徒（15歳）が市内の雑木林で死亡しているのが見つかった事件。女子高校生の死因は失血死で，頭や顔

などに激しく殴打された跡があった。女子高校生は5月6日の深夜に自宅を徒歩で出たまま，行方不明になっていた。自宅から遺体発見現場までの約7キロの道沿いに設置された防犯カメラの映像から，6日夜から翌7日の未明にかけて遺体現場の方向に向かって歩いていたことや，途中から自転車を押す人物とともに歩いていたことが判明。

京都府警は，遺体現場近くに住む無職の男性（60歳）が，事件当夜の女子高校生の足取りと重なり防犯カメラに映っていた人物の特徴と似ていたことや，目撃証言などから事件に関与している疑いが強いと判断。同年11月，男性を窃盗の容疑で逮捕した後，殺人・死体遺棄容疑で弁護人立ち会いのもと自宅を家宅捜査。2009年4月7日，窃盗罪で実刑を受けて服役中のこの男性を殺人・死体遺棄容疑で逮捕。男性は容疑を否認。

京都府警が物証や自供がない中，状況証拠を積み重ねた上での逮捕に踏み切った背景には，5月に始まる裁判員制度を意識し，導入前に起訴したのではないかとみられている。

同年4月28日，京都地検は，殺人とわいせつ致死罪の両罪で起訴（死体遺棄容疑は不起訴処分）。2010年12月21日の初公判で，被告は関与を否認し，無罪を主張。

(b) 分析対象
　　分析期間　2008年5月9日〜2011年5月19日
　　分析記事数　全国紙3紙　計108件
　　　　　　朝日新聞　23件
　　　　　　毎日新聞　44件
　　　　　　読売新聞　41件

舞鶴女子高校生殺害事件の分析期間は，2008年5月9日〜2011年5月19日で，これは事件発覚時から被疑者逮捕を経て，第一審判決までの期間である。分析記事数は，全国紙3紙合計108件（朝日新聞23件，毎日新聞44件，読売新聞41件）

第4章　近年の事件報道における女性被害者・女性被疑者の分析　123

である。

図4-5は，各紙の記事の掲載面を示している。また，図4-6は，この事件

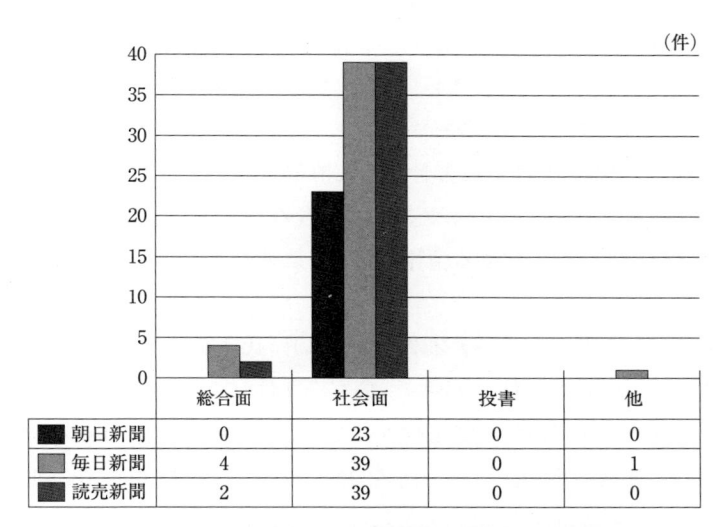

	総合面	社会面	投書	他
朝日新聞	0	23	0	0
毎日新聞	4	39	0	1
読売新聞	2	39	0	0

図4-5　舞鶴女子高校生殺害事件　掲載面別報道件数

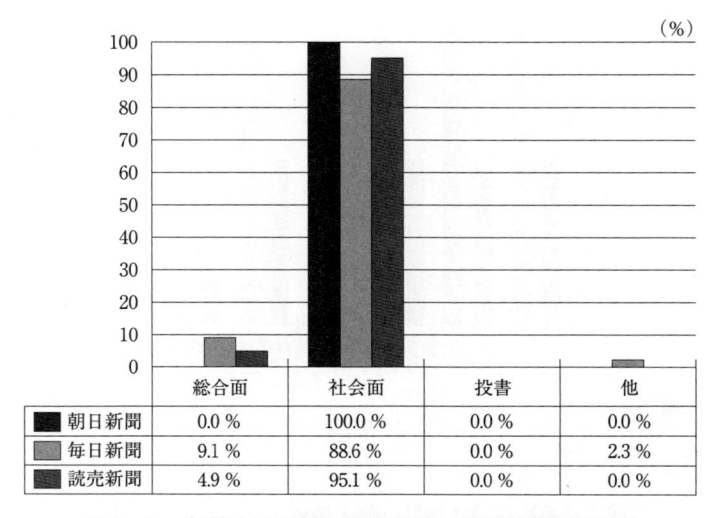

	総合面	社会面	投書	他
朝日新聞	0.0 %	100.0 %	0.0 %	0.0 %
毎日新聞	9.1 %	88.6 %	0.0 %	2.3 %
読売新聞	4.9 %	95.1 %	0.0 %	0.0 %

図4-6　舞鶴女子高校生殺害事件　記事掲載面別比率

の掲載面別にみた記事の掲載率である。朝日新聞は，社会面のみへの掲載（100.0％），毎日新聞は総合面に4件（9.1％），社会面に39件（88.6％），読売新聞は総合面に2件（4.9％），社会面に39件（95.1％）に掲載している。「他」に分類した毎日新聞の記事（1件2.3％）は家庭面であった。

(c) 個人情報およびプライバシー

図4-7は，記事における被害者の個人情報およびプライバシーに関する情報の掲載の有無を新聞ごとにカウントしたものである。また，図4-8は，個人情報やプライバシーに関する情報が掲載される記事の割合を示したものである。

朝日新聞は，年齢と職業等が23件（100.0％），氏名22件（95.7％）と高い割合になっている。学校名8件（34.8％），顔写真4件（17.4％），その他の写真7件（30.4％）も他紙より高い割合で記載されている。住所は0件（0.0％）であった。毎日新聞は，掲載記事44件のうち氏名39件（88.6％），年齢39件（88.6％），職業

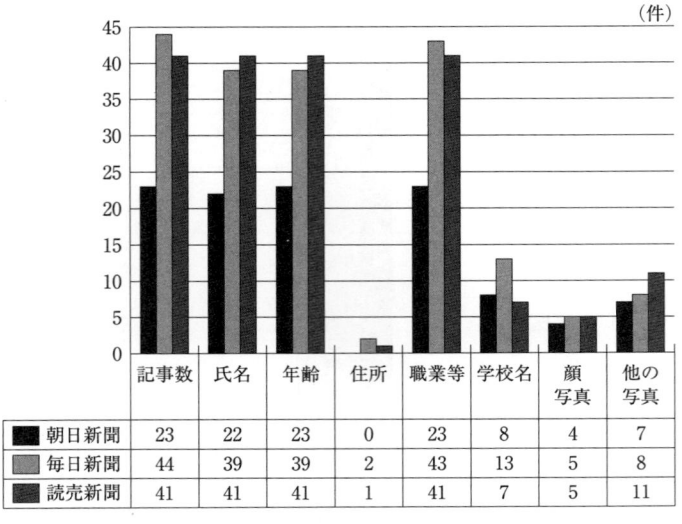

	記事数	氏名	年齢	住所	職業等	学校名	顔写真	他の写真
朝日新聞	23	22	23	0	23	8	4	7
毎日新聞	44	39	39	2	43	13	5	8
読売新聞	41	41	41	1	41	7	5	11

図4-7　舞鶴女子高校生殺害事件　個人情報・プライバシー情報掲載記事数

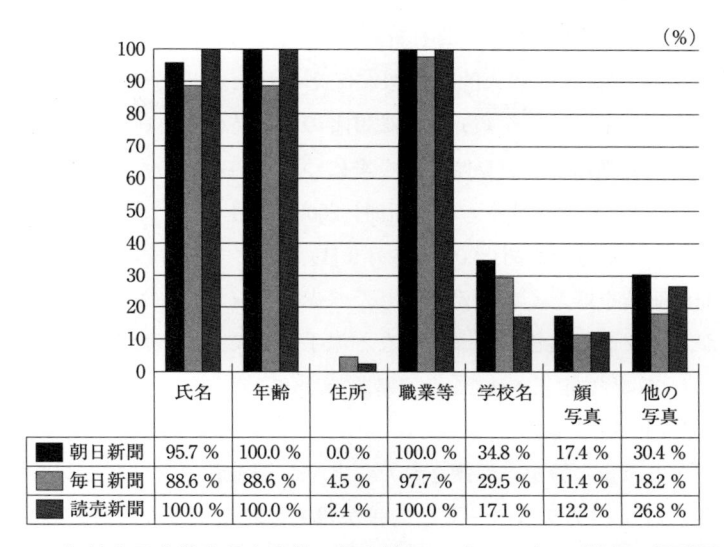

第4章　近年の事件報道における女性被害者・女性被疑者の分析　125

	氏名	年齢	住所	職業等	学校名	顔写真	他の写真
朝日新聞	95.7 %	100.0 %	0.0 %	100.0 %	34.8 %	17.4 %	30.4 %
毎日新聞	88.6 %	88.6 %	4.5 %	97.7 %	29.5 %	11.4 %	18.2 %
読売新聞	100.0 %	100.0 %	2.4 %	100.0 %	17.1 %	12.2 %	26.8 %

図4-8　舞鶴女子高校生殺害事件　個人情報・プライバシー情報の掲載記事率

等43件（97.7%）の項目が高い割合となっている。また学校名の記載も13件（29.5%）あったほか，住所も2件（4.5%）掲載されている。顔写真は5件（11.4%），その他の写真は8件（18.2%）であった。読売新聞は，氏名（41件），年齢（41件），職業等（41件）は，100.0%の記載であった。学校名は7件（17.1%），住所は1件（2.4%），顔写真は5件（12.2%），その他の写真は11件（26.8%）であった。顔写真は各紙とも5件程度みられた。その他の写真は，「事件現場」，「被害者の持ち物」（情報提供を求めるため），「被害者の通夜」，「献花台」，「容疑者」などである。

(d)　女性被害者に関する表現

舞鶴女子高校生殺害事件は，事件発覚から容疑者が浮かび上がるまでの期間において（2008年5月から2008年11月頃まで），女性被害者の情報が多く伝えられたことが特徴的である。

まず，第一報から学校関係者や教育委員会による情報「おとなしく物静かな

印象」「中学時代に不登校」（『毎日新聞』2008年5月8日）や「母親と二人暮らし」（同）など被害者の個人的な情報が伝えられた。2008年5月9日の朝日新聞では中学校の卒業文集が紹介され被害者の中学時代が詳細に伝えられた。

また，事件発覚当初，発見時衣服を身につけていなかったことを強調された。「衣服を身に着けておらず」（『読売新聞』2008年5月9日），「衣服や靴を脱がされた後に暴行」（『朝日新聞』2008年5月9日），などである。捜査本部の発表により生前の服装を詳しく各紙が報道した。赤いバッグ，キャミソール，ヒールの高さが6センチの白色のミュールなど派手な服装であったと印象付けられた。（服装については後に訂正された。毎日新聞 2008年5月11日「キャミソール」を「長袖の薄い下着」へと訂正）。

一方，過去深夜に警察に保護されたことや，被害者のブログやプロフの内容が掲載されるなどプライベートな情報が報道された（『読売新聞』2008年5月12日，同紙 2008年5月14日など）。それらの情報は，被害者が深夜に気軽に出歩いていたような印象を読者に抱かせる。また，「若い男女の話し声が聞こえた」「女子高生が携帯片手におしゃべりしていた」という周辺住民の証言（『朝日新聞』2008年5月13日）や，「『ヒップホップ系の若者』と一緒に歩く姿」をみたという目撃情報（『読売新聞』2008年5月14日）も報道された。「顔見知りの犯行か」「深夜にわざわざ歩いていく目的はなんだったのか」（『読売新聞』2008年5月14日）など，被害者が自ら犯罪に巻き込まれた可能性を推察させるような表現もみられた。

(e) まとめ

舞鶴女子高校生殺害事件の報道では，被害者の個人情報やプライバシーが多く伝えられた。氏名，年齢，職業等について，3紙ともほとんどの記事で伝えた。特に，容疑者逮捕に至るまでの間は，「犯人捜し」の要素も含めて，女性被害者に関する情報が多く伝えられることとなったが，その内容は個人情報の観点からも，また，性的な落ち度を推測させるという観点からも，被害者への配慮に欠ける表現がみられた。

被害者の顔写真を「かわいい顔に写っている」と遺族が提供したり，捜査の

一環で被害者の生前の服装が公開されたことも，被害者に関する個人情報が多く報道される一因であったと推測できる。この事件では，被害者のメールやブログの内容が公開されたことも特徴的である。

　容疑者宅捜索，逮捕，起訴と事件が進展するにしたがって，被害者に関する情報は減り，容疑者に関する情報が報道の中心となる。裁判報道では，容疑者（被告）の残忍さが強調され，被害者の落ち度が問われることはなかった。しかしながら，犯人逮捕，起訴，一審判決など，事件の節目の報道では，被害者の氏名，年齢，職業等，学校名，顔写真が報道された。

(3) 京都教育大集団準強姦事件（2009年）
　(a) 事件概要
　2009年2月，京都教育大学の追い出しコンパの居酒屋で，京都教育大学学生による集団準強姦事件が発生。同年3月に，被害にあった女性の母親が大学に相談したことにより発覚。大学は，同31日付で加害者とされる6名の学生を無期停学，見学者3人を訓告処分にした。同年6月，集団準強姦容疑で学生6名が逮捕されたが，被害者との間に示談が成立したことから，京都地検は，被疑者6名全員を処分保留で釈放，起訴猶予の不起訴処分とした。

　(b) 分析対象
　　分析期間　2009年6月1日〜2009年8月31日まで
　　分析記事数　全国紙3紙　計23件
　　　　　　　朝日新聞　6件　（うち投書2件）
　　　　　　　毎日新聞　9件
　　　　　　　読売新聞　8件

　分析期間は，2009年6月1日〜2009年8月31日で，これは事件発覚時から被疑者逮捕を経て，示談成立，不起訴処分が決定するまでの期間である。分析記事数は，全国紙3紙合計23件（朝日新聞6件，毎日新聞9件，読売新聞8件）で

128

ある。

　図4-9は，各紙の記事の掲載面を示している。また，図4-10は，この事件

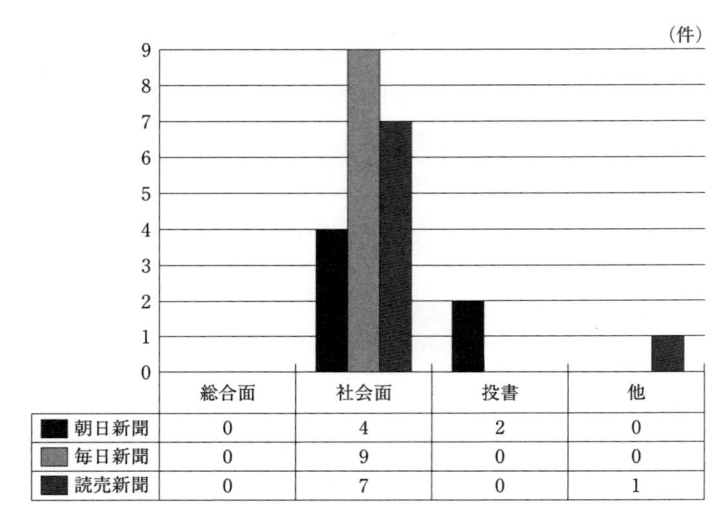

	総合面	社会面	投書	他
朝日新聞	0	4	2	0
毎日新聞	0	9	0	0
読売新聞	0	7	0	1

図4-9　京都教育大集団準強姦事件　掲載面別報道件数

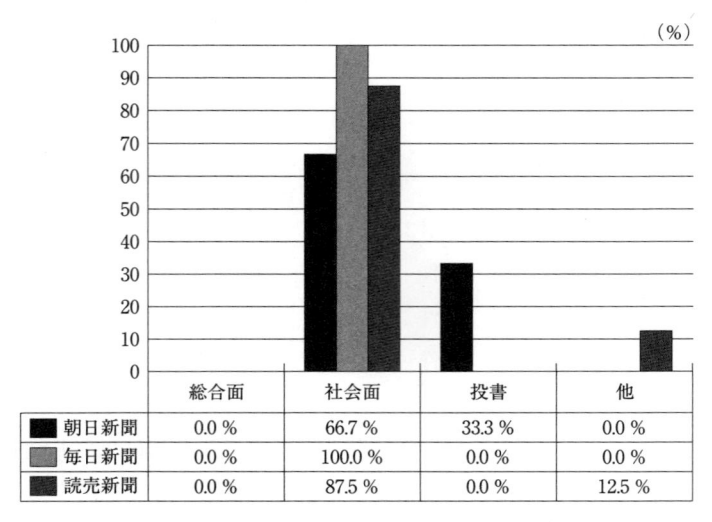

	総合面	社会面	投書	他
朝日新聞	0.0 %	66.7 %	33.3 %	0.0 %
毎日新聞	0.0 %	100.0 %	0.0 %	0.0 %
読売新聞	0.0 %	87.5 %	0.0 %	12.5 %

図4-10　京都教育大集団準強姦事件　記事掲載面別比率

の掲載面別にみた記事の掲載率である。この事件の報道は，朝日新聞に「投書」が2件（33.3％），読売新聞が「他」（家庭面）に1件（12.5％）掲載された他は，全て「社会面」での報道であることがわかる。「投書」に分類した朝日新聞の2件の記事はコラム記事オピニオンである。社会面への掲載は，朝日新聞4件（66.7％），毎日新聞9件（100.0％），読売新聞は7件（87.5％）であった。

(c) 個人情報およびプライバシー

図4-11は，投書を除いた各記事おける被害者の個人情報およびプライバシーに関する情報掲載の有無を新聞別にカウントしたものである。また，図4-12は，投書を除いた各記事に被害者の個人情報およびプライバシーに関する情報が掲載された比率を新聞別に示したものである。

3紙とも氏名，住所，学校名，顔写真は報道されず，その他の写真も掲載されていない。年齢，職業等が読売新聞と毎日新聞で報道されていることがわかる。毎日新聞は，職業等が5件（55.6％），年齢が1件（11.1％），読売新聞は，

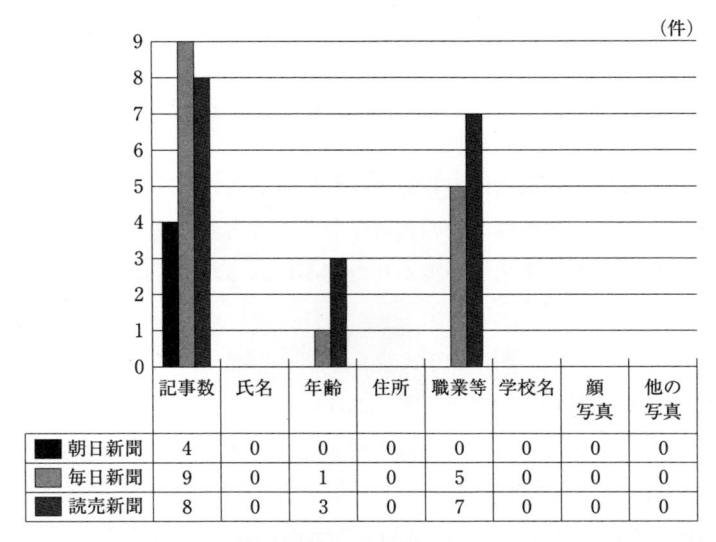

	記事数	氏名	年齢	住所	職業等	学校名	顔写真	他の写真
■ 朝日新聞	4	0	0	0	0	0	0	0
■ 毎日新聞	9	0	1	0	5	0	0	0
■ 読売新聞	8	0	3	0	7	0	0	0

図4-11 京都教育大集団準強姦事件　個人情報・プライバシー情報の掲載記事数
（＊投書記事を除く）

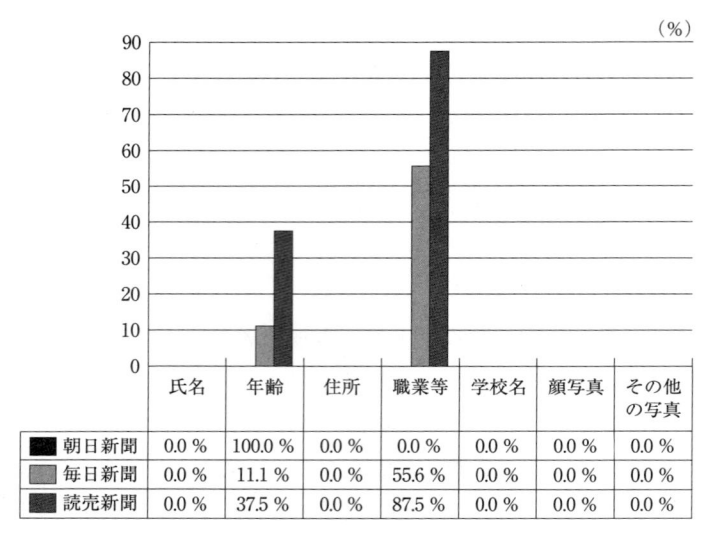

	氏名	年齢	住所	職業等	学校名	顔写真	その他の写真
朝日新聞	0.0 %	100.0 %	0.0 %	0.0 %	0.0 %	0.0 %	0.0 %
毎日新聞	0.0 %	11.1 %	0.0 %	55.6 %	0.0 %	0.0 %	0.0 %
読売新聞	0.0 %	37.5 %	0.0 %	87.5 %	0.0 %	0.0 %	0.0 %

図4-12　京都教育大集団準強姦事件　個人情報・プライバシー情報の掲載記事率
（＊投書記事を除く）

職業等が7件（87.5％），年齢が3件（37.5％），他の項目は0.0％であった。朝日新聞は，全ての項目を報道していない。

(d)　女性被害者に関する情報

　京都教育大集団準強姦事件の報道は，女性被害者に関する情報は少ない。被害者の実名，住所，顔写真などの報道はなく，被害者のプライバシーに配慮した報道となっている。職業等が書かれた記事はあったが，学校名を明記した記事はなかった。

　しかしながら，「女子学生酩酊状態」（『毎日新聞』2009年6月2日），「正常な判断ができない深酔い」（『読売新聞』2009年6月7日）「被害女性も一気飲みをしていた。ダービーゲームで酒を飲んでいた。」（同）という記述や，「『女子学生にも非がある』など被害者を中傷するネット上の書き込み」（『毎日新聞』2009年6月10日）を紹介するなど，結果的に被害者の落ち度を推測させることにつながる表現もみられた。また，毎日新聞と読売新聞は被害者の年齢を報じてい

るが，飲酒とのかかわりで被害者が不利になる要素を含んでいる。

(e) まとめ

京都教育大集団準強姦事件の報道は，大学の対応への批判や被疑者とその家族を責める論調が中心となっている。朝日新聞は第一報の2009年6月1日付紙面で被疑者6人全員の氏名と年齢を報じている。また，各紙とも2009年6月2日付の紙面において文部科学相の「被害者から訴えがあった時点で警察に通報すべきだった」「逮捕されても明確にしなかったのは疑問」という見解を報じた。被疑者がこの事件による無期限停学処分中に学童保育の指導員として採用されていたことも「問題」として否定的に報じられた（読売新聞 2009年6月4日）。

朝日新聞のコラム記事オピニオンでは，大学の責任を問う内容の「厳しい処分こそ教育的配慮」（2009年6月6日），不起訴処分を問題視する内容の「告訴取り下げても犯罪は犯罪」（2009年7月17日）の2件の投書が紹介された。また，読売新聞は，2009年7月11日の家庭面において，キャンパス・セクシュアル・ハラスメント全国ネットワークのメンバーが文部科学省に性暴力防止教育のための要望書を提出したことが紹介され，性暴力対策は「大学の義務」であることを強調した。

このように，京都教育大集団準強姦事件においては，強姦事件で被害者が責められるといった従来フェミニストが問題としてきた構図は明確にはみられない。ただし，前項で述べたように，報道における女性被害者の表現が，被害者の不利になる場合もあると考えられる。

(4) 千葉女子大生殺害放火事件（2009年）

(a) 事件概要

2009年10月，千葉県松戸市のマンション2階で火災が発生し，焼け跡からこの部屋に住む女性が遺体で見つかった。遺体には刃物による傷があったため，殺人事件として警察は捜査を行い，事件後に現金預け払い機の防犯カメラに

映った被害者のカードで現金2万円を引き出す男の姿から，すでに別の強盗・強姦事件で逮捕されていた住所不定・無職の男性（48歳）を，強盗殺人並びに現住建造物放火などの容疑で逮捕した。2011年7月，千葉地裁において死刑判決。現在控訴中。

(b) 分析対象
　　分析期間　2009年10月23日〜2011年7月31日
　　分析記事数　全国紙3紙　計145件
　　　　　　　朝日新聞　40件
　　　　　　　毎日新聞　62件
　　　　　　　読売新聞　43件

　千葉女子大生殺害放火事件の分析期間は，2009年10月23日〜2011年7月31日で，これは事件発覚時から被疑者逮捕を経て，第一審判決までの期間である。分析記事数は，全国紙3紙合計145件（朝日新聞40件，毎日新聞62件，読売新聞43件）である。
　図4-13は，各紙の記事の掲載面を示している。また，図4-14は，この事件の掲載面別にみた記事の掲載率である。3紙とも「社会面」が最も多くなっているものの（朝日新聞25件：62.5％，毎日新聞47件：75.8％，読売新聞33件：76.7％），朝日新聞は3件（7.5％），毎日新聞は2件（3.2％），読売新聞は3件（7.0％）がこの事件を「総合面」に掲載している。「他」に分類した記事は地方面（ちば，首都圏千葉）である（朝日新聞30.0％，毎日新聞21.0％，読売新聞16.3％）。

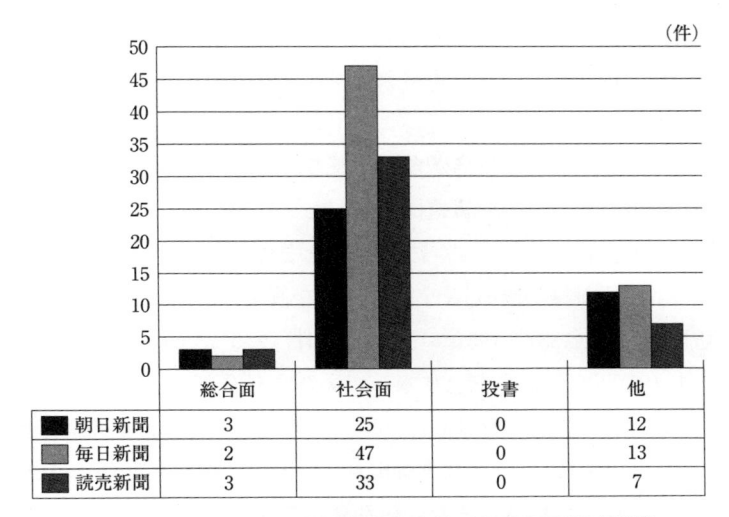

第 4 章 近年の事件報道における女性被害者・女性被疑者の分析 133

	総合面	社会面	投書	他
■ 朝日新聞	3	25	0	12
毎日新聞	2	47	0	13
読売新聞	3	33	0	7

図 4-13 千葉女子大生殺害放火事件 掲載面別記事件数

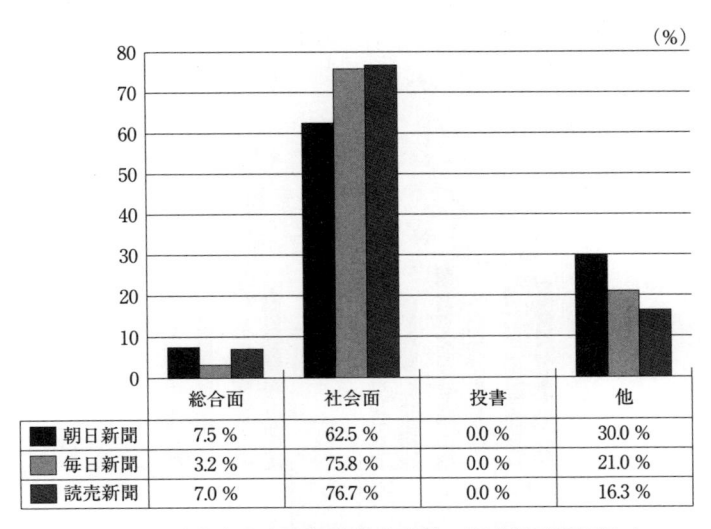

	総合面	社会面	投書	他
■ 朝日新聞	7.5 %	62.5 %	0.0 %	30.0 %
毎日新聞	3.2 %	75.8 %	0.0 %	21.0 %
読売新聞	7.0 %	76.7 %	0.0 %	16.3 %

図 4-14 千葉女子大生殺害放火事件 記事掲載面別比率

(c) 個人情報およびプライバシー

図 4-15 は，各記事おける被害者の個人情報およびプライバシーに関する情

報掲載の有無を新聞別にカウントしたものである。また，図4-16は，各記事に被害者の個人情報およびプライバシーに関する情報が掲載された比率を新聞別に示したものである。

　氏名，年齢，職業等，学校名が多く報道されていることがわかる。また，この事件では，被害者の住所の報道はなかった。しかし，その他の写真には，事件現場である被害者のマンションの写真が含まれる。その他の写真の他のものには，「容疑者」「両親と遺影」「卒業認定書を渡す大学関係者」などであった。

　朝日新聞は，氏名38件（95.0%），年齢37件（92.5%），職業等39件（97.5%），学校名38件（95.0%）が高い割合になっている。顔写真は1件（2.5%），その他の写真は7件（17.5%），住所は0件（0.0%）であった。毎日新聞は，氏名60件（96.8%），年齢60件（96.8%），職業等61件（98.4%），学校名50件（80.6%）の項目が高い割合となっている。また，顔写真は7件（11.3%），その他の写真は8件（12.9%）であった。読売新聞は，氏名，年齢，職業等を43件（100.0%）すべての記事に記載した。学校名は38件（88.4%），顔写真は7件（16.3%），その他の写真は7件（16.3%）であった。

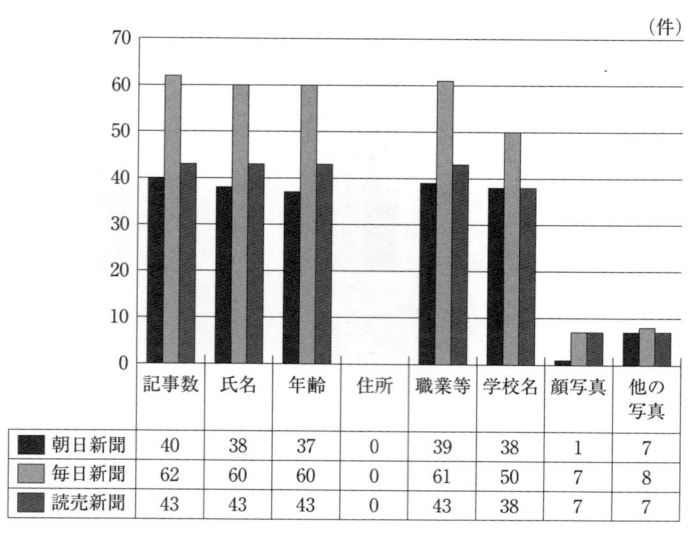

	記事数	氏名	年齢	住所	職業等	学校名	顔写真	他の写真
朝日新聞	40	38	37	0	39	38	1	7
毎日新聞	62	60	60	0	61	50	7	8
読売新聞	43	43	43	0	43	38	7	7

図4-15　千葉女子大生殺害放火事件　個人情報・プライバシー情報掲載記事件数

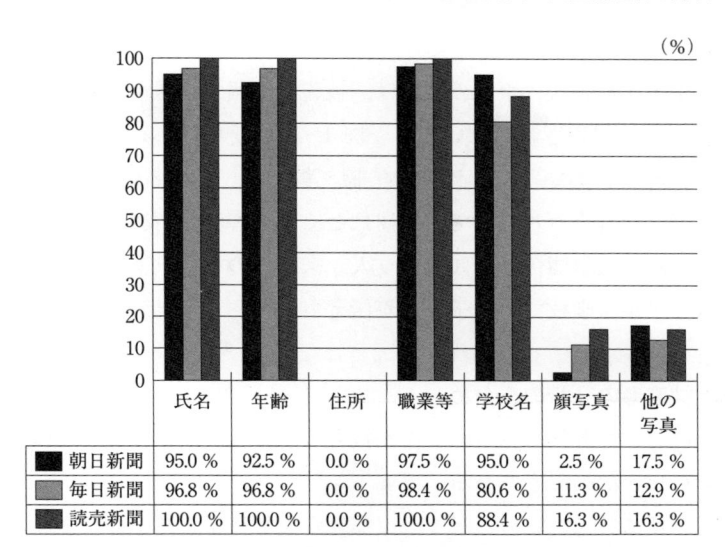

第4章 近年の事件報道における女性被害者・女性被疑者の分析　135

	氏名	年齢	住所	職業等	学校名	顔写真	他の写真
朝日新聞	95.0 %	92.5 %	0.0 %	97.5 %	95.0 %	2.5 %	17.5 %
毎日新聞	96.8 %	96.8 %	0.0 %	98.4 %	80.6 %	11.3 %	12.9 %
読売新聞	100.0 %	100.0 %	0.0 %	100.0 %	88.4 %	16.3 %	16.3 %

図4-16　千葉女子大生殺害放火事件　個人情報・プライバシー情報の掲載記事率

(d)　女性被害者に関する表現

　千葉女子大生殺害放火事件は，週刊誌等では，被害者のアルバイトについて興味本位な報道が行われた。「千葉大生　○○○○さん（筆者注：誌上では実名となっている）『二つの顔』と『合カギ事件』　全裸放火殺人『夢は農家』『夜はキャバ嬢』」（『週刊文春』2009年11月5日号）や「彼と別れたばかりで殺された美人女子大生。キャバクラ勤めの稼ぎ方」（『週刊新潮』2009年11月12日号）などである。

　全国紙3紙の報道においてこうした興味本位に報道する傾向はみられないが，大学でのゼミの様子や卒業論文のテーマ（『朝日新聞』2009年10月27日），「海外旅行に行く予定だった」（『毎日新聞』2009年10月26日），「経済的に楽ではなく苦学している様子だった」という周囲の証言（『毎日新聞』2010年2月18日）などが報道されている。また，女性被害者が事件の前日友人宅に泊まったことや，交際相手の会社員について言及するなど，生活や異性関係についても報じられた（『読売新聞』2009年10月25日）。

(e) まとめ

千葉女子大生殺害放火事件の報道は，被害者の個人情報やプライバシーに関する情報が多く報道されたといえる。図4-16からもわかるように，報道された記事には非常に高い割合で氏名，年齢，職業等，学校名が明記されている。また，容疑者が特定されるまでの期間はとくに被害者の情報に報道が集中する傾向がみられ，大学関係者，知人，友人，家族らのコメントから被害者の性格，ライフスタイル，学校での様子などが伝えられた。

(5) **女性被害者の分析のまとめ**

第2節において分析を行った女性が被害者となった4つの事件の報道について整理を行うと次のようになる。

全国紙3紙に共通の特徴として，京都教育大集団準強姦事件のように，被害者が生存している場合は，氏名，年齢，住所，学校名・会社名，顔写真は報道されないが，福岡3女性殺害事件，舞鶴女子高生殺害事件，千葉女子大生殺害放火事件のように被害者が死亡している事件では，氏名，年齢，職業，学校名・会社名，顔写真が高い割合で報道されている。被害者が生存している場合にも，新聞によっては職業等が報道される場合がある。また，被害者が死亡している事件では，住所や学校名が報道される場合があり，さらに，周囲のコメントから「どんな人物だったか」が語られることにより，性格，ライフスタイルなどが紙面を通して伝えられていた。女性被害者の個人情報やプライバシーに関する情報の報道は，被害者の生存／死亡により大きく異なっていたといえる。

女性被害者に関する表現では，殺人事件と性暴力事件で違いがみられる。通り魔的犯行と位置付けられた連続殺人事件である福岡3女性殺害事件では，女性被害者に関して「落ち度のない」という表現が複数回使われた。一方，舞鶴女子高生殺害事件，千葉女子大生殺害放火事件では，特に容疑者が浮かび上がるまでの期間において，女性被害者の遺体の様子（衣服を身に着けていなかった等），家族関係，友人関係，服装，ライフスタイルなどが報道されたり[10]，「夜

出歩く」「男性と歩いていた（防犯カメラ映像）」「友人宅に泊まる」など被害者が犯罪を招いた面があるかのようなニュアンスの記事もみられた。「男性にメール」などの表現や，交際相手の証言など異性関係についても言及されている。他方，京都教育大準強姦事件では，女性被害者のセクシュアリティに関する言及は直接的にはみられないが，被害者側の情報を伏せることにより被疑者側の事件に関する証言を紹介する結果となり，「酒を飲んで酩酊状態」「合意があった」などの表現だけが記事に載ることになった。

　全国紙3紙の報道では，これらの4つの事件のうち京都教育大集団準強姦事件に関して，投書記事（朝日新聞）や家庭面での特集記事（読売新聞）がみられた。投書記事はいずれも大学の対応や，被疑者への批判でこの事件に対して「厳しい対応」を求めるものである。特集記事ではキャンパス・セクシュアル・ハラスメント全国ネットワークの取り組みを紹介したもので，この事件だけが特別のケースではなく，大学における性暴力を無くす取り組みが重要であることを訴えた内容となっている。

　本研究において取り上げた事件にみられる全国紙3紙の女性被害者の報道では，女性被害者は記事において個人情報やプライバシー情報に言及される傾向にあるが，被害者が生存しているか否かにより内容が異なる。女性被害者に関するセクシュアリティへの言及は，性暴力事件か否か，被害者が生存しているかにより違いがみられる。また，キャンパス・セクシュアル・ハラスメントにあたる事件（京都教育大集団準強姦事件）では，社会問題としての視点からの記事がみられたことが特徴的であったといえる。

第3節　女性被疑者の分析

　第3節では，女性被疑者について，(a)事件概要，(b)分析対象，(c)個人情報およびプライバシー，(d)女性被疑者に関する表現，の項目に分けて分析を行った。

　なお，作成した「犯罪報道分析シート」の項目における(A)1～3を(b)分析対象，(B)1①～⑦を(c)個人情報およびプライバシー，(B)3を(c)女性被疑者

に関する表現にそれぞれ用いて整理を行った（巻末「犯罪報道分析シート」を参照）。

(1) 渋谷夫殺害遺体切断事件（2006年）

(a) 事件概要

2006年12月に東京都新宿区などで切断された遺体が発見された。遺体の身元は会社員男性であると判明し，2007年1月10日，その妻が死体遺棄の疑いで逮捕された。同月31日，殺人容疑で妻を再逮捕。同年2月21日，夫を殺害，遺体を切断し，捨てたとして，妻は殺人と遺体損壊・遺棄罪で起訴された。同年12月から公判が始まり，弁護側は「夫から暴力を受け続けたことにより，心的外傷後ストレス障害（PTSD）の状態だった」と主張。それに対し，検察側は「責任能力はあった」とし，責任能力の有無が争点となった。

2008年3月の公判では，精神鑑定を行った検察，弁護側双方の鑑定医が，犯行当時の被告の精神状態が「心神喪失状態だった」と結果を報告。同年4月28日の判決公判で，精神鑑定結果について信頼性を認めたものの，「責任能力の判断は鑑定結果に拘束されない」とし，犯行経緯や動機などを総合的に判断して「完全な責任能力があった」と，懲役15年の判決を言い渡した。その後，被告の弁護人は判決を不服として，控訴。

2009年3月，控訴審第1回公判が行われ，高裁は再び精神鑑定を行うことを決定した。2010年6月22日の控訴審判決では，一審判決を支持し，弁護側の控訴を棄却。判決では，一審での精神鑑定を退け，控訴審での鑑定結果をもとに「完全な責任能力があった」と判断した。同年6月29日，被告が上告権を放棄し，一，二審判決が確定した。

(b) 分析対象

　　分析期間　2007年1月11日〜2010年7月7日

　　分析記事数　全国紙3紙　計104件

　　　　　朝日新聞　40件

毎日新聞　33件

読売新聞　31件

　渋谷夫殺害遺体切断事件の分析期間は，2007年1月11日〜2010年7月7日で，これは事件発覚時から被疑者逮捕・起訴，第一審，控訴審を経て第二審判決が確定するまでの期間である。分析記事数は，全国紙3紙合計104件（朝日新聞40件，毎日新聞33件，読売新聞31件）である。

　図4-17は，各紙の記事の掲載面を示している。また，図4-18は，この事件の掲載面別にみた記事の掲載率である。

　この事件は，朝日新聞が3件（7.5%），毎日新聞が3件（9.1%），読売新聞が4件（12.9%）を総合面に掲載している。「社会面」での報道が最も多い（朝日新聞36件：90.0%，毎日新聞28件：84.8%，読売新聞25件：80.6%）。「他」に分類した記事は，朝日新聞は「夕刊be」に掲載されたコラム1件（2.5%），毎日新聞は政治面と地方面（それぞれ1件ずつ計2件で6.1%），読売新聞は解説面と「News月録」（それぞれ1件ずつ計2件で6.5%）であった。また，朝日新聞と読

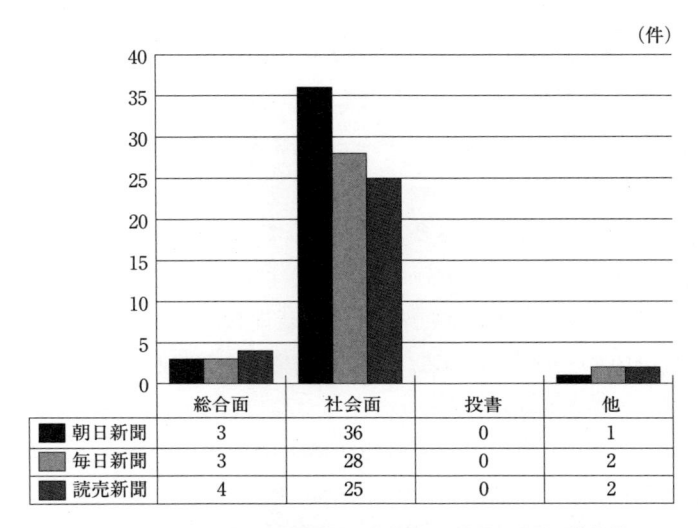

	総合面	社会面	投書	他
朝日新聞	3	36	0	1
毎日新聞	3	28	0	2
読売新聞	4	25	0	2

図4-17　渋谷夫殺害遺体切断事件　掲載面別報道件数

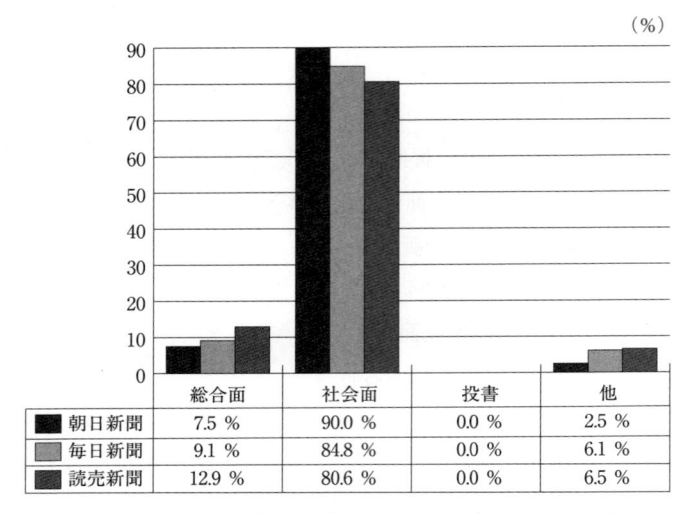

	総合面	社会面	投書	他
朝日新聞	7.5 %	90.0 %	0.0 %	2.5 %
毎日新聞	9.1 %	84.8 %	0.0 %	6.1 %
読売新聞	12.9 %	80.6 %	0.0 %	6.5 %

図4-18　渋谷夫殺害遺体切断事件　記事掲載面別比率

売新聞は，一審判決時に解説記事を掲載している。

(c) 個人情報およびプライバシー

　図4-19は，各記事おける被疑者の個人情報およびプライバシーに関する情報掲載の有無を新聞別にカウントしたものである。また，図4-20は，各記事に被疑者の個人情報およびプライバシーに関する情報が掲載された比率を新聞別に示したものである。

　氏名，および年齢が3紙とも多く報道されていることがわかる。掲載率は，朝日新聞は，氏名は38件（95.0％），年齢は39件（97.5％），毎日新聞は，氏名は33件（100.0％），年齢は32件（97.0％），読売新聞は，氏名は30件（96.8％），年齢は31件（100.0％）となっている。また，職業等の記載が次いで多く，顔写真，その他の写真の掲載もあることがわかる。職業等については毎日新聞の掲載率が高く26件（78.8％），次いで読売新聞が18件（58.1％）であった。顔写真は各紙とも20％程度で（朝日新聞は9件で22.5％，毎日新聞は7件で21.2％，読売新聞は7件で22.6％），その他の写真が朝日新聞は4件（10.0％），毎日新聞は5件

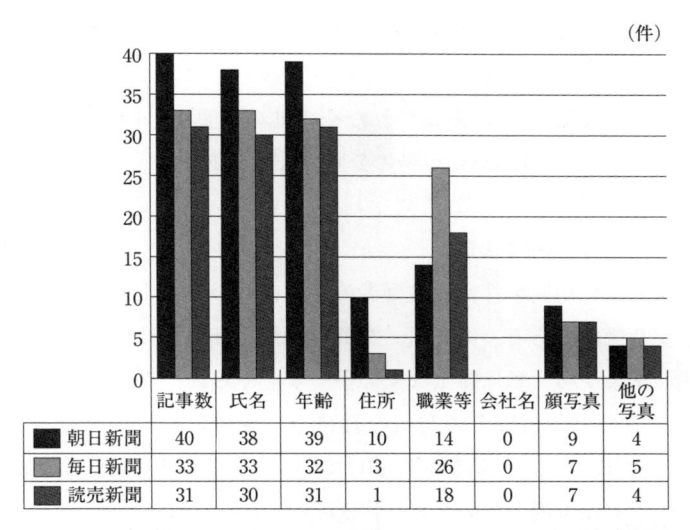

第4章　近年の事件報道における女性被害者・女性被疑者の分析　141

	記事数	氏名	年齢	住所	職業等	会社名	顔写真	他の写真
朝日新聞	40	38	39	10	14	0	9	4
毎日新聞	33	33	32	3	26	0	7	5
読売新聞	31	30	31	1	18	0	7	4

図4-19　渋谷夫殺害遺体切断事件　個人情報・プライバシー情報掲載記事件数

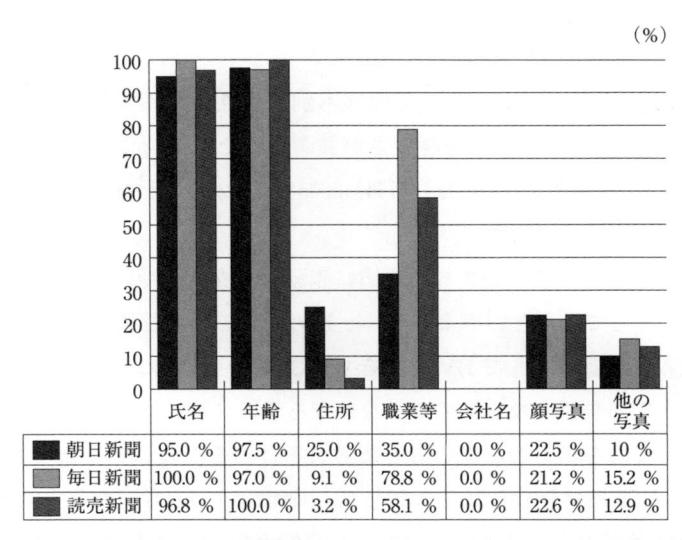

	氏名	年齢	住所	職業等	会社名	顔写真	他の写真
朝日新聞	95.0 %	97.5 %	25.0 %	35.0 %	0.0 %	22.5 %	10 %
毎日新聞	100.0 %	97.0 %	9.1 %	78.8 %	0.0 %	21.2 %	15.2 %
読売新聞	96.8 %	100.0 %	3.2 %	58.1 %	0.0 %	22.6 %	12.9 %

図4-20　渋谷夫殺害遺体切断事件　個人情報・プライバシー情報掲載記事率

(15.2％)，読売新聞は4件（12.9％）であった。会社名の記載は3紙とも記載はなく0件（0.0％）であった。

　この事件で全国紙3紙に掲載されたその他の写真は，「容疑者（および被害者）のマンション」「遺体発見現場の公園」などである。

　(d)　女性被疑者に関する表現
　渋谷夫殺害遺体切断事件は，被疑者の性格についてある方向付けをされるような報道が特徴的である。例えば，2007年1月12日の毎日新聞は，被疑者の小学校時代の文集から「私は勝気な女の子です。やられたらやり返す」という部分を紹介するなど，被疑者の勝気な性格を印象付ける報道を行った。また，「おとなしい割にブランド品を身に着けていた」「（大学生の頃から）お化粧に気を使い，エステにも通っていた」（『朝日新聞』2008年1月12日）という複数の知人からのコメントを掲載している。また，「スタイルが良くてキレイ」「上品と評判」など容姿に関するコメントの掲載もみられる。

　一方，この事件では，被疑者は夫からの暴力（身体的暴力）が殺害の動機であると主張していたのに対し，「結婚後も別の男性と関係を続け」（『読売新聞』2007年12月20日）と被疑者の身勝手さが強調された。裁判報道においても「ついに心からの謝罪はなく」（『毎日新聞』2008年4月28日）と報じられ，女性被疑者の身勝手さが強調された。

　被疑者は夫のDVについて専門窓口に相談し，支援を受けた経歴があったが，DV被害者として扱うというよりは，一連の報道の中に位置付けた場合に，被疑者が夫殺害の背景としてDV主張をすることは，読者にとってある種の「責任逃れ」と映る結果となったのではないだろうか。朝日新聞は，「○○さん（被害者）から暴力を振るわれ顔の骨を折られるけがをしたこともあったという」「顔を殴られ鼻の骨を折られるなどした」（2007年1月11日）など，第一報の段階から被疑者へのDV被害について詳しく伝えている。また，「隠蔽工作の可能性」「逃亡しようとしていた可能性」（2007年1月12日）などの表現で被疑者の行動を報じている。

(e) まとめ

渋谷夫殺害遺体切断事件の報道は，女性被疑者の個人情報やプライバシーに関する情報が記事中に多くみられただけでなく，どちらかといえば悪印象を与える事柄が強調されたといえる。前述のように，被疑者がDVの被害や，それが原因で犯行時に心神喪失状態であったと訴えても，身勝手な印象が払拭できないのではないかと推察する。

しかしながら，裁判時の報道においては3紙とも問題提起を行っている。一審判決時の2008年4月29日に，朝日新聞と読売新聞は解説記事において，精神鑑定により責任能力を問うことの難しさと，裁判員制度に向けて判定をわかりやすく伝えるという課題を示している。また，朝日新聞は2008年5月17日の「夕刊be」のコラムにおいて，精神鑑定は責任能力を問うているようでありながら量刑を決めるために使われており，情状鑑定に純化すればよいという佐藤直樹（九州工大教授）の見解を紹介している。

控訴審報道において2010年6月22日の毎日新聞では，東京高裁が女性被疑者（被告）の完全責任能力を認めたが，「その構図はわかりにくいと言わざるを得ない」として，「『精神障害と犯行の具体的関連性に言及しないまま結論を出した』との批判が根強く」あることを述べ，裁判所にわかりやすい説明が求められるのはもちろんだが，鑑定医側にも信用性を高める努力が求められるとしている。事件の背景とされたDVよりも裁判員制度との関わりで精神鑑定の在り方や，裁判における採用の仕方の議論へと発展したといえる。

(2) 福岡小1男児殺害事件（2008年）

(a) 事件概要

2008年9月18日，福岡県西区の公園で，小学1年男児（6歳）が殺害された事件。一緒に来ていた母親が，「トイレに行っている間に子どもがいなくなった」と公園内にいた人に話し，捜索を依頼した後，110番通報。まもなく，一緒に捜索していた男性が，トイレ裏で倒れている男児を発見。母親が葬儀翌日の事情聴取で殺害を自供し，発生から5日後の9月22日に殺人と死体遺棄の疑

いで逮捕された（その後，死体遺棄容疑については，起訴が見送られた）。

母親は，公園にある公衆トイレの身障者用個室内で，男児の首をゴムホースで絞めて殺害し，遺体をトイレ裏に放置した疑いがもたれている。逮捕後の福岡県警の調べに対して，「自分が病気を抱えているため，将来を悲観し衝動的に首を絞めた。子どもを殺して自分も死のうと思った」などと供述。

母親は全身に激しい痛みが生じる線維筋痛症を患い，トイレを利用する際には男児に介助してもらうこともあった。事件当日も男児にトイレの介助を頼んだが，断られ，絶望的になったという。また，男児には発達障害があり，小学校では特別支援学級に通っており，子育てにも悩んでいた。

2010年3月3日の初公判では，弁護側は「服用していた抗うつ剤の影響で，犯行当時，心神喪失か心神耗弱だった」と主張。一方，検察側は，起訴前の精神鑑定をもとに「刑事責任能力がある」と主張。2010年7月29日にあった第8回公判で，弁護側が求めていた再度の精神鑑定の請求を棄却。

(b) 分析対象

分析期間　2008年9月19日〜2010年7月30日
分析対象記事　全国紙3紙　計40件
　　　　　　　朝日新聞　10件
　　　　　　　毎日新聞　15件
　　　　　　　読売新聞　15件

福岡小1男児殺害事件の分析期間は，2008年9月19日〜2010年7月30日で，これは事件発覚時から被疑者逮捕・起訴，第一審判決が確定するまでの期間である。分析記事数は，全国紙3紙合計40件（朝日新聞10件，毎日新聞15件，読売新聞15件）である。

図4-21は，各紙の記事の掲載面を示している。また，図4-22は，この事件の掲載面別にみた記事の掲載率である。

この事件は，読売新聞が3件（20.0％），毎日新聞が1件（6.7％）を総合面で

第4章　近年の事件報道における女性被害者・女性被疑者の分析　145

(件)

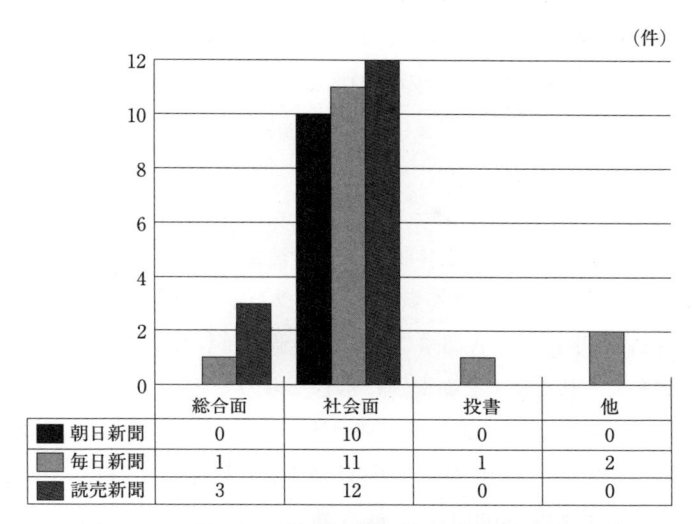

	総合面	社会面	投書	他
朝日新聞	0	10	0	0
毎日新聞	1	11	1	2
読売新聞	3	12	0	0

図4-21　福岡小1男児殺害事件　掲載面別報道件数

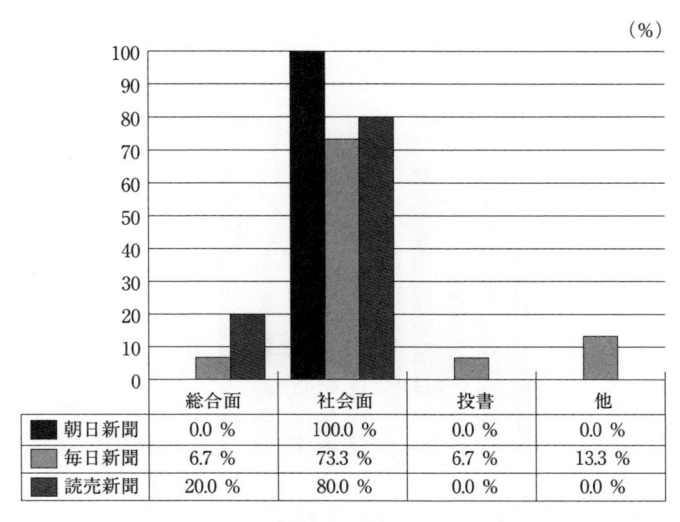

(%)

	総合面	社会面	投書	他
朝日新聞	0.0 %	100.0 %	0.0 %	0.0 %
毎日新聞	6.7 %	73.3 %	6.7 %	13.3 %
読売新聞	20.0 %	80.0 %	0.0 %	0.0 %

図4-22　福岡小1男児殺害事件　記事掲載面別比率

扱っている。各紙とも社会面での取り扱いが最も多い。社会面への掲載件数と掲載率は，朝日新聞が10件（100.0%），毎日新聞が11件（73.3%），読売新聞が

12件（80.0％）である。また，毎日新聞は，投書に1件（6.7％），その他の面に2件（13.3％）の掲載がある。その他の面は，政治面と解説面（それぞれ1件ずつ）である。

(c) 個人情報およびプライバシー

図4-23は，投書記事を除く各記事おける被疑者の個人情報およびプライバシーに関する情報掲載の有無を新聞別にカウントしたものである。また，図4-24は，投書記事を除く各記事に被疑者の個人情報およびプライバシーに関する情報が掲載された比率を新聞別に示したものである。

各紙ともに氏名，年齢，職業等が高い比率で掲載されていることがわかる。各紙の掲載記事数と掲載率は，朝日新聞が氏名9件（90.0％），年齢10件（100.0％），職業等10件（100.0％），毎日新聞が氏名7件（50.0％），年齢14件（100.0％），職業等12件（85.7％），読売新聞が氏名14件（93.3％），年齢14件（93.3％），職業等14件（93.3％）である。また，各紙とも住所を掲載している。

(件)

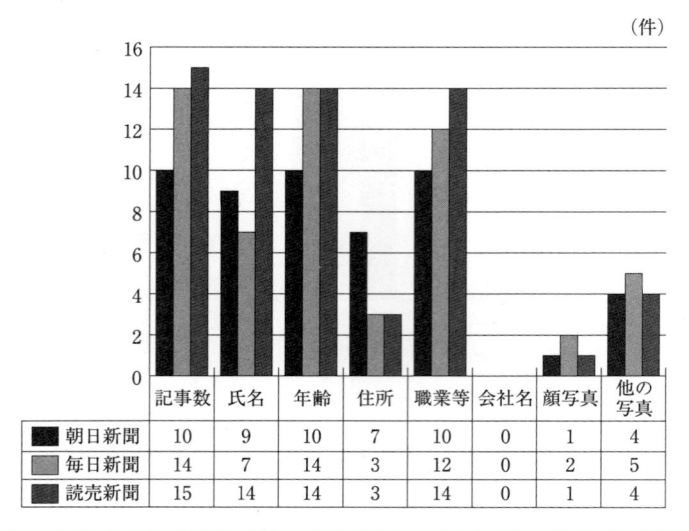

	記事数	氏名	年齢	住所	職業等	会社名	顔写真	他の写真
朝日新聞	10	9	10	7	10	0	1	4
毎日新聞	14	7	14	3	12	0	2	5
読売新聞	15	14	14	3	14	0	1	4

図4-23　福岡小1男児殺害事件　個人情報・プライバシー情報の掲載記事数
（＊投書記事を除く）

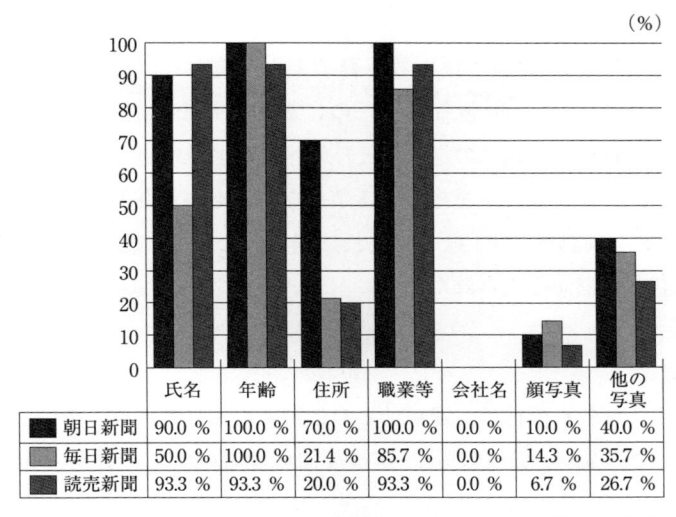

第4章　近年の事件報道における女性被害者・女性被疑者の分析　147

	氏名	年齢	住所	職業等	会社名	顔写真	他の写真
朝日新聞	90.0 %	100.0 %	70.0 %	100.0 %	0.0 %	10.0 %	40.0 %
毎日新聞	50.0 %	100.0 %	21.4 %	85.7 %	0.0 %	14.3 %	35.7 %
読売新聞	93.3 %	93.3 %	20.0 %	93.3 %	0.0 %	6.7 %	26.7 %

図4-24　福岡小1男児殺害事件　個人情報・プライバシー情報の掲載記事率
(＊投書記事を除く)

朝日新聞7件 (70.0%), 毎日新聞3件 (21.4%), 読売新聞3件 (20.0%) である。被疑者の会社名を報じた紙面はなかった。

顔写真については, 各紙とも掲載している。朝日新聞は1件 (10.0%), 毎日新聞は2件 (14.3%), 読売新聞は1件 (6.7%) である。この事件のその他の写真は, 「事件現場」「事件現場の周辺」の写真である。

(d)　女性被疑者に関する表現

福岡小1男児殺害事件の報道にみる女性被疑者は, 一貫して子どもとのかかわりに焦点があてられている。事件発生時から遺体発見までの期間は, 一緒に子供を捜す「子どもの安否を心配する母親」の様子が詳しく伝えられた。被疑者が逮捕されてからは, 周囲の証言による被疑者の子育ての様子が連日伝えられた。「教育熱心な母」「『子どもと一緒に過ごしたい』と勤務先の会社を休職し, 学童保育をやめた」(『毎日新聞』2008年9月22日), 「子どもをかわいがっていた様子」「仲の良い母子」(『朝日新聞』2008年9月22日) といった周囲の声の

紹介である。

　しかし，そんな母親が子供を殺したことが発覚し，「（いなくなったという）母親の言葉を信じて一生懸命探したのに裏切られた気持ちだ」（『朝日新聞』2008年9月22日），「（葬儀での様子など）すべては演技だったのか」（『毎日新聞』9月22日）など，「二面性」を指摘するような証言も掲載されている。その後も，「将来を悲観し衝動的に」「息子の成長に悩み」など子どもを殺すに至ってしまった母親の苦悩が伝えられた。

(e)　まとめ

　福岡小1男児殺害事件は，逮捕前から被疑者の実名や住所を掲載していた新聞もあり（朝日新聞，読売新聞），逮捕後は被疑者の実家の住所も掲載された（読売新聞）。

　全体として3紙の紙面では「母親」役割が強調される論調が続いたが，新聞によってその扱いは異なる。読売新聞は，「悲劇の母を演じ」（2008年9月22日），「連れ去り偽装か」（同年9月23日）と被疑者を責める言葉を用い，同年10月2日の記事では「第三者の連れ去り偽装」「保険会社に死亡連絡　搬送先の病院から」と男児に掛けられた保険金の額や，被疑者が病院から連絡をしたことを伝え，計画的な犯行を推測させるような記事を展開した。

　一方，毎日新聞は，解説面や総合面でも取り上げるなどこの事件を重大視していることがうかがえる。被疑者が病気や子育てで悩んで「追い詰められて」いたと伝えたり，有識者（児童福祉論）の「わが子をふびんに思った末のとっさの行動ではないか。社会として手を差し伸べることはできなかったか」という意見を紹介している（『毎日新聞』2008年9月22日）。また毎日新聞は「ママ友と話し　育児を客観視」という女性の投書を掲載している。「子育ては自分一人の考えに凝り固まらないで」「心配事に対して距離を持ってながめるゆとりを」と訴える内容である。

　朝日新聞も毎日新聞と同様に，被疑者の病気や被害男児の発達障害の疑いを詳細に伝え，子育てに悩んでいた被疑者に同情的な論調である。被疑者の夫

(被害男児の父)の「妻を追い込んだ自分も事件の加害者だ」(2008年10月19日)というコメントを掲載している。また，2008年9月22日に児童虐待に関する「警視庁まとめ」が発表されたことを受けて，朝日新聞と毎日新聞はこの事件の報道記事の中で「親が子どもを殺した最近の主な事件」を紹介し，子育ての社会化を提唱した。

このように，この事件の新聞報道では，子どもを殺めることはあってはならないこととしながらも，どちらかといえば被疑者女性の立場に理解を示す表現が多かった。また，育児の孤立化が招いた悲劇というとらえ方から，子育て支援を充実させるべきという問題提起につながっている。しかし，それと同時に，「(障害への支援を)なぜ相談しなかったのか」が責められる視線にとってかわられる可能性も孕んでいる。この事件の報道では，当事者に必要な支援が届いていないことを指摘した紙面はみられなかった。

(3) 宮崎乳児虐待死事件 (2009年)

(a) 事件概要

生後11カ月の長女に暴行を加え死亡させたとして，母親が傷害と傷害致死の罪に問われた事件。2009年7月，宮崎県延岡市の自宅で，長女の両肩に熱したアイロンを押し当て，全治約2週間のやけどを負わせ，頭を殴る，蹴るなどの暴行を加え，頭部打撲による脳腫脹で死亡させた疑い。

母親は，2008年に長女を出産後，児童相談所や市に子育ての悩みを相談。8月には，乳児院に預け，面会や一時帰宅を重ねた上，「引き取りたい」との申し出により，2009年4月から家族で生活を再開。その後，同年7月に市に育児不安を訴えてきたため，市の家庭児童相談員と職員が訪問していた。

2010年12月10日，初公判。(県内の裁判員裁判で児童虐待事件を審理するのは，初めて) 同月16日の第5回公判で，検察側は，懲役6年を求刑。弁護側は，事件の背景に被告の成育歴などがあるとして，情状酌量を求めた。同月21日，求刑通り懲役6年の実刑判決。公判後，裁判員3人が記者会見し，コメントを述べた。その後，被告は判決を不服として控訴した。

(b) 分析対象

分析期間　2009年8月4日～2010年12月22日
分析対象記事　全国紙3紙　計3件
　　　　　　　朝日新聞　1件
　　　　　　　毎日新聞　0件
　　　　　　　読売新聞　2件

　宮崎乳児虐待死事件の分析期間は，2009年8月4日～2010年12月22日で，これは事件発覚から第一審判決までの期間である。分析対象記事は，全国紙3紙計3件（朝日新聞1件，毎日新聞0件，読売新聞2件）である。
　図4-25は，各紙の記事の掲載面を示している。また，図4-26は，この事件の掲載面別にみた記事の掲載率である。この事件の記事は，朝日新聞が，読売新聞ともに社会面に掲載している。

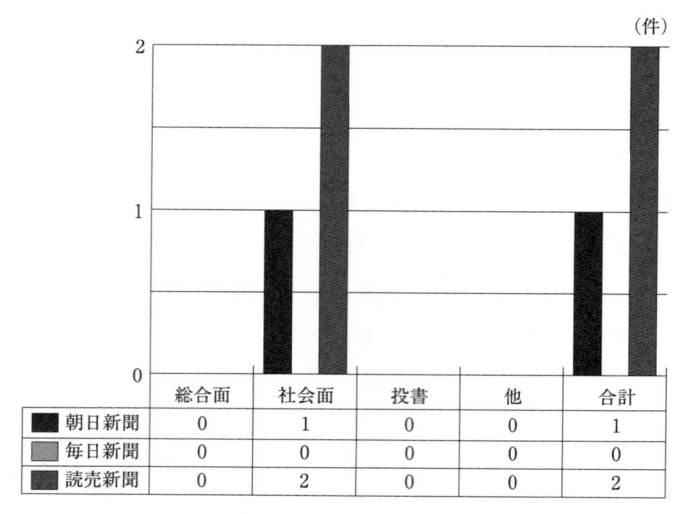

	総合面	社会面	投書	他	合計
朝日新聞	0	1	0	0	1
毎日新聞	0	0	0	0	0
読売新聞	0	2	0	0	2

図4-25　宮崎乳児虐待死事件　掲載面別報道件数

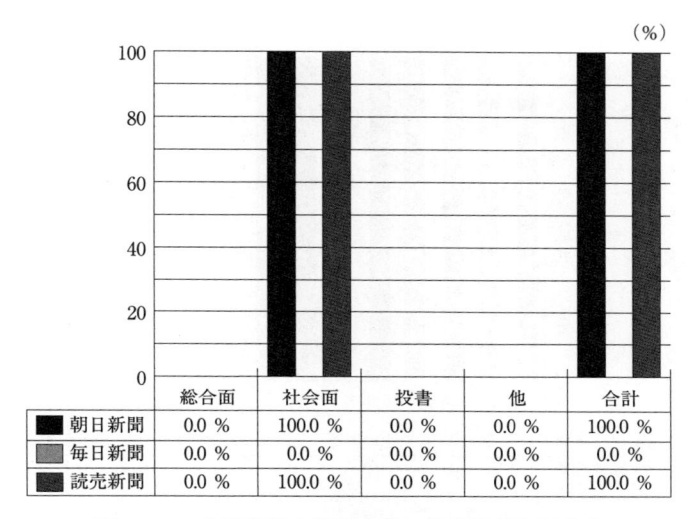

第 4 章　近年の事件報道における女性被害者・女性被疑者の分析　151

	総合面	社会面	投書	他	合計
朝日新聞	0.0 %	100.0 %	0.0 %	0.0 %	100.0 %
毎日新聞	0.0 %	0.0 %	0.0 %	0.0 %	0.0 %
読売新聞	0.0 %	100.0 %	0.0 %	0.0 %	100.0 %

図 4-26　宮崎乳児虐待死事件　記事掲載面別比率

(c)　個人情報およびプライバシー

図 4-27は，各記事おける被疑者の個人情報およびプライバシーに関する情

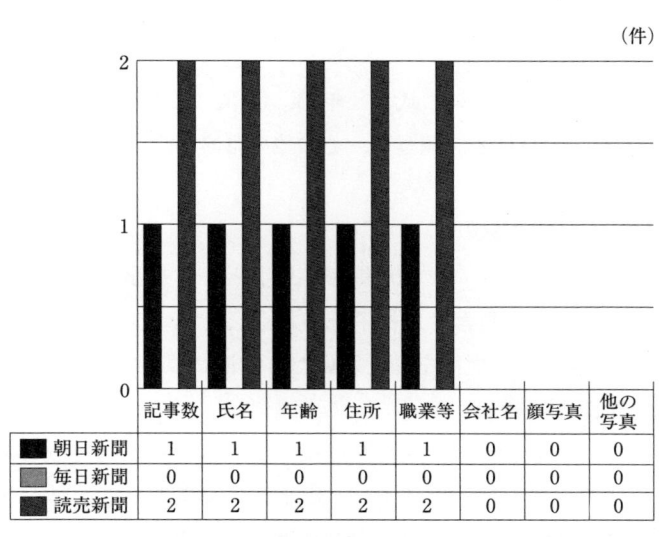

	記事数	氏名	年齢	住所	職業等	会社名	顔写真	他の写真
朝日新聞	1	1	1	1	1	0	0	0
毎日新聞	0	0	0	0	0	0	0	0
読売新聞	2	2	2	2	2	0	0	0

図 4-27　宮崎乳児虐待死事件　個人情報・プライバシー情報の掲載記事件数

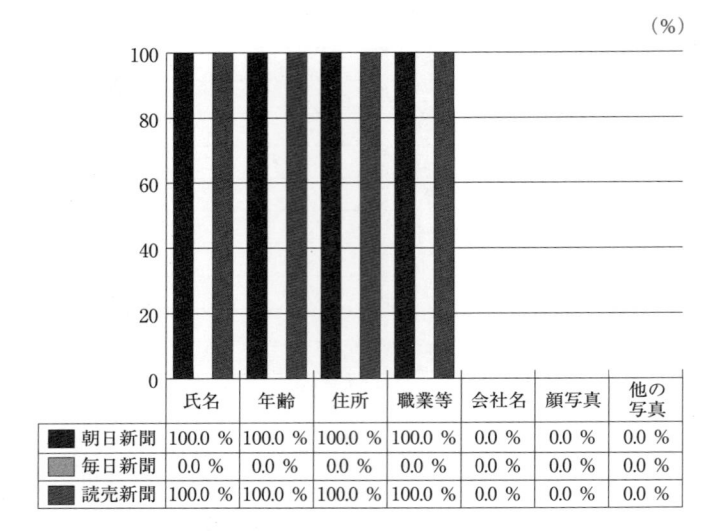

	氏名	年齢	住所	職業等	会社名	顔写真	他の写真
朝日新聞	100.0 %	100.0 %	100.0 %	100.0 %	0.0 %	0.0 %	0.0 %
毎日新聞	0.0 %	0.0 %	0.0 %	0.0 %	0.0 %	0.0 %	0.0 %
読売新聞	100.0 %	100.0 %	100.0 %	100.0 %	0.0 %	0.0 %	0.0 %

図4-28　宮崎乳児虐待死事件　個人情報・プライバシー情報の掲載記事率

報掲載の有無を新聞別にカウントしたものである。また，図4-28は，各記事に被疑者の個人情報およびプライバシーに関する情報が掲載された比率を新聞別に示したものである。

　朝日新聞，読売新聞ともに，氏名，年齢，住所，職業等の項目が報道されていることがわかる。会社名，顔写真，その他の写真は掲載がなかった。

(d)　女性被疑者に関する表現

　朝日新聞は，「娘にアイロン　母傷害容疑」という見出しで，乳児（生後11か月の長女）にやけどを負わせた様子を詳しく伝えている。乳児の体の傷についても言及し，日常的に虐待を加えていた可能性について報じた（2009年8月4日）。読売新聞も同様に，アイロンを押し当てた虐待の様子を報じている（2009年8月4日）。乳児の死因は頭部打撲による脳腫脹と判定されているが，「アイロンによる虐待を行った母親」の残酷さが強調されている。読売新聞の判決報道でもアイロンによる虐待が強調された他，裁判長の言葉を引用し「同

情できる面も」あるが，「暴行の方法は残酷」「悪質な面もある」「身勝手な怒りを爆発させた」と報道した（2010年12月22日）。

(e) まとめ

宮崎乳児虐待死事件は，全国紙3紙は地方版を除くと合計で3件と報道件数が少ない。朝日新聞は事件発覚時（被疑者逮捕時）のみ，読売新聞は事件発覚時と判決時である。女性被疑者の個人情報について両紙は，氏名，年齢，住所，職業等，を伝えている。顔写真を含め写真等は掲載されていない。

裁判では，女性被疑者（被告）が行政窓口に相談したり，（子育てが困難で）乳児院に子供を預けたりしていた事実をもとに，セーフティネットが働いていればこのような事件が起こらなかったと弁護側が訴えたが，唯一裁判報道を行った読売新聞では問題提起されることはなかった。「それでも暴力は正当化できず，刑の執行を猶予すべきとは認められない」という判決文を伝えている（『読売新聞』2010年12月22日）。

(4) 大阪2幼児放置死事件（2010年）

(a) 事件概要

2010年7月30日，大阪市のマンションで女児（3歳）と男児（1歳9ヵ月）の二人の幼児の遺体が見つかった事件。同日，母親を死体遺棄の疑いで逮捕。その後，8月10日に殺人容疑で再逮捕（死体遺棄容疑については，処分保留）。母親は，同年6月頃から，二人を部屋に放置したまま外出し，二人は衰弱死したとみられる。

母親は離婚後，子どもを引き取り，1月からは地元を離れ，大阪市へ移り，風俗店で働き始めた。店が寮として借り上げていたマンションに親子三人で入居していた。

同年3月から5月にかけて，市のこどもセンター（児童相談所）には，住民から電話で「子どもの泣き声がする」と虐待を疑う通報があった。職員が訪問したが接触できず，幼児の安否確認ができなかったため，その対応が問題と

なった。2011年2月4日，大阪地検は殺人罪で母親を起訴した。2012年3月，大阪地裁は懲役30年の判決。

(b) 分析対象
　　分析期間　2010年7月30日～2012年3月28日
　　分析記事数　全国紙3紙　計86件
　　　　朝日新聞　28件　（うち投書7件）
　　　　毎日新聞　19件
　　　　読売新聞　39件　（うち投書5件）

　大阪2幼児放置死事件の分析期間は，2010年7月30日～2012年3月28日で，これは事件発覚時から被疑者逮捕・起訴，第一審判決までの期間である。分析記事数は，全国紙3紙合計86件（朝日新聞28件，毎日新聞19件，読売新聞39件）である。
　図4-29は，各紙の記事の掲載面を示している。また，図4-30は，この事

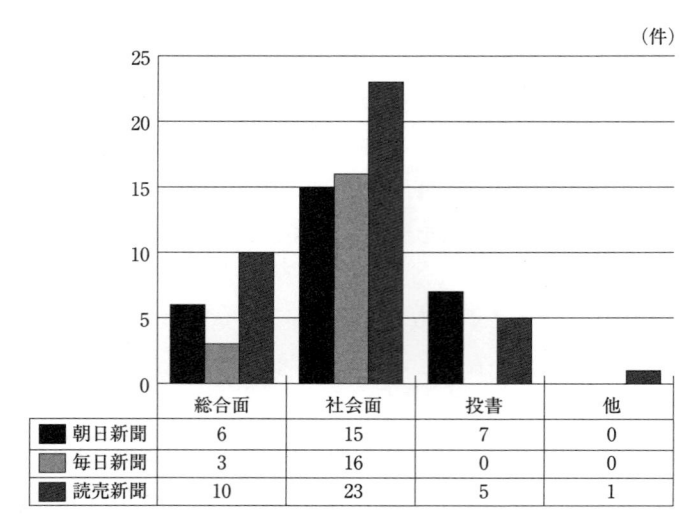

	総合面	社会面	投書	他
朝日新聞	6	15	7	0
毎日新聞	3	16	0	0
読売新聞	10	23	5	1

図4-29　大阪2幼児放置死事件　掲載面別報道件数

第4章　近年の事件報道における女性被害者・女性被疑者の分析　155

(%)

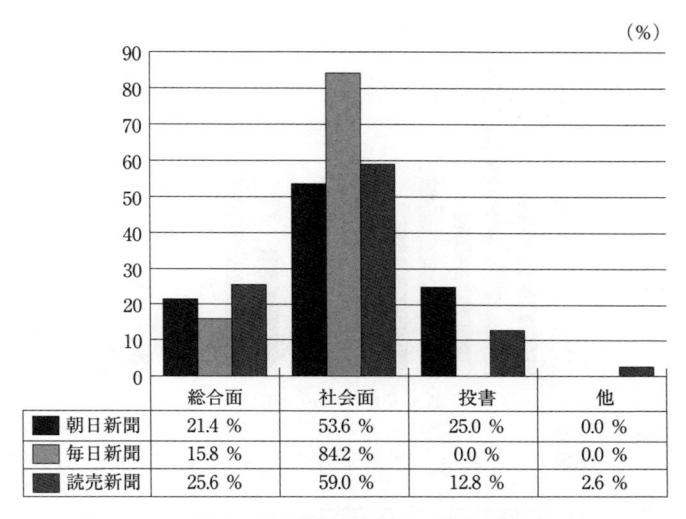

	総合面	社会面	投書	他
朝日新聞	21.4 %	53.6 %	25.0 %	0.0 %
毎日新聞	15.8 %	84.2 %	0.0 %	0.0 %
読売新聞	25.6 %	59.0 %	12.8 %	2.6 %

図 4 - 30　大阪 2 幼児放置死事件　記事掲載面別比率

件の掲載面別にみた記事の掲載率である。

　朝日新聞が 6 件（21.4%），毎日新聞が 3 件（15.8%），読売新聞が10件（25.6%）を「総合面」に掲載している。3 紙とも社説が 1 件ずつ掲載されており（総合面に分類），この事件が重大視されていることがうかがえる。最も多いのは社会面の報道である。「社会面」への掲載は，朝日新聞が15件（53.6%），毎日新聞が16件（84.2%），読売新聞が23件（59.0%）であった。「投書」は朝日新聞に 7 件（25.0%），読売新聞に 5 件（12.8%）掲載された。「その他の記事」に分類した記事は，読売新聞は解説面の 1 件（2.6%）である。

(c)　個人情報及びプライバシー

　図 4 - 31は，投書記事を除く各記事おける被疑者の個人情報およびプライバシーに関する情報掲載の有無を新聞別にカウントしたものである。また，図 4 - 32は，投書記事を除く各記事に被疑者の個人情報およびプライバシーに関する情報が掲載された比率を新聞別に示したものである。

　3 紙とも氏名，年齢，職業等の掲載率が高く，朝日新聞は，氏名18件（85.7%），

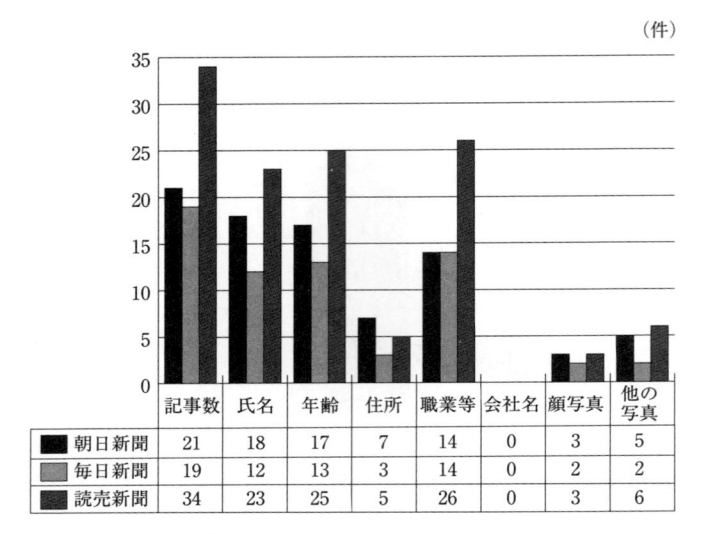

	記事数	氏名	年齢	住所	職業等	会社名	顔写真	他の写真
朝日新聞	21	18	17	7	14	0	3	5
毎日新聞	19	12	13	3	14	0	2	2
読売新聞	34	23	25	5	26	0	3	6

図4-31　大阪2幼児放置死事件　個人情報・プライバシー情報の掲載記事数

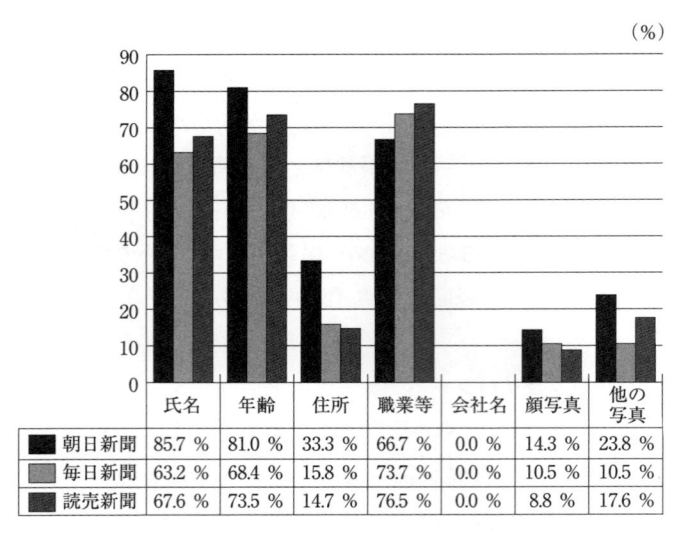

	氏名	年齢	住所	職業等	会社名	顔写真	他の写真
朝日新聞	85.7 %	81.0 %	33.3 %	66.7 %	0.0 %	14.3 %	23.8 %
毎日新聞	63.2 %	68.4 %	15.8 %	73.7 %	0.0 %	10.5 %	10.5 %
読売新聞	67.6 %	73.5 %	14.7 %	76.5 %	0.0 %	8.8 %	17.6 %

図4-32　大阪2幼児放置死事件　個人情報・プライバシー情報の掲載記事率

年齢17件（81.0％），職業等14件（66.7％），毎日新聞は，氏名12件（63.2％），年齢13件（68.4％），職業等14件（73.7％），読売新聞は，氏名23件（67.6％），年齢25件（73.5％），職業等26件（76.5％）となっている。住所については朝日新聞の掲載率が他の2紙と比較して高く7件（33.3％）であった。顔写真は，朝日新聞3件（14.3％），毎日新聞2件（10.5％），読売新聞3件（8.8％），その他の写真は，朝日新聞5件（23.8％），毎日新聞2件（10.5％），読売新聞6件（17.6％）であった。その他の写真は，「2人の子ども（被害者）」「事件現場となったマンション」「子どものイメージ写真」（虐待一般を論じた記事）などである。会社名の記載は3紙ともなく0件（0.0％）であった。

(d) 女性被疑者に関する表現

　大阪2幼児放置死事件は，被疑者が風俗関係で働くシングルマザーである点が殊更取りあげられた。会社名（元勤め先）を明記する紙面はなかったが，「風俗店店員」「元風俗店勤務」など「風俗」という言葉が記事中に多用されている。「ホストクラブが楽しくて」（『読売新聞』2010年8月1日），「離婚後交友関係が派手に」（『毎日新聞』2010年7月31日），「繁華街で夜遊び」（『毎日新聞』2010年8月1日）など異性関係や交友関係も強調された。また，被疑者は，ミクシィに「ママは幸せ」と書きこんでいたことから，子ども置き去り行為とのギャップについてセンセーショナルに報道された（『毎日新聞』2010年8月2日）。被疑者の父親の証言を交えた「生い立ち」も報道されている（『読売新聞』2010年8月1日）。

　家事や育児の不十分さについても多く指摘されている。「カップラーメンの容器など大量のゴミが散乱」（『読売新聞』2010年7月30日），「ベランダに異臭がしていた」（『毎日新聞』2010年7月31日），「水道使用量2ヶ月『0』風呂，食事世話せず？」（『読売新聞』2010年8月2日），「4月からおむつ替えず」（『朝日新聞』2010年8月12日）などである。また母親としての愛情不足を責める表現，「昼夜を問わず『ママー，ママー』と容疑者を探すような声」（『読売新聞』2010年7月31日），「ホストクラブで遊ぶのが楽しくて育児が面倒になった」（『朝日新聞』

2010年8月1日),「2児放置後,海水浴・クラブ…」(『朝日新聞』2010年8月2日)は,1970年代の子殺し事件報道における「母親失格」の論調と類似している。

一方で,友人や知人の「何十件も電話してきて焦っていたのかもしれない」(『朝日新聞』2010年8月2日)という被疑者の苦悩をうかがわせるエピソードも同時に紹介されている。また,投書や社説においては,被疑者個人を責める論調だけではなく,事項(e)で詳述するように,社会問題としての児童虐待問題を論じているものもみられる。

(e) まとめ

大阪2幼児放置死事件は,3紙の社説で紹介されている。2010年8月3日の読売新聞の社説は,同時期に起こった他の虐待事件の例も挙げながら,この事件だけが特殊ではないことを示す。児童相談所が立ち入り許可を得るまでの要件が厳しく,児童相談所の調査権がうまく機能していないことを指摘する。児童虐待通報の全国共通電話の番号を掲載し,読者に通報を呼びかけるともに,「態勢強化のための予算を惜しむべきではない」と結んでいる。また,読売新聞は,同月10日から「届かぬ叫び」の連載(全5回)を開始し,17日には3人の有識者が虐待を論じる紙面展開を行っている。ここでも児童相談所の役割が重要視された他,精神科医の香山リカは,「母を孤立させる社会」を問題視する論を展開し,「自分で育てられない親もいるということを前提にした少子化対策でなければ悲惨な虐待事件はなくならない」とする。

2010年8月3日の毎日新聞の社説は,「制度だけでは救えない」として,「現場の職員の力量を高め,生きた活動を促す取り組みがもっと必要」と指摘する。一方で「貧困や孤立と並んで親の未熟化が虐待の主要因」とし,「かつては未熟な親をバックアップしていた地域社会が存在したが今は希薄化している」ことを問題視する。2010年8月4日の朝日新聞の社説では,被疑者に対して「はなはだしい育児放棄であり虐待だ」としながらも,調査を打ち切っていた児童相談所の限られた体制や,子どもの泣き声に気付いていた近隣住民(通報したのは1人だけ)にも焦点を当て,「虐待防止にもう一歩踏み込めないか」「子ど

もの命を社会で守ることを確認すべき」としている。これらの記事は，従来の母親を責める論調とやや異なるといえる。2008年に児童虐待防止法が施行されたことや民主党政権が「社会で子どもを育てる」少子化対策を打ち出したことなど「子ども」へのまなざしが変わりつつあることが一因といえるかもしれない。

　また，2010年8月は，この事件に関連した投書が複数掲載されている。読売新聞では，「児童相談所　命救える権限を」(2010年8月4日)，「育児と家庭両立相談できる窓口を」(同年8月10日)，「里親制度の存在知ってほしい」(同年8月16日)，「無関心な世の中で近所付き合い大切」(2010年8月19日)など，ソフト／ハード両面から育児環境の改善を提案した投書がみられる。朝日新聞の声欄でも，「児童福祉司確保し，虐待防げ」(2010年8月5日)「強制立ち入り実効性高めて」(同年8月5日)，「虐待防止対策は国会の急務」(同年8月7日)，「行政の努力で弱者の不幸なくせ」(同年8月8日)「虐待防止にシルバー人材活用を」(同年8月8日)のように，虐待問題に対して政策提言を行う投書が掲載されている。両紙の投書は，いずれも子育ての問題を社会的な問題ととらえる視点が紹介されているといってよい。

　しかしながら一方で，一般記事にみられる女性被疑者の個人情報やプライバシー情報からみられる彼女の責任を問う姿勢は非常に厳しいものである。「未成熟な親　相次ぐ虐待　10代〜20歳代　身勝手な動機多く」(読売新聞 2010年8月4日)では，「未成熟な若い親による虐待事件が止まらない」として，この事件以外に2010年に大阪府警が摘発した10件の虐待事件で逮捕した12人中11人が10〜20歳代であることを強調，「行政は自ら情報収集して異変をつかむ体制づくりを進める必要がある」との識者の見解で結んでいる。

(5) **女性被疑者の分析のまとめ**
　第3節において分析を行った女性が被疑者となった4つの事件の報道について整理を行うと次のようになる。
　4つの事件に共通して，被疑者女性は，氏名，年齢，職業等が高い割合で報

道されている。住所に関しては，高い割合ではないが事件と新聞によっては報道されている。顔写真については，宮崎乳児虐待死事件を除いた3つの事件で複数回掲載されている。犯罪報道の一般的特徴でもあるが，被疑者は「犯人」として厳しい視線にさらされており，いずれも被疑者に対して厳しい論調の紙面である。事件による違いがみられるとすれば，渋谷夫殺害遺体切断事件，大阪2幼児放置死事件，宮崎乳児虐待死事件は被疑者の身勝手さが強調されたのに対して，福岡小1男児殺害事件は，被疑者に同情的な論調の紙面も見られたことである（朝日新聞，毎日新聞）。これは，被疑者女性自身が難病を抱えていたこと，被害男児に発達障害の疑いがあり将来を悲観しての犯行だったとされたことによる紙面への影響が考えられる。渋谷夫殺害遺体切断事件は，DV被害による犯行時の心神喪失状態が裁判で争われたが，DVの被害に関して同情的な記事や識者のコメントはみられなかった。また，渋谷夫殺害遺体切断事件，大阪2幼児放置死事件では「浮気」や「ホストクラブ」など異性関係が報じられた。

　一方で，福岡小1男児殺害事件，大阪2幼児放置死事件，宮崎乳児虐待死事件の3つの子殺し事件（放置死を含む）では，被疑者女性は子どもとの関係に関する言及が多かった。周囲のコメントは「どんな母親だったか」を語り，有識者は現代の子育て支援の在り方を論じた。さらに，この3つの事件に関連した現代社会における子育て環境を問題視する記事（投書コラムを含む）が目立った。福岡小1男児殺害事件では教育委員会の相談窓口，大阪2幼児放置死事件では児童相談所，宮崎乳児虐待死事件では市の窓口が具体的に取り上げられ，その対応や機能について言及された。しかし，その多くは「一人で悩まず相談して」という意識啓発や呼びかけであり，相談できない結果が子殺しに至るという現状に対しては議論が及んでいない。制度面への言及としては，大阪2幼児放置死事件で，訪問や立ち入りに関する児童相談所の権限の強化が議論された。

　本研究において取り上げた4つの事件にみられる全国紙3紙の女性被疑者の報道では，女性被害者は記事において個人情報やプライバシー情報に言及され

る傾向にある。また，事件の背景により異なるが，異性関係が強調される，母親役割が強調されるなどの傾向がみられた。児童虐待を社会意識や制度面から論じた記事がみられたことが特徴的であったといえる。

第4節　全国紙／地方紙・ブロック紙の分析

　第4節では，全国紙とブロック紙・地方紙の報道の比較を行う。第2節で分析を行った福岡3女性殺害事件と，第3節で分析を行った福岡小1男児殺害事件の2つの事件について全国紙3紙とブロック紙である西日本新聞の報道を比較する。加えて，宮崎乳児殺害事件の報道を全国紙3紙と宮崎日日新聞の間で，栃木自動車運転過失致死事件の報道を全国紙3紙と下野新聞の間で比較を行った。

　(a)事件概要，(b)分析対象，(c)個人情報およびプライバシー，(d)ブロック紙・地方紙にみる事件の報道，の項目に分けて分析を行う。作成した「犯罪報道分析シート」の項目についても同様に，(A)1～3を(b)分析対象，(B)1①～⑦を(c)個人情報およびプライバシー，(B)3を(c)女性被害者・女性被疑者に関する表現にそれぞれ用いて整理を行った（巻末「犯罪報道分析シート」参照）。

(1)　福岡3女性殺害事件（西日本新聞 2004年／ブロック紙）

(a)　事件概要

　　第2節(1)(a)に同じ。

(b)　分析対象

　　分析期間　2004年12月13日～2008年12月24日
　　分析記事数　4紙　計123件
　　　　　　　全国紙3紙合計　26件（地域版を含む）
　　　　　　　（朝日新聞4件，毎日新聞11件，読売新聞11件）
　　　　　　　西日本新聞　97件　（うち投書1件）

図4-33は，全国紙3紙とブロック紙の西日本新聞で，掲載面の比較を行ったものである。また，図4-34は，この事件の記事を報道面別にみた掲載率である。

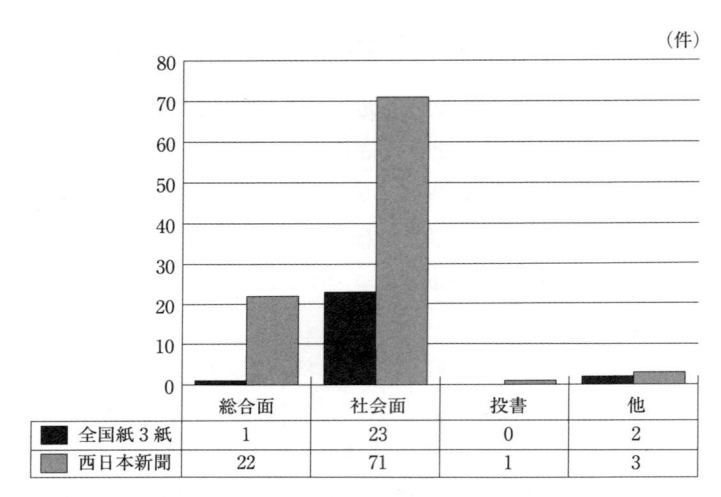

	総合面	社会面	投書	他
全国紙3紙	1	23	0	2
西日本新聞	22	71	1	3

図4-33 福岡3女性殺害事件 報道件数と掲載面（全国紙／ブロック紙）

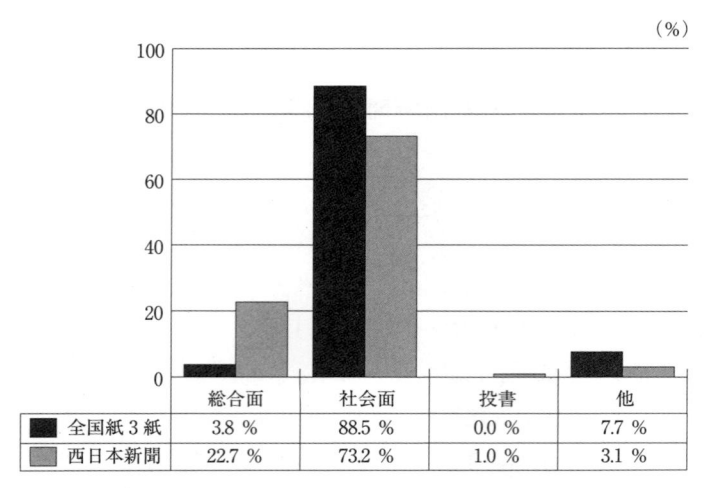

	総合面	社会面	投書	他
全国紙3紙	3.8 %	88.5 %	0.0 %	7.7 %
西日本新聞	22.7 %	73.2 %	1.0 %	3.1 %

図4-34 福岡3女性殺害事件 報道面別掲載率（全国紙／ブロック紙）

この事件の報道では，西日本新聞は「総合面」での取り扱い記事数が多いことがわかる。全国紙3紙が1件（3.8%）に対して西日本新聞は22件（22.7%）である。また西日本新聞は総合面のうち7件がトップ記事の扱いであり，この事件が重大視されていることがわかる。全国紙3紙の「その他の面」に分類した記事2件（7.7%）は地方版である。西日本新聞の「その他の面」に分類した3件（3.1%）は地方面（北九州）で，記事の種類は記者のコラムである。社会面への掲載は，全国紙3紙は23件（88.5%），西日本新聞は71件（73.2%）であった。

(c) 個人情報およびプライバシー（全国紙とブロック紙の比較）

図4-35は，記事おける被害者の個人情報およびプライバシーに関する情報掲載の有無をカウントし，全国紙3紙と西日本新聞を比較したものである。また，図4-36は，被害者の個人情報およびプライバシー情報の掲載率を示したものである。

氏名，年齢，職業，顔写真，その他の写真は全国紙3紙，西日本新聞ともに掲載されている。学校名・会社名は，いずれの紙面もわずかではあるが掲載されている。

氏名，年齢，職業等は，全国紙3紙の方が高い割合で報道されている。ただし，西日本新聞は1日に複数の記事が掲載されることがあり，その場合にはいずれかの記事に氏名，年齢，職業等を記載し，他の記事で省略される例がみられた。顔写真も同様に，同日のいずれかの記事に掲載され，他の記事には掲載されない例があった。したがって，個人情報やプライバシーにかかわる情報については，1日の紙面当たりの掲載件数に大きな差が見られないし，また，西日本新聞のこの事件の報道における情報量の多さを考慮すると，必ずしも西日本新聞の方が少ないとはいえない。

住所，その他の写真は西日本新聞がやや高い割合で報道していることがわかる。また，西日本新聞のその他の写真は，「事件現場の写真」「捜査の写真」「容疑者（後に被告）の顔写真」の他，「事件現場への献花」「寄せ書きをする

後輩ゼミ生」「手作りの慰霊碑」「護身術指導を受ける記者」である。

(件)

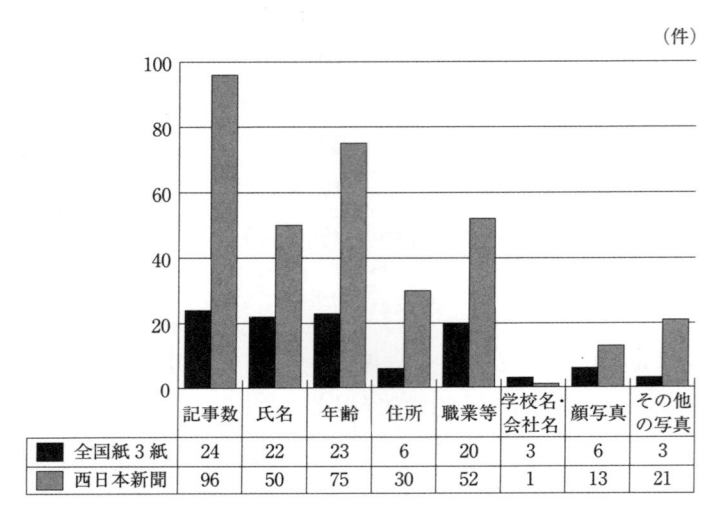

	記事数	氏名	年齢	住所	職業等	学校名・会社名	顔写真	その他の写真
全国紙3紙	24	22	23	6	20	3	6	3
西日本新聞	96	50	75	30	52	1	13	21

図4-35　福岡3女性殺害事件（全国紙／ブロック紙）　個人情報・プライバシー情報の掲載記事数　　　　　　　　　　　　　　　　　　　（＊投書記事を除く）

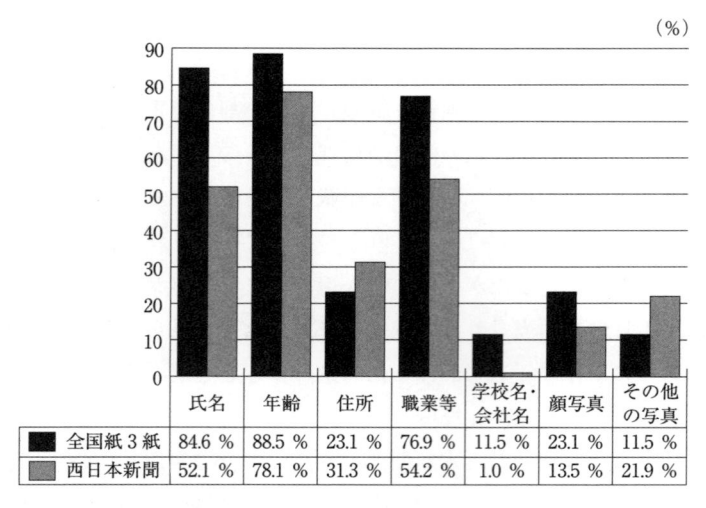

(%)

	氏名	年齢	住所	職業等	学校名・会社名	顔写真	その他の写真
全国紙3紙	84.6 %	88.5 %	23.1 %	76.9 %	11.5 %	23.1 %	11.5 %
西日本新聞	52.1 %	78.1 %	31.3 %	54.2 %	1.0 %	13.5 %	21.9 %

図4-36　福岡3女性殺害事件　個人情報・プライバシー情報掲載率
（＊投書記事を除く）

第4章　近年の事件報道における女性被害者・女性被疑者の分析　165

(d)　ブロック紙（西日本新聞）の報道

　西日本新聞では，被害者の一人について「きちょうめんな性格の人だった。夜中に遊び歩くような人ではなかった」（2005年1月19日）という被害者の知人男性のコメントを掲載している。また，「仕事もきちんとこなすまじめな女性。なぜ殺されなくてはならないのか」という同僚のコメント（2005年2月7日）や，「英語の勉強を続けていた。（ヘッドホンステレオ）について『頑張り屋の証』が物証となった」という周囲のコメント（2005年3月10日）もある。これらのコメントは，まじめな女性が殺害されたことへの無念や「気の毒」という気持ちをあらわしたものであり，被害者を貶めるものではないといえる。しかしながら，被害者の性格や暮らしぶりを報じるという意味では，個人情報やプライバシーにかかわる情報である。それと同時に，被害者の情報を通して「まじめな女性は性犯罪に遭わない」という前提が示されている。

　被疑者が「若い女性を狙った」と供述していることについて「62歳の被害者が年齢層を判断できない服装をしていたため襲われた」という捜査本部の見方を紹介している（2005年3月12日）。ここでも，「被害に遭うのは若い女性である」という前提を示しているといえる。

　西日本新聞は，福岡3女性殺害事件について，地元の事件として大きな関心を持って伝えていることが，全国紙3紙と比較した報道件数の多さや，総合面への掲載率などからみてとれる。また，報道件数が多いことにより総合的にみて情報量が多くなる。したがって，個人情報やプライバシーに関する情報が全国紙3紙よりも多く伝えられることになった。加えて，女性被害者に関する情報も多く，被害者を貶める内容ではないものの被害者それぞれの生活や人柄についての記事（2005年5月18日など）もみられた。

　西日本新聞が，事件に関連し総合面を中心に展開した記事として，「防犯対策」があげられる。事件発覚から約1カ月の2005年1月31日の紙面では，この事件を受けて官公庁職員への防犯教室が実施されたことを伝えている。また，被疑者が逮捕された後にも，事件を受けて働く若い女性を対象に福岡県警が主催した防犯講習会「セルフディフェンス講座」において性犯罪の現状や対策が

紹介されたことを報じている（2005年3月30日　総合面）。さらに，2005年6月22日総合第1面では，警察官から護身術を教わる記者が特集記事で紹介されている。また，投書欄では，「事件への驚き忘れてはダメ」（2005年3月16日）という中学生の投書が掲載され，「物騒な事件が多発している」「間違ったことをする人，信じられないような事件，それらを決して忘れてはならない」としている[11]。

このように，西日本新聞の報道では，地元の事件を重大視し連日詳しく報じただけでなく，地域の防犯の問題として取り上げ読者に注意を喚起し，防犯への啓発を行う役割を担ったといえるのではないだろうか。

(2)　福岡小1男児殺害事件（西日本新聞　2008年／ブロック紙）
　(a)　事件概要
　　　第3節(2)(a)に同じ。

　(b)　分析対象
　　　分析期間　2008年9月19日〜2010年7月30日
　　　分析記事数　4紙　91件
　　　　　　　全国紙3紙合計　51件（地域版を含む）
　　　　　　　（朝日新聞17件，毎日新聞19件（うち投書1件），読売新聞15件）
　　　　　　　西日本新聞　40件（うち投書2件）

図4-37は，全国紙3紙とブロック紙の西日本新聞で，掲載面の比較を行ったものである。また，図4-38は，この事件の記事を掲載面別にみた掲載率である。

この事件の報道における総合面での取り扱いは，全国紙3紙合計が4件（7.8％），西日本新聞は6件（15.0％）である。社会面での取り扱いは，全国紙3紙合計は33件（64.7％），西日本新聞は29件（72.5％），「その他の面」に分類した記事は，全国紙3紙合計は13件（25.5％），西日本新聞は3件（7.5％）で，

第 4 章　近年の事件報道における女性被害者・女性被疑者の分析　167

西日本新聞のその他の面は解説面，文化面，地方面（北九州）である。投書の掲載は，全国紙 3 紙は合計で 1 件（2.0%），西日本新聞は 2 件（5.0%）であった。

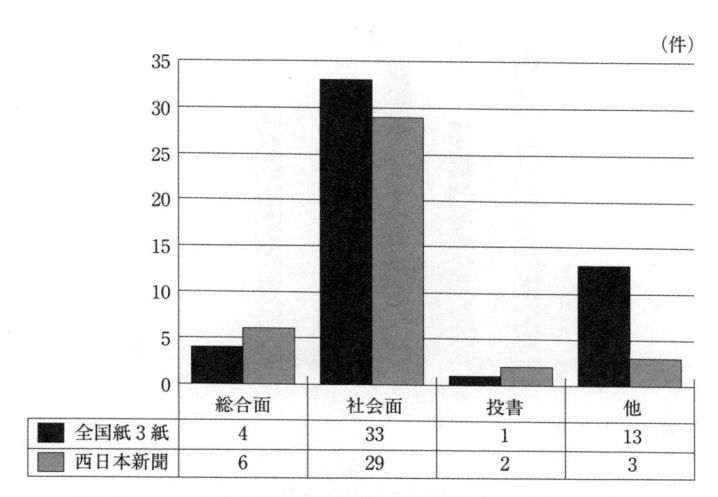

	総合面	社会面	投書	他
全国紙 3 紙	4	33	1	13
西日本新聞	6	29	2	3

図 4-37　福岡小 1 男児殺害事件　掲載面別報道記事数（全国紙／ブロック紙）

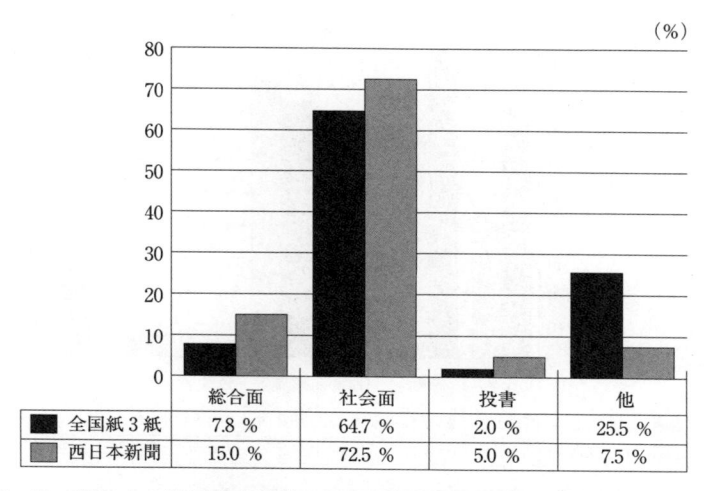

	総合面	社会面	投書	他
全国紙 3 紙	7.8 %	64.7 %	2.0 %	25.5 %
西日本新聞	15.0 %	72.5 %	5.0 %	7.5 %

図 4-38　福岡小 1 男児殺害事件　記事掲載面別比率（全国紙／ブロック紙）

(c) 個人情報およびプライバシー（全国紙とブロック紙の比較）

図4-39は，投書を除く記事における被害者の個人情報およびプライバシー

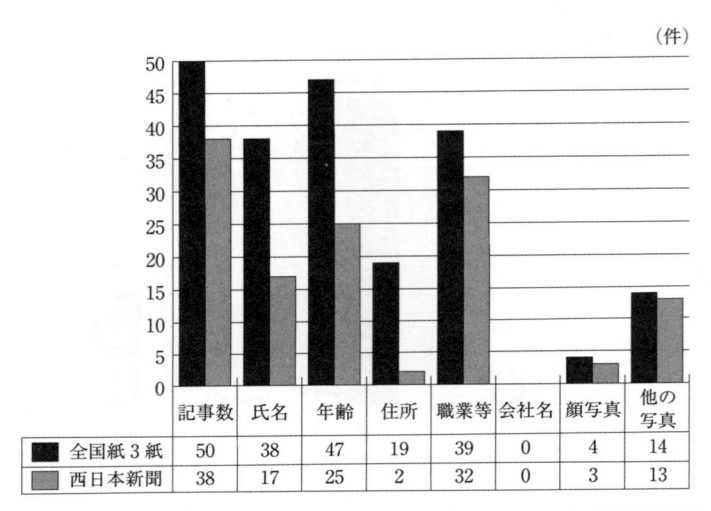

	記事数	氏名	年齢	住所	職業等	会社名	顔写真	他の写真
全国紙3紙	50	38	47	19	39	0	4	14
西日本新聞	38	17	25	2	32	0	3	13

図4-39　福岡小1男児殺害事件　個人情報・プライバシー情報掲載記事件数
（＊投書記事を除く）

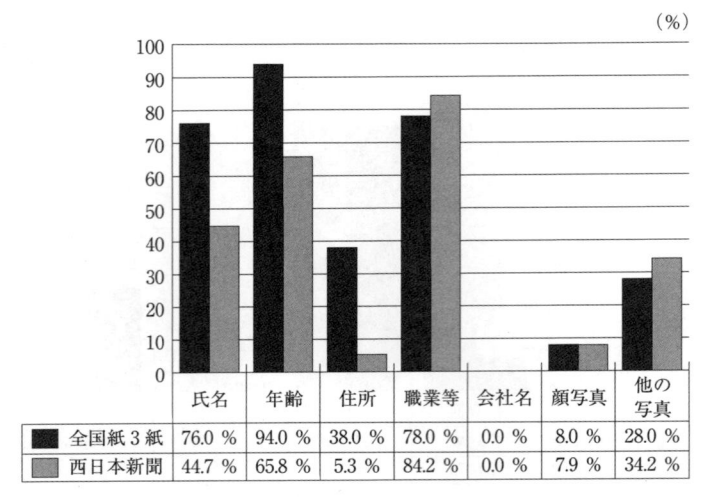

	氏名	年齢	住所	職業等	会社名	顔写真	他の写真
全国紙3紙	76.0 %	94.0 %	38.0 %	78.0 %	0.0 %	8.0 %	28.0 %
西日本新聞	44.7 %	65.8 %	5.3 %	84.2 %	0.0 %	7.9 %	34.2 %

図4-40　福岡小1男児殺害事件　個人情報・プライバシー情報掲載率
（＊投書記事を除く）

に関する情報掲載の有無をカウントし，全国紙3紙と西日本新聞を比較したものである。また，図4-40は，被疑者の個人情報およびプライバシー情報の掲載率を示したものである。

全国紙3紙合計の方が，氏名，年齢，住所，職業等の掲載件数と掲載率は高いことがわかる。全国紙3紙合計は，氏名38件（76.0％），年齢47件（94.0％），住所19件（38.0％），職業等39件（78.0％）で，西日本新聞は，氏名17件（44.7％），年齢25件（65.8％），住所2件（5.3％），職業等32（84.2％）である。しかし，福岡3女性殺害事件の報道と同様，西日本新聞の場合，一日の紙面にこの事件の記事が複数掲載され，いずれかの一つの記事に氏名や年齢が掲載されることも少なくない。したがって，1日当たりで換算すると，西日本新聞の方が個人情報やプライバシーに関する情報量が少ないとは必ずしもいえない。

4紙とも，会社名を報じた記事はなかった（0件，0.0％）。顔写真は，全国紙3紙合計は4件（8.0％），西日本新聞は3件（7.9％）であった。西日本新聞に掲載された「その他の写真」は，「事件現場の写真」「目撃情報呼びかけ看板」「葬儀（霊柩車）」「被害男児」「（被害男児の学校）の校長」「教育コラムの筆者顔写真」などである。

(d) ブロック紙（西日本新聞）の報道

西日本新聞は，この事件について連日詳細に伝えている。地域の問題として重大視し，この事件を「育児環境がまねいた社会問題」として取り上げようとする姿勢がみられた。

被疑者の逮捕後は，被疑者女性についての弁護士のコメントを多く掲載している。「雑木林で自殺考えた」（2008年9月25日朝刊），「一人で悩みを抱え込んで事態を悪化させてしまった」「○○（被害男児）に申し訳ない」（9月25日夕刊）など，被疑者女性の側からの見方が紙面に多く登場するといえる。西日本新聞は，どちらかといえば被疑者女性に同情的な論調であり，経過報道に加えて，地元の行政の育児支援や相談の紹介を行うなどしている。例えば，「育児に悩む母　孤立しないで」（9月25日夕刊）では，「相談の場はある」として福

岡県内の相談先，活動団体を紹介している。「内向的で，子育てサークルに参加できない人も少なくない」と相談できない人がいることも視野に入れた記事である。しかし，そこでの支援者や識者のコメントでは「まずはグループを探すなど自分で行動してほしい」「相談できる場にたどり着いてほしい」というものである。被疑者が被害男児について相談していたにもかかわらずうまく援助が得られていなかったことについても，発達支援センター所長の「悩みを伝えてくれれば相談に応じたのに」というコメントを掲載している。

　西日本新聞ではこの事件に関連した投書を2件掲載している。「児童殺害事件　子供見守れ」（2008年9月26日）では，子供を犯罪から守るために日ごろから用心している（事件とは別の）母子のエピソードを紹介し，大切に育てられた子どもを守ろうと呼びかける。「一人悩まず相談しよう」（2008年10月3日）という投書では，育児の悩みを相談できない環境について，「古き良き習慣を失った」「二世帯同居が減ったことがこうした問題の原因」であり，「孤立しないで相談して」「不幸と思っていてもそれ以上に苦しんでいる人も多い」としている。「母親を罰するだけでよいのか」という問題提起も行っている。

(3)　宮崎乳児虐待死事件（宮崎日日新聞　2009年／地方紙）
　(a)　事件概要
　　　　第3節(3)(a)に同じ。

　(b)　分析対象
　　　分析期間　2009年8月4日〜2010年12月22日
　　　分析記事数　4紙　計27件
　　　　　　　　全国紙3紙合計　15件（地域版を含む）
　　　　　　　　（朝日新聞5件，毎日新聞2件，読売新聞8件）
　　　　　　　　宮崎日日新聞　12件

　図4-41は，全国紙3紙と地方紙の宮崎日日新聞で，掲載面の比較を行った

第4章　近年の事件報道における女性被害者・女性被疑者の分析　171

ものである。また，図4-42は，この事件の記事を掲載面別にみた比率である。宮崎日日新聞では，この事件は主に社会面で扱われている（10件：83.3%）。

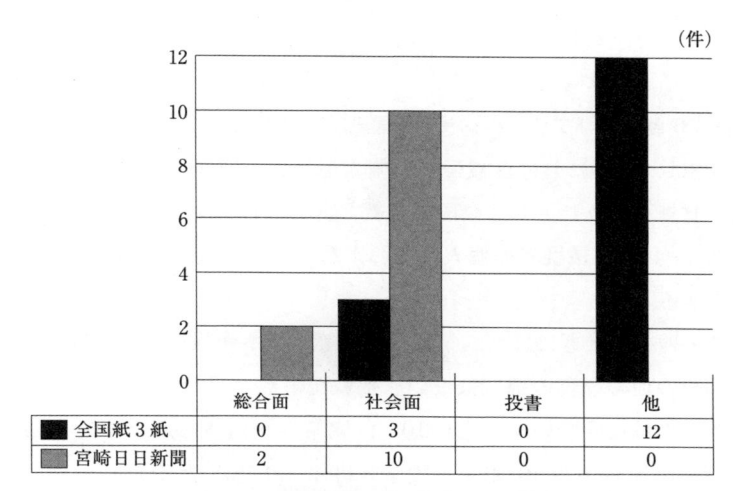

	総合面	社会面	投書	他
全国紙3紙	0	3	0	12
宮崎日日新聞	2	10	0	0

図4-41　宮崎乳児虐待死事件　掲載面別報道件数

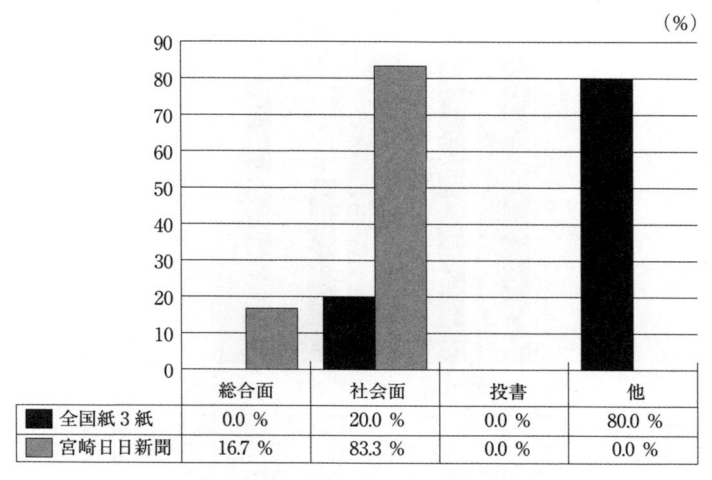

	総合面	社会面	投書	他
全国紙3紙	0.0 %	20.0 %	0.0 %	80.0 %
宮崎日日新聞	16.7 %	83.3 %	0.0 %	0.0 %

図4-42　宮崎乳児虐待死事件　記事掲載面別比率

総合面でも取りあげられており（2件：16.7％），地域において重大視されていることがわかる。総合面のコラム（くろしお欄）でも扱われた。

全国紙3紙全体では12件（80.0％）がその他の面（この場合地方面），3件（20.0％）が社会面である。

(c) 個人情報およびプライバシー（全国紙3紙と宮崎日日新聞の比較）

図4-43は，記事における被疑者の個人情報およびプライバシーに関する情報掲載の有無をカウントし，全国紙3紙と宮崎日日新聞を比較したものである。また，図4-44は，被疑者の個人情報およびプライバシー情報の掲載率を示したものである。

全国紙・地方紙ともに氏名，年齢，職業等，住所が報道されている。会社名，顔写真，その他の写真の掲載はない。掲載記事数と掲載率は，全国紙3紙は，氏名15件，年齢15件でいずれも100.0％，職業等が14件（93.3％）であるが，宮崎日日新聞は氏名10件（83.3％），職業等11件（91.7％）とやや低い割合になっている。また，住所については全国紙3紙（9件：60.0％），宮崎日日新聞（7

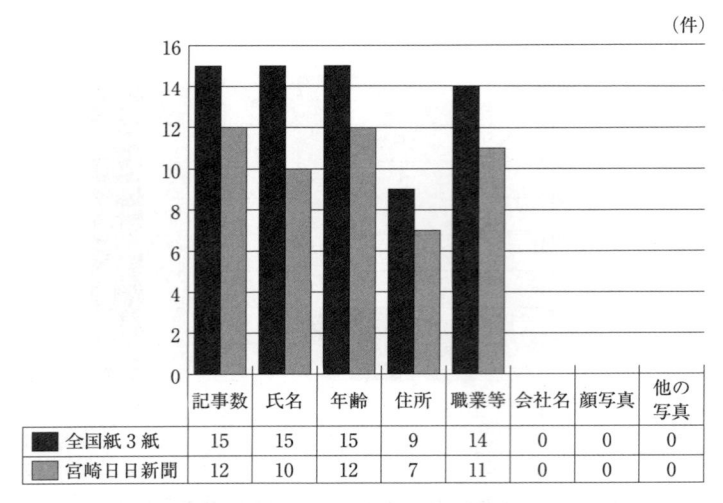

	記事数	氏名	年齢	住所	職業等	会社名	顔写真	他の写真
全国紙3紙	15	15	15	9	14	0	0	0
宮崎日日新聞	12	10	12	7	11	0	0	0

図4-43　宮崎乳児虐待死事件　個人情報・プライバシー情報の掲載記事数

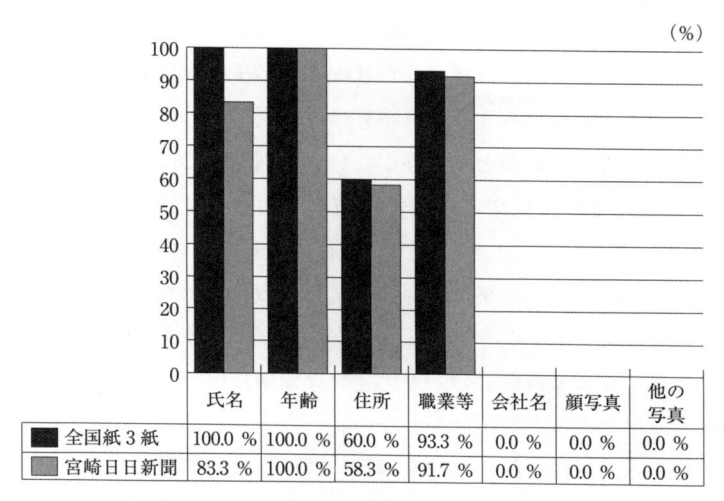

第4章　近年の事件報道における女性被害者・女性被疑者の分析　173

	氏名	年齢	住所	職業等	会社名	顔写真	他の写真
全国紙3紙	100.0 %	100.0 %	60.0 %	93.3 %	0.0 %	0.0 %	0.0 %
宮崎日日新聞	83.3 %	100.0 %	58.3 %	91.7 %	0.0 %	0.0 %	0.0 %

図4-44　宮崎乳児虐待死事件　個人情報・プライバシー情報の掲載記事率

件：58.3％）と同程度の割合である。

(d)　地方紙（宮崎日日新聞）にみる宮崎乳児虐待死事件の報道

　宮崎乳児虐待死事件は，裁判報道が中心であり，全国紙3紙，宮崎日日新聞ともに，ほとんどの記事が法廷でのやり取りから構成されている。したがって，「母親なのに」という論調は紙面からみられるものの，それは検察側の弁論において述べられたことがもととなっている。

　この事件の女性被疑者は，行政窓口や精神科に育児への不安を相談していたが，そこで自ら支援を求めなかったこと，通院を続けなかったことが裁判では責められた。家庭環境などの同情できる余地があるものの，「だからといって虐待が許されるものではない」とされる。「検察側は『自らの問題を解決する努力をせず，長女につらい思いをさせていることはわかっていたのに周囲に援助を求めなかった』と非難した」と伝えている（『朝日新聞』2010年12月17日）。また，幼児の死因は頭部打撲であるにも関わらず，裁判で争点となったアイロンを押し当てた虐待の様子が繰り返し報道された。

宮崎日日新聞では，いわゆる経過報道以外にコラムでも取り上げている。2009年8月9日のコラムは，孤立した状況下での子育てに悩む母親に対して同情的な論調であるようにみえるが，事件は「被疑者のわがまま」として「自己チュー社会」を批判するなど一貫性がない。裁判報道では，被疑者の成育歴を事件の背景として焦点化する一方で，彼女が何度も「育て方がわからない」「相談相手がいない」などと相談していた行政の対応の在り方に迫ることなく，検察側と弁護側の主張を公平に紹介するに留まった。地元の事件ということで全国紙3紙よりも大きく取り上げられたが，検察による断罪と弁護側による成育歴の「暴露」により被疑者のネガティブな側面だけが強調され，地域の読者に知られる結果となった側面は否めない。

しかしながら，判決を伝えた12月24日には，社会面で児童虐待に関する記事を展開し，子育てに社会の支援が不可欠として，宮崎県内の支援団体メンバーの「まず自分の心の問題を解決し，子どもとの向き合い方を学ぶ」「親一人に子育ての責任を負わせない」などのコメントを紹介している（『宮崎日日新聞』2010年12月24日）。また，同日に，裁判員のコメント「プレッシャーはあったが，自分自身に重ねながら参加した」（20歳代女性）も掲載された。

(4) 栃木自動車運転過失致死事件（下野新聞 2009年／地方紙）

(a) 事件概要

2009年10月4日夕方，栃木県宇都宮市の大豆畑で女性の遺体が発見され，当初，栃木県警宇都宮東署は事件の可能性があるとみて捜査。報道で事件を知った家族から，栃木県警に連絡があり，翌5日に女性（26歳）の身元が判明。5日，この女性を車ではねて死亡させたとして，同市，会社員の女性（40歳）を自動車運転過失致死容疑で逮捕。3日午後10時40分頃，同市の市道で軽自動車を運転中，道路脇を歩いていた女性に衝突し，死亡させた疑い。7日，自動車運転過失致死とひき逃げ容疑で送検。同署は「人をはねたことを認識しながら逃走した」として道路交通法違反（ひき逃げ）を追加した。容疑者の会社員の女性は，ひき逃げに関しては「人にぶつかったとは思わなかった」と否認。

2010年5月21日，宇都宮地裁にて初公判。同年，6月14日の公判で，弁護側はひき逃げの罪は成立しないと主張し，執行猶予の判決を求めた。検察側は，「人をはねたという認識があった」などとして懲役4年を求刑。同年7月12日，判決公判が開かれ，ひき逃げは認めず，懲役3年，執行猶予5年を言い渡した。

(b) 分析対象
　　分析期間　2009年10月5日〜2010年7月13日
　　分析記事数　4紙　計31件
　　　　　　　全国紙3紙合計　24件（地域版を含む）
　　　　　　（朝日新聞6件，毎日新聞9件，読売新聞9件）
　　　　　　　下野新聞　7件

　栃木自動車運転過失致死事件の分析期間は2009年10月5日〜2010年7月13日で，これは事件発生から被疑者逮捕，起訴，判決公判までの時期である。分析記事数は4紙合計31件で，全国紙3紙合計24件（朝日新聞6件，毎日新聞9件，読売新聞9件）および下野新聞7件である。

　図4-45は，全国紙3紙と地方紙の下野新聞の掲載面の比較を行ったものである。また，図4-46は，この事件の記事を掲載面別にみた比率である。

　全国紙3紙は，「その他の面」での掲載が16件（66.7%）と多く，社会面での掲載は8件（33.3%）であった。この「その他の面」は地方面である。下野新聞は，7件（100.0%）全てが社会面での掲載であった。

(件)

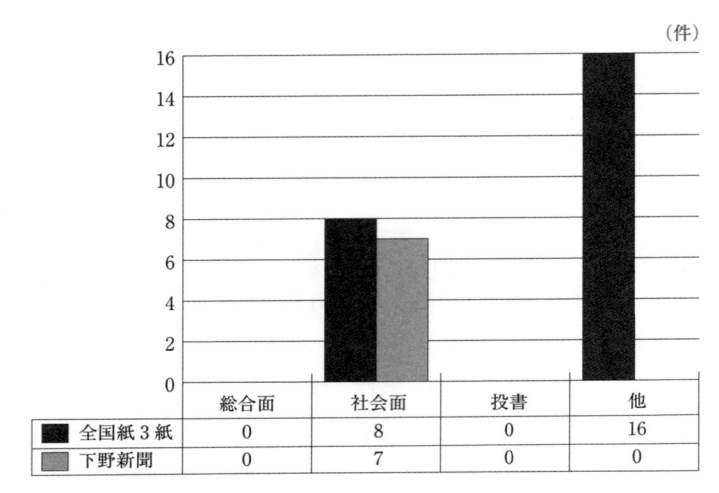

	総合面	社会面	投書	他
全国紙3紙	0	8	0	16
下野新聞	0	7	0	0

図4-45　栃木自動車運転過失致死事件　掲載面別報道件数（全国紙／地方紙）

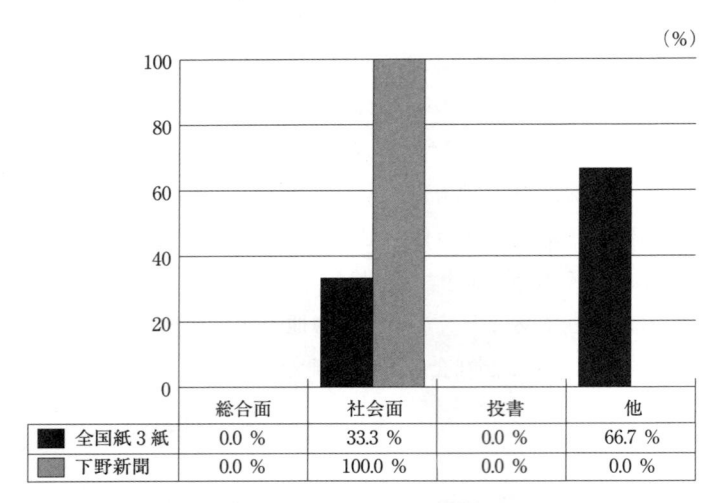

(%)

	総合面	社会面	投書	他
全国紙3紙	0.0 %	33.3 %	0.0 %	66.7 %
下野新聞	0.0 %	100.0 %	0.0 %	0.0 %

図4-46　栃木自動車運転過失致死事件　記事掲載面別比率（全国紙／地方紙）

(c)　個人情報およびプライバシー（全国紙3紙と下野新聞の比較）

　図4-47は，記事における被害者の個人情報およびプライバシーに関する情報掲載の有無をカウントし，全国紙3紙と下野新聞を比較したものである。ま

た，図4-48は，被害者の個人情報およびプライバシー情報の掲載率を示した

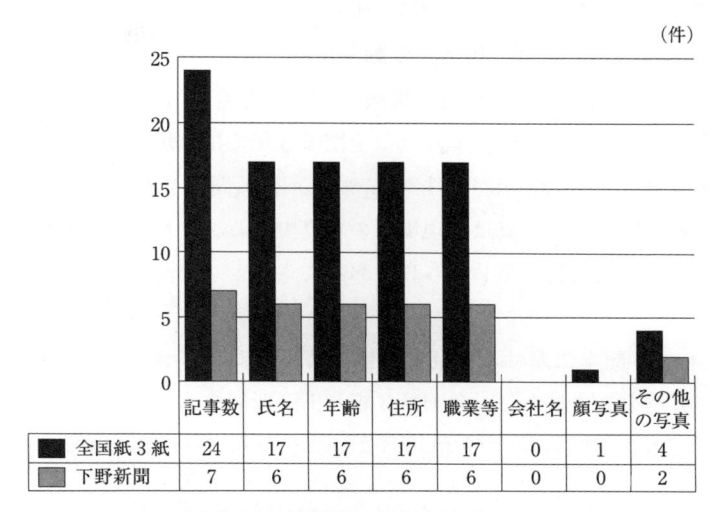

	記事数	氏名	年齢	住所	職業等	会社名	顔写真	その他の写真
全国紙3紙	24	17	17	17	17	0	1	4
下野新聞	7	6	6	6	6	0	0	2

図4-47　栃木自動車運転過失致死事件　被害者の個人情報・プライバシー情報の掲載記事件数（全国紙／地方紙）

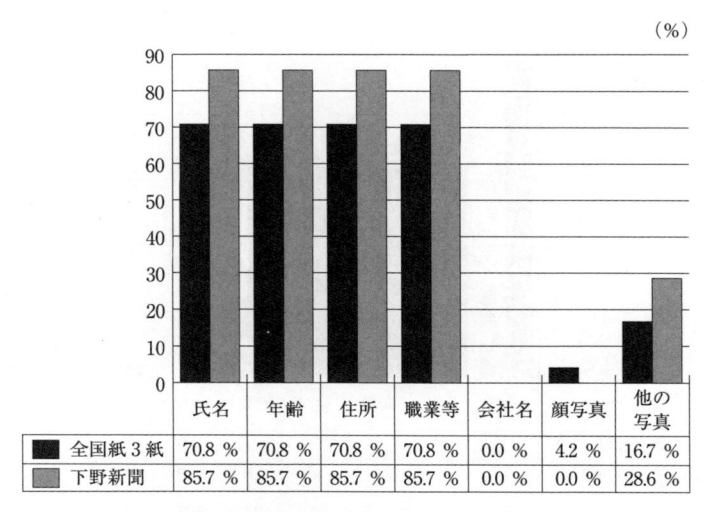

	氏名	年齢	住所	職業等	会社名	顔写真	他の写真
全国紙3紙	70.8 %	70.8 %	70.8 %	70.8 %	0.0 %	4.2 %	16.7 %
下野新聞	85.7 %	85.7 %	85.7 %	85.7 %	0.0 %	0.0 %	28.6 %

図4-48　栃木自動車運転過失致死事件　被害者の個人情報・プライバシー情報の掲載記事率（全国紙／地方紙）

178

ものである。

　全国紙3紙，下野新聞ともに氏名，年齢，職業等，住所が高い割合で報道されている。全国紙3紙は，氏名，年齢，住所，職業のいずれも17件（70.8%），下野新聞は，氏名，年齢，住所，職業，いずれも6件（85.7%）であった。4紙とも会社名の掲載はない。顔写真は全国紙3紙では，朝日新聞に1件（4.2%），その他の写真は全国紙3紙が4件（16.7%），下野新聞は2件（28.6%）であった。全国紙3紙のその他の写真は「現場」の写真である。また，下野新聞のその他の写真は，「事件現場」「車」の写真である。

　図4-49は，記事における被疑者の個人情報およびプライバシーに関する情報掲載の有無をカウントし，全国紙3紙と下野新聞を比較したものである。また，図4-50は，被疑者の個人情報およびプライバシー情報の掲載率を示したものである。

　全国紙3紙，下野新聞ともに氏名，年齢，職業等，住所が高い割合で報道さ

（件）

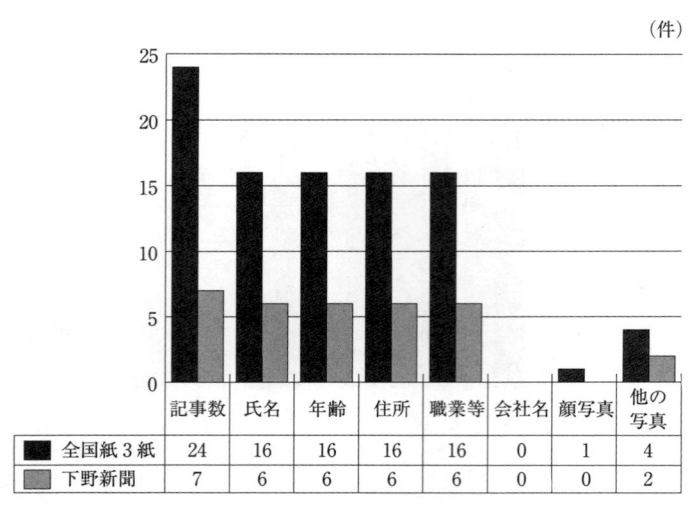

	記事数	氏名	年齢	住所	職業等	会社名	顔写真	他の写真
全国紙3紙	24	16	16	16	16	0	1	4
下野新聞	7	6	6	6	6	0	0	2

図4-49　栃木自動車運転過失致死事件　被疑者の個人情報・プライバシー情報
　　　　掲載記事件数（全国紙／地方紙）

第 4 章　近年の事件報道における女性被害者・女性被疑者の分析　179

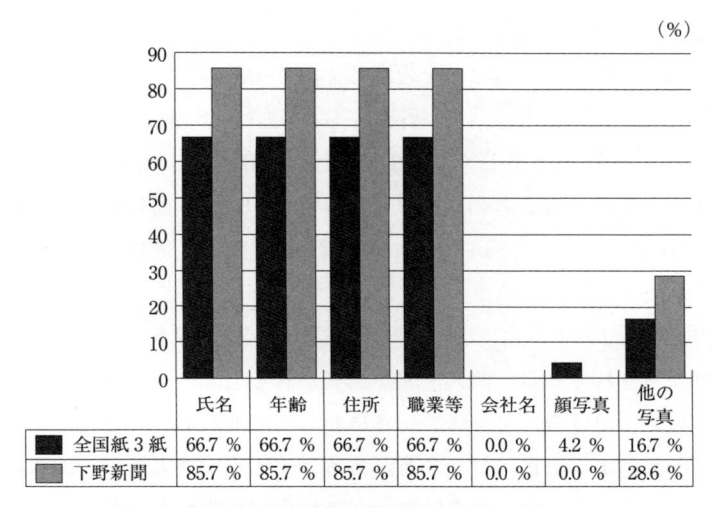

	氏名	年齢	住所	職業等	会社名	顔写真	他の写真
全国紙3紙	66.7 %	66.7 %	66.7 %	66.7 %	0.0 %	4.2 %	16.7 %
下野新聞	85.7 %	85.7 %	85.7 %	85.7 %	0.0 %	0.0 %	28.6 %

図 4-50　栃木自動車運転過失致死事件　被疑者の個人情報・プライバシー情報の掲載記事率（全国紙／地方紙）

れている。全国紙3紙は，氏名，年齢，住所，職業のいずれも16件（66.7％），下野新聞は，氏名，年齢，住所，職業，いずれも6件（85.7％）であった。4紙とも会社名の掲載はない。顔写真は全国紙3紙では，毎日新聞に1件（4.2％）であった。（他の写真については，図4-47，図4-48と同じ）。

(d)　地方紙（下野新聞）の報道

　栃木自動車運転過失致死事件は，被害者・被疑者ともに女性である。全国紙3紙と下野新聞は，報道件数，内容ともに大きな違いは見られないが，下野新聞の方がこの事件を大きく扱っている。下野新聞は，この事件が自動車事故であることが特定されるまでは，被害者の年齢，体型，服装，着衣の乱れなどについて詳しく報じた（2009年10月5日「畑に女性の遺体　着衣の乱れ20〜30代か」など）。被害者の身元が判明してからは，勤務先の同僚の証言等から「きれいな人」「モデルみたいな人」「カリスマ店長」などと伝えた（「宇都宮の畑　女性死亡」2009年10月6日）。また，事故当日が被害者の誕生日であったことなどを

報じ，物語性を持った報道が行われた。

一方，被疑者は「ひき逃げ」を否定しており，裁判では「過失致死」で執行猶予付きの判決だったが，下野新聞は「ひき逃げ」「逃走」を見出しに使い，被疑者がひき逃げを隠蔽したように報道した（2009年10月6日，7日，8日）。他方，毎日新聞は，被害者の顔写真（2009年10月6日），朝日新聞は被疑者の顔写真（2009年10月6日）を報じたが，読売新聞と下野新聞では顔写真の報道はなかった。

前項で述べたように，この事件では，被害者も被疑者も実名，住所などが高い比率で報道されている。個人情報が公表された上での「ひき逃げ」の強調は，被疑者の地域における社会復帰の妨げになる可能性がある。地方においては個人情報の公開はより慎重になる必要があるといえる。地方紙は，地域に密着した報道であるからこそ，この点についての配慮が必要であるといえる。

(5) ブロック紙・地方紙の分析のまとめ

第4節で分析を行った4つの事件における女性被害者・女性被疑者の報道のまとめを行う。福岡3女性殺害事件と福岡小1男児殺害事件においては，ブロック紙である西日本新聞は，全国紙3紙の各紙（地域版含む）と比較して報道内容自体には本質的な違いはみられない。異なる点は，事件が起こった地域の新聞ということから全国紙と比較してそれぞれ報道件数が多い点，事件への対策についての提言等が登場する点である。また，総合面への掲載，投書の掲載など，事件を重大視した紙面展開であることがわかる。しかし，そのために女性被害者や女性被疑者に関する個人情報やプライバシーに関する情報が多く，詳細に伝えられてしまうことにもつながっている。

西日本新聞では，これらの事件について捜査や事件の経過を伝えるだけでなく，地域に向けた情報提供や意識啓発，問題提起につながる報道を行った。福岡3女性殺害事件では，女性の一人歩きに注意を呼び掛け，防犯対策や防犯に関する講座の紹介などを行った。福岡小1男児殺害事件では，地域の育児に関する相談窓口や，子育て支援団体メンバーのコメントを紙面で紹介するなどを

行った。

　宮崎日日新聞は，宮崎乳児虐待死事件について全国紙3紙よりも詳しく情報提供を行っている。裁判において明らかにされた女性被疑者の成育歴についても詳細に報じている。また，判決時の報道では虐待問題を取り上げ，育児の悩みを一人で抱え込まないで相談するよう読者に呼びかけている。

　下野新聞は，栃木自動車運転過失致死事件について，全国紙3紙と比較して報道件数，内容とも大きな違いは見られなかったが，下野新聞は事件発覚時から大きく紙面を割いて報道していた。「ひき逃げ」したとされる車の写真を掲載するなど，事件として重大な扱いをしていたことがわかる。また，女性被害者・女性被疑者の顔写真は掲載しなかったが，被害者の生前のエピソードを報じたり，被疑者のひき逃げを疑う表現を多く用いた報道を行った。

　福岡3女性殺害事件と福岡小1男児殺害事件における西日本新聞の報道と，宮崎乳児虐待死事件の報道における宮崎日日新聞から，ブロック紙・地方紙の報道は，地域の事件について全国紙よりも重大視して詳しく報じ，さらに地域の問題として読者に情報提供や啓発，問題提起を行っているといえる。一方，そのために，女性被害者・女性被疑者の個人情報やプライバシーに関する情報が地域においてより詳しく伝えられてしまう側面がある。栃木自動車運転過失致死事件における下野新聞の報道では，同様の傾向がみられるうえに，地域への啓発や問題提起が行われていない。

第5節　小　　括

　本章で分析を行った4つの事件にみる女性被害者の全国紙3紙の報道は，京都教育大集団準強姦事件のように，被害者が生存している場合は，氏名，年齢，住所，学校名・会社名，顔写真は報道されないが，福岡3女性殺害事件，舞鶴女子高校生殺害事件，千葉女子大生殺害放火事件のように被害者が死亡している事件では，氏名，年齢，職業，学校名・会社名，顔写真が高い割合で報道されている。被害者が生存している場合にも，新聞によっては職業等が報道される場合がある。また，被害者が死亡している事件では，住所や学校名が報道さ

れる場合がある。さらに，周囲のコメントから「どんな人物だったか」が語られることにより，性格，ライフスタイルなどが伝えられた。結果として，女性被害者の個人情報やプライバシーに関する情報の報道は，被害者の生存／死亡により大きく異なるといえる。

　女性被害者に関する表現では，殺人事件と性暴力事件で違いがみられた。通り魔の犯行と位置付けられた連続殺人事件である福岡3女性殺害事件では，女性被害者に関して「落ち度のない」という表現が複数回使われた。一方，舞鶴女子高生殺害事件，千葉女子大生殺害放火事件では，特に容疑者が浮かび上がるまでの期間において，女性被害者の遺体の様子（衣服を身に着けていなかった等），家族関係，友人関係，服装，ライフスタイルなどが報道されたり，「夜出歩く」「男性と歩いていた（防犯カメラ映像）」「友人宅に泊まる」など被害者が犯罪被害を招いたようなニュアンスが伝わる記事もみられた。「男性にメール」などの表現や，交際相手の証言など異性関係についても言及されている。他方，京都教育大準強姦事件では，女性被害者のセクシュアリティに関する言及は直接的にはみられないが，被害者側の情報を伏せることにより被疑者側の事件に関する証言を紹介する結果となり，「酒を飲んで酩酊状態」「合意があった」などの表現だけが記事になったといえる。

　全国紙3紙の報道では，これらの4つの事件のうち京都教育大集団準強姦事件に関して，投書記事（朝日新聞）や家庭面での特集記事（読売新聞）がみられた。投書記事はいずれも大学の対応や，被疑者への批判でこの事件に対して「厳しい対応」を求めるものであり，一部報道の中で見られた被害者が不利になるような情報は投書の内容には反映していない。特集記事ではキャンパス・セクシュアル・ハラスメント全国ネットワークの取り組みを紹介したもので，この事件だけが特別のケースではなく，大学における性暴力を無くす取り組みが重要であることを訴えている。

　本研究において取り上げた事件にみられる全国紙3紙の女性被害者の報道は，女性被害者は記事において個人情報やプライバシー情報に言及される傾向にあるが，被害者が生存しているか否かにより内容が異なっていた。女性被害者に

関するセクシュアリティへの言及は，性暴力事件か否か，被害者が生存しているかにより違いがみられた。また，キャンパス・セクシュアル・ハラスメントにあたる事件（京都教育大集団準強姦事件）では，社会問題としての視点からの記事がみられたことが特徴的であったといえる。

　一方，女性が被疑者となった4つの事件の報道について整理を行うと次のようになる。4つの事件に共通して，被疑者女性は，氏名，年齢，職業等が高い割合で報道されていた。住所に関しては，高い割合ではないが掲載した紙面がみられた。顔写真については宮崎乳児虐待死事件を除いた3つの事件で複数回掲載されている。被疑者は「犯人」として厳しい視線にさらされており，いずれも被疑者に対して厳しい論調の紙面となっていた。事件による違いは，渋谷夫殺害遺体切断事件，大阪2幼児放置死事件，宮崎乳児虐待死事件は被疑者の身勝手さが強調されたのに対して，福岡小1男児殺害事件は，被疑者に同情的な論調の紙面も見られたことである（朝日新聞，毎日新聞）。これは，被疑者自身が難病を抱えていたこと，被害男児に発達障害の疑いがあり将来を悲観しての犯行だったとされたことによる紙面への影響が考えられる。渋谷夫殺害遺体切断事件は，DV被害による犯行時の心神喪失状態が裁判で争われたが，DVの被害に関して同情的な記事や記事内でのコメントはみられなかった。また，渋谷夫殺害遺体切断事件，大阪2幼児放置死事件では「浮気」や「ホストクラブ」など異性関係も報じられた。

　福岡小1男児殺害事件，大阪2幼児放置死事件，宮崎乳児虐待死事件の3つの子殺し事件（放置死を含む）では，被疑者女性は子どもとの関係に関する言及が多かった。周囲のコメントは「どんな母親だったか」を語り，有識者は現代の子育て支援の在り方を論じた。さらに，この3つの事件に関連した現代社会における子育て環境を問題視する記事（投書コラムを含む）が目立った。福岡小1男児殺害事件では教育委員会の相談窓口，大阪2幼児放置死事件では児童相談所，宮崎乳児虐待死事件では市の窓口が具体的に取り上げられ，その対応や機能について言及された。しかし，その多くは「一人で悩まず相談して」という意識啓発や呼びかけであり，相談できない結果が子殺しに至るという現

状に対しては議論が及んでいない。制度面への言及としては，大阪2幼児放置死事件では，訪問や立ち入りに関する児童相談所の権限の強化が議論された。福岡小1男児殺害事件と大阪2幼児放置死事件に関する投書はいずれも，母親の行為は許されないとしつつ，児童相談所の在り方や，子育てに悩む母親の受け皿づくりなど母親の子育て環境の改善を提案するものであった（宮崎乳児虐待死事件は，全国紙3紙，宮崎日日新聞ともに投書無し）。

　本研究において取り上げた4つの事件にみられる全国紙3紙の女性被疑者の報道は，女性被害者は記事において個人情報やプライバシー情報に言及される傾向にある，事件の背景により異なるが，異性関係が強調される，母親役割が強調されるなどの傾向がみられた。児童虐待を社会意識や制度面から論じた記事がみられたことが特徴的であった。

　本章で分析を行った4つの事件におけるブロック紙・地方紙にみる女性被害者・女性被疑者の報道について述べると，福岡3女性殺害事件と福岡小1男児殺害事件においては，ブロック紙である西日本新聞は，全国紙3紙の各紙（地域版含む）と比較して報道件数が多かった。また，総合面への掲載，投書の掲載など，事件を重大視した紙面展開であった。しかし，そのために女性被害者や女性被疑者に関する個人情報やプライバシーに関する情報が多く伝えられてしまうことにもつながっているといえる。西日本新聞では，これらの事件について捜査や事件の経過を伝えるだけでなく，地域に向けた情報提供や意識啓発，問題提起につながる報道を行った。福岡3女性殺害事件では，女性の一人歩きに注意を呼び掛け，防犯対策や防犯に関する講座の紹介などを行った。福岡小1男児殺害事件では，地域の育児に関する相談窓口や，子育て支援団体メンバーのコメントを紙面で紹介するなど行った。福岡3女性殺害事件では，「物騒な事件が多発している」という驚きと，「この怒りや悲しみ，驚きを忘れない」という投書，福岡小1男児殺害事件では，地域で子どもを見守る提案や「母親を罰するだけでよいのか」と子育ての悩み相談を呼びかける投書が掲載された。いずれも報道の論調が反映した内容の投書であるといえる。

　宮崎日日新聞は，宮崎乳児虐待死事件について全国紙3紙よりも詳しく情報

提供を行っている。裁判において明らかにされた女性被疑者の成育歴についても詳細に報じた。また，判決時の報道では虐待問題を取り上げ，育児の悩みを一人で抱え込まないで相談するよう読者に呼びかけた。

下野新聞は，栃木自動車運転過失致死事件について，全国紙3紙と比較して報道件数，内容とも大きな違いは見られなかったが，下野新聞は事件発覚時から大きく紙面を割いて報道した。「ひき逃げ」したとされる車の写真を掲載するなど，事件として重大な扱いをしていた。また，女性被害者・女性被疑者の顔写真は掲載しなかったが，被害者の生前のエピソードを報じたり，被疑者のひき逃げを疑う表現を多く用いた報道を行った。

福岡3女性殺害事件と福岡小1男児殺害事件における西日本新聞の報道と，宮崎乳児虐待死事件における宮崎日日新聞の報道から，ブロック紙・地方紙の報道は，地域の事件について全国紙よりも重大視して詳しく報じ，さらに地域の問題として読者に情報提供や啓発，問題提起を行っているといえる。一方で，女性被害者・女性被疑者の個人情報やプライバシーに関する情報が，地域においてより詳しく伝えられてしまう側面がある。栃木自動車運転過失致死事件における下野新聞の報道も，地域への啓発や問題提起が行われていない点を除けば，同様の傾向がみられた。

本章で分析を行ったこれらの結果から，近年の新聞における事件報道にみる女性被害者・女性被疑者の取り扱われ方の特徴を類型化すると次のようになる。

〈女性被害者・女性被疑者の取り扱われ方の特徴の類型化〉

1) 女性被害者の取り扱われ方の特徴

① 女性被害者の個人情報・プライバシー情報の取り扱い
- 殺人事件の被害者は，氏名，年齢，職業，学校名・会社名，住所，顔写真が報道される（福岡3女性殺害事件，舞鶴女子高校生殺害事件，千葉女子大生殺害放火事件）。ブログの内容が報道される場合もある（舞鶴女子高校生殺害事件）。
- 性暴力の被害者は，個人情報・プライバシー情報が保護される。特に被

害者生存のケースは，氏名，年齢，職業，学校名・会社名，住所，顔写真が報道されない（京都教育大集団準強姦事件）。
- 被害者の情報が伏せられた状況において，被疑者のコメント（言い分）のみが報道される場合がある（京都教育大集団準強姦事件）。

② 殺人事件における性被害の有無と被害者の落ち度の取り扱い

殺人事件において性暴力の被害を受けているか否か（受けた疑いがあるか否か）により，被害者の取り扱いに違いがみられる。
- 性暴力の被害を受けていない殺人事件の被害者は「落ち度のない」という点が強調される（福岡3女性殺害事件）。
- 性暴力被害を受けた殺人事件の被害者は「落ち度」が問われる（舞鶴女子高校生殺害事件，千葉女子大生殺害放火事件）。問われる項目は，服装，異性関係，外泊，夜に出歩くなど。

2) 女性被疑者の取り扱われ方の特徴
① 女性被疑者の個人情報・プライバシー情報取り扱い
- 女性被疑者は，氏名，年齢，職業，学校名・会社名，住所，顔写真が報道される（渋谷夫殺害遺体切断事件，福岡小1男児殺害事件，宮崎乳児虐待死事件，大阪2幼児放置死事件，栃木自動車運転過失致死事件）。
- 異性関係，夫との関係に言及される場合がある（渋谷夫殺害遺体切断事件，大阪2幼児放置死事件）。

② 妻による夫殺害事件の取り扱い
- 殺害に至った経緯についての被疑者の言い分は報道されるものの，被疑者の身勝手さが強調される（渋谷夫殺害遺体切断事件）。

③ 母親による子ども殺害・虐待死（放置死含む）事件の取り扱い
- 殺害の理由に同情すべき側面（被疑者が病気を抱えている，子どもに障害

がある，将来を悲観した，など）があり，日頃は「良い母親」であったとされる場合，同情的に報道される（福岡小1男児殺害事件）。［無理心中型］
- 日常的な虐待（ネグレクト含む）があったとされる虐待死事件の場合，被疑者は断罪される（宮崎乳児虐待死事件，大阪2幼児放置死事件）。［鬼母型］

④ 自動車運転過失致死事件の取り扱い
- 被疑者・被害者ともに，氏名，年齢，職業，住所，顔写真等が報道される（栃木自動車運転過失致死事件）。
- ひき逃げ事件の場合の悪質さの強調（栃木自動車運転過失致死事件）。

3) ブロック紙・地方紙にみる取り扱われ方の特徴
① 全国紙と比較した報道量・報道内容の違い
- 全国紙と比較して，該当する地域で起こった事件において一紙あたりの報道件数が多い（福岡3女性殺害事件，福岡小1男児殺害事件，宮崎乳児虐待死事件）。
- 全国紙と比較して，事件内容，被害者，被疑者に関してより詳しい報道がなされる（福岡3女性殺害事件，福岡小1男児殺害事件，宮崎乳児虐待死事件，栃木自動車運転過失致死事件）。

② ブロック紙・地方紙の社会的機能からみた事件報道の特徴
- 報道された事件に関連する情報提供が行われる（福岡3女性殺害事件における防犯対策情報）。
- 被疑者個人の問題だけではなく，地域の問題として事件を取り上げられる（福岡小1男児殺害事件，宮崎乳児虐待死事件における児童虐待問題・地域の相談先情報）。

注）
1) 本章は，財団法人アジア女性交流・研究フォーラム研究助成により2010年度に行った研究成果（四方 2011）に加筆修正したものである。
2) 本分析は，Berelson, B.（1952＝1957）の内容分析の手順に沿って，問題設定，および調査対象の選定を行った。また，犯罪報道の内容分析に関するコーディングは島崎ら（2007）を参考にした。
3) 諸藤絵美・渡辺洋子（2011）は，2010年国民生活時間調査の結果において「新聞の行為者率低下は若年層に限らず中高年層にまで広がった」とし，その背景として新聞の「解説」機能の評価の低下や，インターネットの「詳報性」「選択性」の評価上昇をあげる。
4) 小林秀章（2012）は，この調査において「社会ニュースを読む」層は新聞で読んだことをソーシャルメディア等で発信する傾向があること，「新聞に載っていることは世の中の常識だと思う」という回答傾向がみられたことから，「新聞を適度に読む人」の中に潜む「社会ニュースのみを読んでいる層」は，新聞に書かれた記事が世の中の常識であると判断してソーシャルメディア上で情報発信する，ある意味で情報拡散力を持つ魅力的なインフルエンサーであるとする。
5) 「2011年全国メディア接触・評価調査」（日本新聞協会 2012）は，新聞は「地域に密着している」（47.3％）という評価も高く，東日本大震災後は，「新聞の情報は正確だと感じた」「新聞の役割を再認識した」などの新聞の印象・評価の項目の東北におけるスコアが全国に比べて軒並み高まったことを明らかにした。
6) 福岡3女性殺害事件。
7) 福岡3女性殺害事件は最初の事件発生が2004年12月であるが，主な報道は2005年1月以降。2008年まで報道されている。
8) 2006年12月の第一報は死体発見時で記事に被疑者は登場しない。したがって，2007年以降の記事を分析対象とした。
9) 全事件の分析シートは四方由美（2013）の資料に収録している。本書には大阪2幼児放置死事件，四方由美（2012）に宮崎乳児虐待死事件のシートを収録。
10) 舞鶴女子高校生殺害事件では，遺族が被害者の顔写真を提供したり，警察が事件当時被害者の身に着けていた衣服と同じものを公開し情報を呼びかけたことから，服装に関する情報が多く報道されているという側面もある。
11) 西日本新聞2005年3月16日の投書欄「こだま」は若者特集。

第5章

犯罪報道が伝えるジェンダー問題に関する考察

　第4章では，9つの事件の分析を通して，近年の犯罪報道における女性被害者・女性被疑者の取り扱われ方について分析・考察を行った。さらに，全国紙3紙とブロック紙・地方紙との間で比較・考察を行った。また，小括においてこれらの結果からみた女性被害者・女性被疑者の特徴の類型化を行った。第5章では，これらの結果について先行研究を踏まえながらラベリング理論，フェミニスト・メディア・スタディズ，社会構築主義の観点から考察を行う。犯罪報道において女性被害者・女性被疑者にどのようなラベリングが行われているか，それは読者にどのような作用を及ぼすかを考察したうえで，フェミニスト・メディア・スタディズの視点からこれらの報道がなされる要因と問題点を検討し，これらの視点を包括的に含意した社会構築主義の観点から犯罪報道が伝えるジェンダー問題について考察を行う。

第1節　ラベリング理論による考察

　第1章第2節(2)において確認したように，ラベリング理論（ラベリング効果：Becker, H.S. 1963＝1978）は，特定の行為・行為者に対して逸脱のラベルを貼る社会過程をいう。ラベリングは，被疑者に犯罪者というレッテルを張るだけでなく，犯罪報道により報道されるすべての当事者，例えば被害者・被疑者や，さらにはその家族などに対してもある種のラベル付けを行う。そのラベル

付けの過程にマス・メディアが大きく関わっているのである。

宝月誠（1996）は，ラベリング理論は逸脱現象の主役を逸脱者から反作用する他者に移行させたとする。従来の逸脱の研究では，逸脱の原因の分析に主眼が置かれ，もっぱらなぜ人びとが逸脱者になるのかが研究されてきたが，ラベリング理論は分析の出発点を他者の反作用に移す。他者の反作用しだいで，その行為は逸脱とみなされたり，みなされなかったりするだけでなく，逸脱の増幅過程に巻き込まれることにもなる。しかも，他者の反作用は恣意的に行われ，とりわけ弱者に対してその度合いは高いとされる。

ここでは，犯罪者当事者ではなくラベルを貼る側である他者による反作用に焦点を当てるラベリング理論を用いて女性被害者・女性被疑者の報道のされ方に焦点を当てた考察を行いたい。「報道される者」にラベルを貼る行為を行うという意味で，犯罪報道を行うマス・メディアおよび読者・視聴者を「他者」に当てはめることができるからである。大庭絵里（1988b）は，「犯罪報道は，『犯罪事件』を一つの社会的現実として，『見える』形で読者に提示すると同時に，逸脱と統制の境界や社会秩序もまた可視化させる」とする。村上直之（1988）が犯罪報道と世論との関係を「群衆的コミュニケーション空間」という言葉であらわすように，マス・メディアによる犯罪報道は，人を逸脱者（犯罪者）にしてしまう作用があるだけでなく，そもそもどのような行為が逸脱であるとみなすかを示す場であるといえる。

本節では，第4章第5節において行った「女性被害者・女性被疑者の取り扱われ方の特徴の類型化」の項目を用いて，新聞の犯罪報道における女性被害者・女性被疑者へのラベリングの現実を考察する。

(1) **女性被害者へのラベリング**

第4章第5節において女性被害者・女性被疑者の取り扱われ方の特徴の類型化を行い，犯罪報道における女性被害者は性被害の有無と落ち度の取り扱いにおいて報道のされ方に違いがあることを指摘した。殺人事件でも，性暴力被害を受けていない場合と性暴力被害を受けている（もしくは受けた疑いがある）場

合では，取り扱いが異なる。福岡3女性殺害事件は，金銭目的の強盗殺人とされた事件で，性暴力被害の要素がない事件であった。この事件の被害者らは裁判報道において検察側の弁論を引用した「落ち度のない」(『毎日新聞』2006年6月29日)，「全く落ち度のない」(『毎日新聞』2006年11月14日）という表現をされている。

　一方，遺体発見時から「衣服を身に着けておらず」(『読売新聞』2008年5月9日)，「衣服や靴を脱がされた後に暴行」(『朝日新聞』2008年5月9日）などと伝えられ，性的暴行の疑いがあった舞鶴女子高校生殺害事件は，「『ヒップホップ系の若者』と一緒に歩く姿」(『読売新聞』2008年5月14日）を見たという目撃情報や，「顔見知りの犯行か」「深夜にわざわざ歩いていく目的はなんだったのか」(『読売新聞』2008年5月14日）など被害者の落ち度を推察させるような表現がみられた。千葉女子大生殺害放火事件は，新聞報道においては落ち度を問う直接的な表現はみられなかったが，被害者が事件の前日友人宅に泊まったことや，交際相手の会社員について言及するなど生活や異性関係についても報じられ(『読売新聞』2009年10月25日など)，自ら被害を招いたように暗に推測させる報道がみられた。

　こうした報道は，女子高生コンクリート詰め殺人事件や岐阜中2女子殺害事件でも同様の傾向がみられる。女子高生コンクリート詰め殺人事件では被害者は「なぜ逃げなかったのか」(『朝日新聞』1989年4月4日）と問われ，岐阜中2女子殺害事件では「○○さん（筆者注：紙面では実名記載）と少年は2年ほど前から交際していたが，最近○○さんから交際をやめようという話が出ていた」(『読売新聞』2006年4月23日）など，被害者の異性関係が取沙汰された。また，これらの事件の報道では，被害者の容姿や服装に言及されることもあった。舞鶴女子高生殺害事件の報道では，捜査本部の発表（公開捜査）により生前の服装を詳しく各紙が報道し，後に訂正されたものの事件当日に派手な服装であったと印象付けられた。

　このような報道から，「性暴力被害に遭うのは被害者にも原因がある」「被害者が犯罪被害を招いた」という印象が持たれて，「性暴力の被害者は問題のあ

る女性」というラベリングがなされる。そこで「夜に出歩く，外泊をする女性」「異性関係が派手な女性」「服装が派手な女性」は性被害に遭う，あるいは性被害に遭っても仕方がないということになるといえよう。

　近年の事件に散見される被害者自身のブログ等の紹介は，これらのラベリングを補強する効果を持つといえる。岐阜中2女子殺害事件では，異性関係の悩みをつづった被害者のプロフ（日記風サイト）が公開された。舞鶴女子高生殺害事件では，事件当日のメールのやり取りや，被害者自身がアップした深夜の行動の記録が公開された（『読売新聞』2008年5月12日，同紙 2008年5月14日など）。

　また，被害者の落ち度を問うケースの場合，セクシュアリティに関わること以外でも，「中学時代に不登校」（『毎日新聞』2008年5月8日）や，過去深夜に警察に保護されたことがあったことなどが合わせて伝えられることにより，さらに「問題のある人物」であるかのような印象が伝わりラベリングが補強されるといえる。

　他方，京都教育大準強姦事件では，被害者が生存しているケースということもあり，個人情報やプライバシー情報をはじめ，被害者側からの情報は一切掲載されていない。したがって，新聞報道において落ち度を問われる場面はなかった。むしろ，大学の責任を問う投書や，不起訴処分は甘すぎるといった内容の投書が掲載されるなど（『朝日新聞』オピニオン欄　いずれも70歳代男性による投書），被疑者や被疑者が所属する大学，法制度に厳しい目が向けられた。しかしながら，被害者側の情報が掲載されず，被疑者側の「言い分」が多く掲載されることになり，「合意があった」など被害者に不利な情報が掲載される結果ともなった。ここでも「性暴力被害に遭うのは被害者にも原因がある」「被害者が犯罪被害を招いた」というラベリングが強化される場となったといえる。

　また，この事件では，「女子学生にも非がある」などとインターネット上に「加害者を擁護し被害者を中傷する書き込み」が学内外の複数の学生によってなされ，それを行った学生が所属する大学から処分（厳重注意など）を受けた

ことが報道された。これらはあくまで書き込みを行った学生らに問題があったという文脈での報道であるが，被害者に非があるとする意見が複数あることを伝える結果となった。新聞報道では詳しく紹介されていないが，インターネット上では，「部屋について行った被害者が悪い」「そもそもなぜ飲み会に参加したのか」「示談金目当て」など被害者を誹謗中傷する内容の書き込みが相次ぎ，二次被害を生んだ。このような書き込みも性暴力の被害者に負のラベルを貼ることに加担している。

　福岡3女性殺害事件のように被害者に「落ち度のない」とする報道があることも，他方で「性暴力被害者には非がある」ことを強調してしまう。「落ち度がない」ことが報道において強調されると，「落ち度がある」場合には被害に遭っても仕方がないという見方につながる可能性がある。

　犯罪報道を通して性犯罪の被害者に「落ち度があった」というラベリングが行われることは，マス・メディアの地位付与機能の一つととらえることができる。このラベリングは被害者にとって負のサンクションを与えられるだけでなく，読者に対して被害者になるとこのようなラベルが貼られてしまうことを示すといえる。もし被害者になった場合，訴えたくないと思わせる作用をするといえるのではないだろうか。

(2)　**女性被疑者へのラベリング**

　第4章第5節において行った女性被害者・女性被疑者の取り扱われ方の特徴の類型化では，殺人事件の女性被疑者は身勝手さを強調され，殺害に至った経緯には配慮されないという特徴を見出した。

　渋谷夫殺害遺体切断事件では，被疑者の性格についてある方向付けをされるような報道が特徴的であった。被疑者の小学校時代の文集から「私は勝気な女の子です。やられたらやり返す」(『毎日新聞』2007年1月12日)という部分のみを紹介され，「おとなしい割にブランド品を身に着けていた」「お化粧に気を使い，エステにも通っていた」(『朝日新聞』2008年1月12日)という複数の知人のコメントを掲載されたことにより，被疑者の勝気さや生活の派手さが強調され

たといえる。また,「スタイルが良くてキレイ」「上品と評判」など容姿に関する周囲のコメントも掲載された。

　この事件では,被疑者は夫（被害者）からのドメスティック・バイオレンス（身体的暴力）が殺害の動機であると主張,専門窓口に相談し支援を受けた経歴もあったとされるが,「結婚後も別の男性と関係を続け」（『読売新聞』2007年12月20日）と,一部の新聞を除いては被疑者の身勝手さの方が強調された[1]。裁判報道においても「ついに心からの謝罪はなく」（『毎日新聞』2008年4月28日）と報じられた[2]。この事件の場合,遺体を切断するという行為の残忍さが伝えられる一方で,被疑者が夫殺害の背景としてDV被害による心神喪失状態を主張したことは,読者にとっては被疑者の「責任逃れ」と映る結果となったことも考えられる。例えば,朝日新聞は被疑者が訴えるDV被害を伝えつつも,「隠蔽工作の可能性」「逃亡しようとしていた可能性」（2007年1月12日）などの表現で被疑者の行動を報じた。

　栃木自動車運転過失致死事件では,被疑者は「ぶつかったことに気付かなかった」と主張し,ひき逃げの容疑を否認した。裁判においても「過失致死」の判決が下ったが,報道では「ひき逃げ」が強調された。この事件においても,被疑者は,責任逃れをする身勝手な人物として報道されている。

　子ども殺害・虐待死事件では,被疑者は母親として子ども・子育てとの関わりが強調される。母親であるにもかかわらず子供を殺害（放置死含む）することはあってはならないことであり,「悪い母親」として断罪される。報道が伝える「悪い母親」の要素は,日常的に虐待を行っていた疑いがあること,家事・育児の仕方に問題があること,異性関係（離婚歴含む）である。父親が被疑者の場合も報道において断罪されることは変わりがないが,強調される側面が異なる。2010年1年間に朝日新聞（地方版含む）において報道された虐待事件に係る事件（傷害,傷害致死,殺人未遂,監禁,保護責任者遺棄,児童福祉法違反）127事件で,父親が被疑者の事件では「泣きやまず殴った」（6月22日朝刊新潟）,「泣きやまないから」（4月20日朝刊西部）など被害者である子の側の要因のみが見出しに使われているのに対して,母親が被疑者の場合は「育てるの

いや」（6月24日朝刊大阪），「子育てに疲れた」（10月4日夕刊大阪），「日頃から長女殴る」（10月7日朝刊大阪）といった言葉が使われている。また，シングルマザー（父親不在）の場合は，とくに母親と子どもとの関わりが焦点になりやすいといえる。

　大阪2幼児放置死事件では，事件以前から子どもの泣き声がしていたという近隣住民のコメントが掲載されたほか，「カップラーメンの容器など大量のゴミが散乱」（『読売新聞』2010年7月30日），「ベランダに異臭がしていた」（『毎日新聞』2010年7月31日），「水道使用量2ヶ月『0』　風呂，食事世話せず？」（『読売新聞』2010年8月2日），「4月からおむつ替えず」（『朝日新聞』2010年8月12日）など，家事や育児が不十分であったことが報じられた。「ホストクラブが楽しくて」（『読売新聞』2010年8月1日），「離婚後交友関係が派手に」（『毎日新聞』2010年7月31日），「繁華街で夜遊び」（『毎日新聞』2010年8月1日）などといった異性関係も強調された。また，風俗店勤務のシングルマザーであったことも殊更に取り上げられ，後に杉山春（2013）がルポルタージュで言及する被疑者の孤独や貧困といった側面からの報道はみられない。

　こうした報道は，巣鴨子ども置き去り事件や秋田児童連続殺害事件にも同様の傾向がみられる。巣鴨子ども置き去り事件では，被疑者の結婚歴や日頃から家事や育児がずさんだったこと[3]，子どもを置いて外泊を繰り返していたことが報じられた。秋田児童連続殺害事件では，被疑者が子どもに日常的にカップ麺を食べさせていたこと，男性を家に入れていたことが報じられた。「家事や子育てをしっかりと行わない」「異性関係がだらしない」といった点に集約される「悪い母親」像がこれらの報道から浮かび上がる。

　一方，子ども殺害事件の中で同情的な論調で報道された福岡小1男児殺害事件では，「良い母親」像がみてとれる。「子どもをかわいがっていた様子」「仲の良い母子」（『朝日新聞』2008年9月22日）など，子どもを大切にしていたという周囲の声からのエピソードが紹介され，日常的な虐待を疑う報道はみられない。被疑者自身が治療法が確立していない病気を抱えていたこと，被害者である男児に障害があった疑いなど，子育てに苦悩する母親像が描かれている。子

ども殺害が許されない行為であることは前提としてあるものの,「追い詰められて」「将来を悲観したのでは」「子どもを不憫に思ったのでは」という表現は,被疑者に対して同情的なニュアンスで事件を報道することにつながっている[4]。

このように子ども殺害（放置死含む）事件の被疑者は,「良い母親」と「悪い母親」に評価が分けられ,ラベリングされる。こうしたラベルを貼ることは,読者に2つの母親像を提示することになる。「良い母親」つまり「あるべき理想の母親」とは,子どもをかわいがり,手作りの食事を与え,問題視されるような異性関係を持たない女性を指し,それとは反対の「悪い母親」が犯罪を犯した時,見せしめとして断罪されるのである。犯罪報道は,それぞれの事件の女性被疑者にラベリングを行い,母親役割のモデルを読者に伝えているといえる。

これらの事件にみられる女性被疑者像は,夫を殺害する「身勝手な女性」,子どもを殺す「悪い母親」,苦悩の末に子どもを殺してしまった「良い母親（苦悩する母親）」である。こうしたラベリングは,女性の行動を規制・監視するまなざし,とりわけ母親としての役割を遂行しない女性への厳しい視線を生むだけでなく,女性たち自身が「よい母親」であろうとする方向付け,ある種の社会的コントロール生じさせるものと推論する。

(3) ブロック紙・地方紙によるラベリング

本研究で分析を行ったブロック紙・地方紙では,女性被害者・女性被疑者の取り扱いにおいて全国紙3紙と大きな違いは見られない。全国紙3紙と異なる点は,ブロック紙・地方紙はその地域で起こった事件の報道において,一紙あたりの報道件数が多いこと,そのことと比例して事件内容,被害者・被疑者に関してより詳しい報道がなされることである。

ブロック紙である西日本新聞は,福岡3女性殺害事件と福岡小1男児殺害事件を地域の問題として重要視して報道し,全国紙3紙（地方版を含む）よりも多くの紙面を割いた。宮崎日日新聞は,記事件数は全国紙3紙（地方版を含む）よりもやや多く,宮崎乳児虐待死事件を大きく報じた。また,同様に下野新聞

は，栃木自動車運転過失致死事件を，記事件数は全国紙3紙（地方版を含む）と差はないものの，大きく報じた。このことは，女性被害者・女性被疑者へのラベリングが地域において補強されることにつながるといえよう。

　また，当該地域で起こった事件の報道は，読者にとってより身近に感じ，自分の問題として不安を喚起されることになる。その意味では，事件の原因を「凶悪犯罪の増加」「育児不安の増大」などはっきりとラベリングし，改善・解決の方向を示すことは地域住民の事件への理解の助けになる。西日本新聞が福岡3女性殺害事件を「防犯対策の呼びかけ」へ，福岡小1男児殺害事件を「（育児の）相談先の紹介」へ，宮崎日日新聞が宮崎乳児殺害事件を「子育て支援団体の紹介」へと展開し，問題の原因と対策を示したことは，ブロック紙・地方紙の社会的役割に照らして典型的な事例といえる。

(4)　まとめ

　本節では，ラベリング論からの考察を行い，近年の報道においても性犯罪の女性被害者は落ち度を問われ，「被害者にも問題があった」というラベルが貼られることを指摘した。近年の報道では，1980年代の報道とは異なり直接「落ち度があった」という記述はないが，被害者死亡の事件では被害者の私生活，とりわけ服装，ライフスタイル（夜出歩く，外泊など），異性関係などを報道することにより，結果として落ち度があったかのように伝わってしまう。被害者本人のブログ等のインターネット情報を報じることで，さらにそれが強調されてしまう場合がある。また，福岡3女性殺害事件では「落ち度のない」という検察官の表現が使われたが，これは「落ち度がある」ケースがあることを想定した表現でもある。

　男性の被疑者にも言えることであるが，女性被疑者は，犯人視報道により，最初から負のラベルを貼られている。第4章で分析を行った夫殺害事件や過失致死事件の女性被疑者は，「言い訳」「責任逃れ」といった印象を付けられ，彼女らなりの背景や事情を考慮されることなく断罪される傾向が見られた。また，子ども虐待・死亡事件（放置死を含む）の女性被疑者は，「良い母親」と「悪い

母親」に分けたラベルが貼られることを指摘した。子どもを殺害した場合，日常的に虐待を行っておらず，やむにやまれぬ事情があったとされる場合には「良い母親」が仕方なく行った犯罪行為とされるのに対し，日常的に虐待をしていた，家事・育児を怠っていた，異性関係に問題があったとされる場合には「悪い母親」と断罪される。子ども虐待事件では，当然親子関係について言及されることになる。被疑者に関する情報を報道することは，どのように行っても母親の峻別につながる。もともと女性は母性に基づく母親としての役割を期待されている。そこに，事件を通して「良い母親」像と「悪い母親」像が示され，被疑者にラベリングが行われるといった方がよいだろう。

　ブロック紙・地方紙は，当該地域で起こった事件の報道が，量的にも質的にも多くなることにより，ラベリングが強化されるといえる。また，読者にとっても自分に身近な地域社会において起こった事件の報道を強く受け止めることが考えられ，ラベリングの効果が高いと考える。

第2節　フェミニスト・メディア・スタディズの視座からの考察

　第2節では，女性被害者の報道についてフェミニスト・メディア・スタディズの視点から考察を行う。フェミニスト・スタディズでは，差別の解消と両性の平等について社会のあらゆる場面における当事者の立場から研究を行ってきた。中でも社会的弱者とりわけ女性に焦点を当てた研究とそれを発展させた問題提起を行い，問題解決志向の強い領域といってもよい。

　ジェンダーとメディア研究の分野におけるフェミニスト・メディア・スタディズは，メディアが描く女性像とその影響について女性差別の観点から指摘を行うとともに，女性を含む社会的弱者に関する問題状況がマス・メディアで伝えられないだけでなく，反対に差別につながるような描かれ方をすることを問題として提起してきた。

　ここでは，犯罪報道における女性被害者・女性被疑者の取り扱いおよび描かれ方はフェミニスト・メディア・スタディズの視座からみてどのようにとらえることができるか，女性被害者・女性被疑者を取り巻く状況を踏まえながら考

察を行いたい。また，近年提唱されているケアのジャーナリズムが女性被害者・女性被疑者の報道にどのような態度を示すことができるかについても合わせて考察を行いたい。

(1) 女性被害者の報道に対する異議申し立てと近年の状況

ラベリング論からの考察において導出されたように，性暴力の被害者に「落ち度があった」とされる報道が近年も続いている。女子高生コンクリート詰め殺人事件の報道に対して中山千夏ら（おんな通信社 1990）が抗議を行った時から大きな変化は見られない。女子高生コンクリート詰め殺人事件，東京電力女性社員殺害事件，岐阜中2女子殺害事件，舞鶴女子高生殺害事件，千葉女子大生殺害放火事件をみると，「不注意」といった程度の「落ち度」ではなく，性格やライフスタイル，交友関係（異性関係）にまで言及されるものであることがわかる。本項では，性暴力事件を中心に女性被害者の報道について考察を行う。

性暴力の被害者に落ち度を問うこうした見方の背景にはいわゆる強姦神話（rape myth）があるとされる。強姦神話とは，「性暴力において事実でないにもかかわらず，広く信じられている偏見」（谷田川知恵 2011）をいう。宮淑子（2010）を参考に強姦神話を整理すると，次の8項目にまとめることができる。①性的欲求不満が強姦の原因である，②強姦は衝動的である，③強姦は加害者が被害者に悩殺されたせいで起こる，④強姦において被害者がおとなしくなるのは残虐行為のせいである，⑤強姦するのは見知らぬ男である，⑥強姦は性急に暗黙のうちになされる事件である，⑦強姦は暗い小径で発生する，戸外での犯罪である，⑧女性は強姦されたいという欲望を胸に秘めている，の8項目である。

これらの神話は，性暴力被害の実態とかけ離れており，こうした神話が浸透することにより，被害を受けた女性に非があったように語られ，被害者はさらなる被害（セカンドレイプ）を受けるとされる。例えば，内山絢子（2000）によれば，日本国内での強姦事件は成人によるもので61.0％，少年で79.0％が計画

的に起こっていると報告されているという。また，強姦の加害者を「よく知っている」とした被害者は61.0%で，「全く知らない人」と答えたのは14.0%，屋内で被害に遭った人は58.0%にのぼり，そのうち33.3%は自宅で被害に遭っていると報告されている。つまり，外を歩いていて見知らぬ人から被害を受けるということの方が稀なケースであるにもかかわらず，派手な格好で出歩いていたからと落ち度を問われることがしばしばあるのが現状である。恐怖から従った行為を「合意があった」と解釈されることもある。このような強姦神話が社会に広く浸透しているために，被害者は「自分が悪かったのではないか」「もっと抵抗できたのではないか」と自分を責めることになる。

　こうした神話を浸透させている主要な仕組みの一つはマス・メディアであり，犯罪報道も含まれる。また，落ち度を問う事件報道に見られるように，マス・メディアによる犯罪報道自体が強姦神話にもとづくセカンドレイプや二次加害を起こしているケースもある。さらに強姦神話の存在は，「モデル被害者」というべき被害者像を作り出す。何の落ち度もない「完璧な被害者」像である。角田由紀子（2001）は，このことを「被害者資格要件」と呼ぶ。被害者の性に厳しいのは，司法の世界にもあることで，慎重で貞操観念がある人物でないと性被害の証言が認められなかった判例を挙げ，性暴力の被害者として（法的に）認められるには，「貞操観念をしっかり持った上品な女性であることが必要なのか」と疑問を呈する[5]。また，法的な側面からは，日本には性暴力を無くすための法律がなく，性暴力禁止法の制定が望まれている状況であることも指摘される[6]。

　他方，被害者を取り巻く状況は性別により非対称である。首都圏連続不審死事件[7]（2009）の裁判を傍聴した北原みのり（2012）は，「初対面の男とホテルに行く女性や，男の家にすぐあがる女性や，婚活サイトで男を探す女に，世間は"ピュア"と言うだろうか。ラブホテルで睡眠薬を飲まされた女を"純情"というだろうか。『被害者にも落ち度があった』という聞きなれた声がもっと飛び交うんじゃないか」と感想を述べ，被疑者に「簡単に付いて行って」被害に遭った男性被害者の「落ち度を問わない」裁判に，男性と女性の非対称性に

第5章　犯罪報道が伝えるジェンダー問題に関する考察　201

改めて気づかされたとする。ここには司法における性のダブル・スタンダードというべき状況がみてとれる。男性被害者の落ち度を問わないのは報道もまた同じである。

　また，強姦神話は，裁判員制度とのかかわりにおいても問題があるといえる。性犯罪事件を裁判員裁判の対象から除外するよう働きかける動きについて第3章で言及したが，その大きな理由は裁判および裁判報道により被害者の個人情報が漏れることへの懸念である。さらに言えば，個人情報が漏れることの懸念は，そのことにより被害者がマス・メディアによる報道や第三者から二次被害を受ける可能性への懸念であり，この背景には強姦神話の存在があるとされるのである。ただし，この問題はどちらかといえば強姦神話の存在が問題なのであり，仮に，裁判員制度の次回見直しにより性犯罪事件が裁判員裁判の対象から除外されたとしても，問題は解決しない。仮に，強姦神話にもとづく被害者への偏見が全くない社会環境であれば，性犯罪被害者の個人情報が報道されたとしても二次被害は起こらないといえるからである。現在のところ，ほとんどの新聞報道において性暴力事件の被害者は，生存している場合は匿名，死亡している場合は実名での報道が行われている[8]。生存か死亡かという区別でよいのかどうか，強姦神話による被害者への被害という点から考える必要があるといえよう。しかしながら，報道の背景には，性（セックスやセクシュアリティ）の問題に対する人びとの原始的関心に応えようとする送り手の姿勢があり，それが報道内容に反映しているといえる。人びとのこうした関心を排除することが不可能であるならば，報道の在りようを変えることは難しい。また，裁判員制度下においても，裁判員が一般の人びとである以上，この関心を排除することは難しいといえる。

　新聞報道における性被害の伝え方に関しては，「いたずら」というあいまいな表記は避け，「強姦」と明確にするか「暴行」と言いかえることが多くなっているという[9]。遺族が被害を明確に伝えてほしいという意向を示すケースもある。新聞が「性犯罪」や「性暴力」という言葉で性被害の事件や事象を明確に伝えるようになってきたのは1990年代後半頃からのことである。これは，性

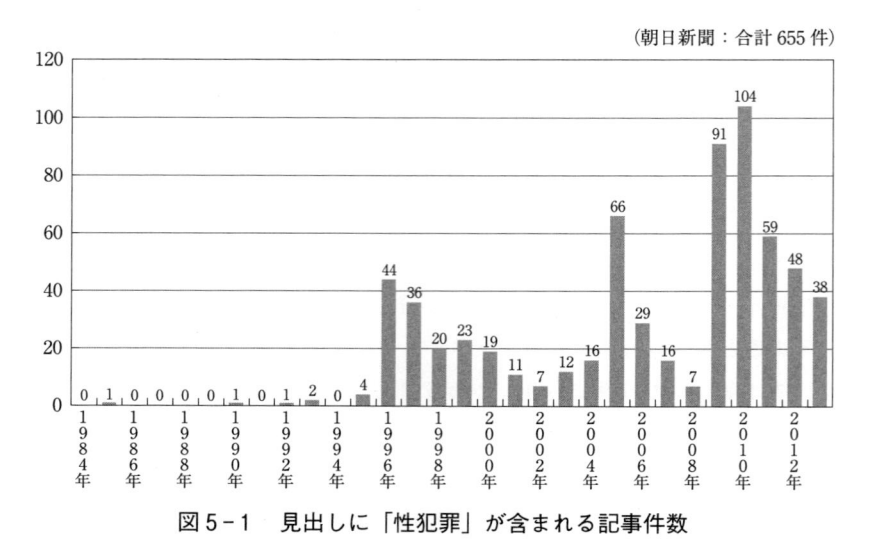

(朝日新聞：合計655件)

図5-1　見出しに「性犯罪」が含まれる記事件数

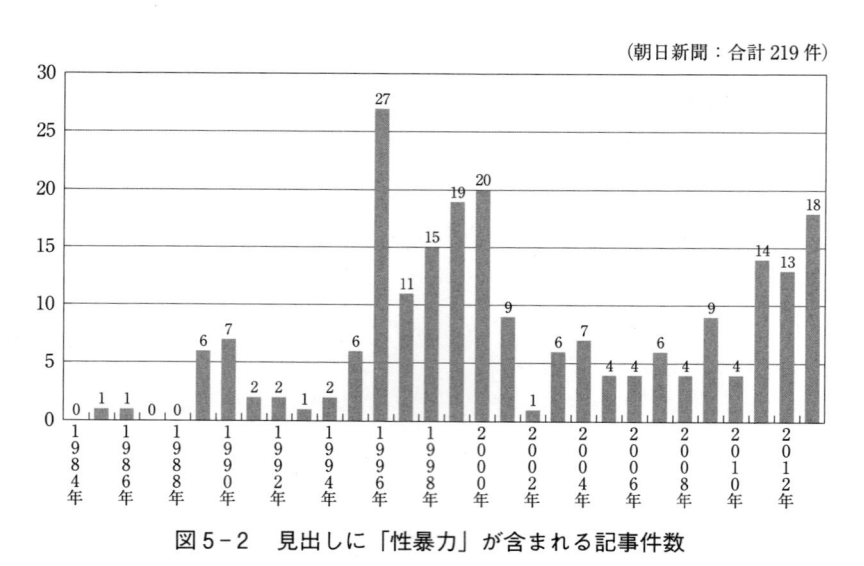

(朝日新聞：合計219件)

図5-2　見出しに「性暴力」が含まれる記事件数

暴力への厳罰化など、性犯罪に対する世間の見方が厳しくなってきたことを反映しているのだろうか。それとも、報道の仕方が世間の見方に反映しているの

であろうか。

　図5-1は，朝日新聞に掲載された見出しに「性犯罪」が含まれる記事の件数である[10]。1990年後半から現われるようになり，近年多くなっていることがわかる。また，図5-2は，朝日新聞に掲載された見出しに「性暴力」が含まれる記事件数である[11]。1990年頃からみられるようになり，1990年代後半に多くなったが2000年代には減少，近年再び増加傾向にあることがわかる。

　宮（2010）は，早稲田大学集団強姦事件[12]（2003）をきっかけに性暴力への厳罰化を求める世論が高まったとしている。2005年に刑法が改正され，強姦罪の法定刑を「2年以上の懲役」から「3年以上」に引き上げ，集団強姦罪と集団準強姦罪を新設し，刑罰は単独犯による強姦罪より重い「4年以上の懲役」を科すことになり，有罪になれば執行猶予が付かないものとなった。

　そんな中で起こった京都教育大準強姦事件は，新聞報道において被害者は匿名，住所，職業，学校名など個人情報やプライバシー情報は一切報じられず，反対に被疑者の男子学生6名の実名，年齢，学校名（京都教育大学）がそれぞれ報じられた。「教育的配慮」として通報しなかった大学の責任を問う投書や，「不起訴処分は加害者に甘すぎる」とする内容の投書が掲載され，被疑者や被疑者が所属する大学，法制度に厳しい目が向けられたことは前節で述べたとおりである。他方で，被疑者側の「言い分」が掲載されたり，インターネット上に「被害者を中傷する書き込み」が行われたりした（また，そのことが報道された）という面では，被害者にメディアによる二次加害がなかったわけではないが，性暴力に対する毅然とした姿勢は被害者の人権という視点から評価できると考える。

　ここで，ケアのジャーナリズムの観点から，女性被害者に寄り添った報道について考察したい。京都教育大準強姦事件の新聞報道にみられるように，被害者の個人情報やプライバシー情報を出さないという配慮もケアのジャーナリズムの一つであろう。被害者は事件を報道すること自体を望まないかもしれないが，報道しないことが難しい状況であれば，これらの配慮は必要であるといえよう。

また，事件のことを詳細に伝えるよりも，再発防止ための対策や提言問題提起を行うことが重要であるといえる。2009年7月11日の読売新聞の記事「性暴力対策『大学の義務』後絶たない事件／表に出ぬ被害も」では，大学で発生するセクハラや性暴力の対策強化を求めるだけでなく，被害者が声を上げにくい構造にも言及した記事となっており，被害に遭う側の視点も含まれた構成となっている。ケアのジャーナリズムの観点からみると，何が問題であるかを示すだけでなく，被害者に寄り添った表現が重要な点である。

　犯罪被害者自身が体験を語り発信する例については，第3章において言及した（高橋シズヱ・河原理子 2005など）。小林美佳（2008, 2010）は，実名も顔も公表して性犯罪被害者の目線で社会の性暴力の現状を語る。このことは，被害者にとって性被害がどのようなものであるか人びとに伝える強力な効果をもつと同時に，同じく性被害に遭った被害者をエンパワーメントすることにもつながっている。性暴力への理解が進んでいない現状において小林のような行動は稀なケースといえるかもしれないが，アメリカでは，男性も自らの性被害を語り始めている（Lehman, C. 2005＝2009）。

　被害者の語りをサポートすることは被害者に寄り添った報道といえるが，それらの語りを共感を持って受けとめるには，メディアの送り手や読者が性暴力に対する理解を深める必要がある。読売新聞大阪本社社会部によって書籍化された『性暴力』（2011）は，被害者の声だけでなく，性被害に対する社会の偏見や無理解，支援体制の不十分さが被害者の圧力になっていることを解説している。また，巻末の「性暴力対策Q＆A」では，被害に遭った時必要な情報が提供されている。性暴力の被害に遭うのは特別な人間ではなく，誰もが突然に遭う可能性があることも伝えている。こうしたメディアの送り手の取り組みこそが，ケアのジャーナリズムの実践に欠かせない部分であろう。

　近年，テレビにおいても変化がみられる。「ハートネットTV」（NHK教育）では，2010年1月25日，26日（20：00〜20：30）に「ハートをつなごう　性暴力被害特集」を放映した。被害者が体験談を語り苦しい状況で生活している様子を伝える前半と，私たち（視聴者）ができることについて語り合う後半であ

る。これまで性暴力を正面から取り上げる番組は稀であったが，家族で視聴できる時間に放送されたことは大きな変化であったといえる。2012年には同じく「ハートネットTV」（NHK教育）が子どもに対する性暴力を取り上げた「カキコミ！深層リサーチ　File4　子供の性暴力被害(1)」（2012年8月27日），「カキコミ！深層リサーチ　File5　子供の性暴力被害(2)」（9月19日）を放送した。2012年6月に警察庁が発表した2010年1年間に未成年が被害にあった強姦・強制わいせつ事件の認知件数が4,124件に上ることなどから（警察庁HP「平成23年の犯罪情勢」），学校や家庭などで子どもが性暴力にさらされている実態や，性教育の最新事情，新たに設立された救援センターなどを紹介している。

　ジェンダーとメディア研究では，メディアが伝える女性像の問題点とともに，女性に関する問題がメディアにおいてあまり取り上げられないことを指摘してきたが，性暴力に関して当事者の立場からの発信が行われるようになったことは大きな変化であり，ケアのジャーナリズムの実践過程である。ケアのジャーナリズムの視点がジェンダー問題を伝える可能性を持つものであるといえる。

　ここで重要となってくるのが，送り手のダイバーシティの確保ではないだろうか。第2章において指摘を行った通り，日本のメディア企業に働く女性の割合の少なさは世界最低のランクである。その割合は全体の20％を超えない。女性だけがケアのジャーナリズムの担い手というわけではないが，やはり一定のジェンダー・バランスの確保は必要であろう。国籍や出身，障害の有無などにも配慮された多様な送り手の存在が欠かせない。

(2)　**女性被疑者の表現への問題提起**

　本研究では，女性被疑者は身勝手さが強調され，事件に至った経緯に配慮されないことを確認した。渋谷夫殺害遺体切断事件では，被疑者は夫（被害者）からの暴力による心神喪失状態が夫殺害の原因であると主張した。被疑者の言い分は，事件報道と裁判報道において伝えられたが，どちらかといえばこれは「被疑者の言い逃れ」として伝わった。夫からの暴力は裁判において考慮されず，報道においても心神喪失の判定の難しさの議論に収斂された。

第3章において言及したように，1980年代後半に，大庭絵里・和田明子・望月すみえ（1988）は，女性被疑者の女性に関する報道は，女性性や容姿，服装などを目立って取り上げるだけでなく，性差別的な言い回しで人権を侵害していると指摘した。また，矢島正見（1991）は，容疑者の報道率は男性の方が高いが，報道された場合の記事は女性容疑者の方が男性容疑者よりも大きい扱いであることを研究結果として提出した。渋谷夫殺害遺体切断事件は，この大庭らの指摘と矢島の研究結果の両方を備えたセンセーショナルな報道が行われたといえる。加えて若い女性が被疑者として逮捕されたということが作用し，メディアで大きく取り上げられた。この事件の女性被疑者は注目の的となったが，この事件の半年後，茨城県で起こった夫を殺害して遺体を切断し山中に捨てたとして64歳の女性が逮捕された事件は，全くというほど取り上げられることはなかった。北村朋子（2009）は，「都会の真ん中でセレブな美人妻が起こした事件という絵図の方がマスコミや世間の目を引くということなのであろう」としている。

　北村（2009）は，東京拘置所に収容されていた渋谷夫殺害遺体切断事件の被疑者（当時は被告）と面会し，署名捺印した覚えのない刑事訴訟録の調書が3通出てきてそこにはお金と男に汚い女というストーリーが書かれていたこと，公判前整理手続きの際，シェルターに保護されていた時の話になり夫の暴力についてや自分の反省点を書いたが，自分の悪い点や反省点だけを裁判官の前で「読まされた」ことなどを彼女から聞いたという。また，彼女は，夫の暴力の原因が被疑者（被告）の浮気が発端であったというストーリーを検察によって作られてしまったが「それは真実ではない」と訴えたという。本書では，このことの真実を明らかにすることは目的としないが，彼女は報道が伝えたものとは異なるストーリーで事件を認識していることがわかる。2008年の12月20日の初公判では，冒頭陳述で「検察官の一人は被告を『汚い奴が，囲い者が』と侮辱。真実を知る努力を放棄しました」と弁護人が読み上げた。彼女の訴え通りであれば検察はジェンダー・バイアスを持って事件を立件したことになる。

　また，北村（2009）は，笠松刑務所に収容されている複数の女子受刑者と面

会してインタビューを行い、DV被害者が加害者になっている例がままあることを明らかにしている。その中の一人は、暴力の恐怖から相手を殺害したとするが、記憶障害でその時のことをよく思い出せず、警察、検察、裁判において「答えられないということは嘘をついている」と判断されてしまったという。「(DV被害者の) 記憶障害が『当たり前』のこととして法律家に浸透すれば事態は変わる」という医師の見解を経て、「司法関係者は法に関してはプロであるが、DVに関しての認識が素人レヴェルの判断になりがち」であると北村は結論付けている。

このルポルタージュは、ジェンダーの視点から見た警察、検察、裁判所、およびマス・メディアの問題点について重要な示唆を与えてくれる。ドメスティック・バイオレンス (DV) が言葉として浸透し始め、新聞紙上に登場するようになったのは2000年頃である (図5-3[13])。しかしながら、DV被害がどのようなものであるかについて、一般にも、警察、司法、マス・メディアの分野においても理解が深まっているとは言い難い[14]。渋谷夫殺害遺体切断事

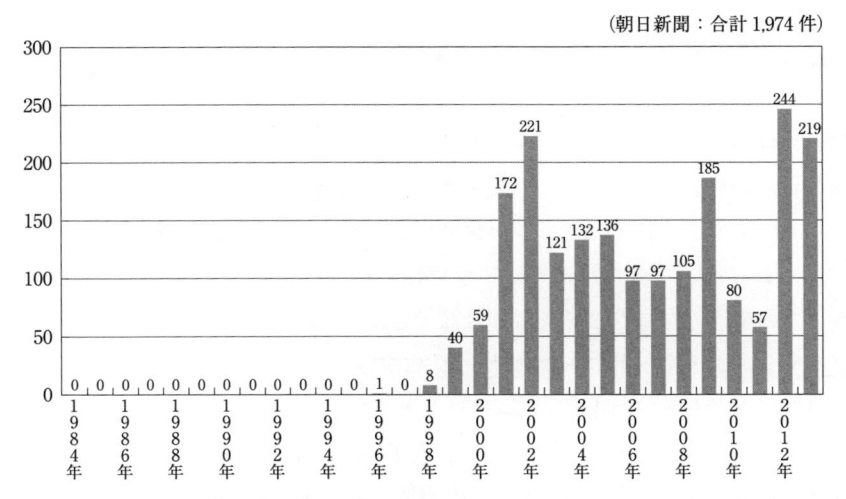

(朝日新聞：合計1,974件)

図5-3 見出しに「DV」または「ドメスティック・バイオレンス」が含まれる記事数

件の被疑者が犯罪の言い逃れをしているように映ってしまうことの一因は，DV被害への無理解が背景にあるのではないかと考える。また，DV被害への無理解は，DVは（この事件の被疑者のような）わがままな女性が言い立てるものだという偏見を生む可能性もある。

谷田川（2011）は，日本の刑事裁判では殺人に正当防衛が認められて無罪になることは稀であり，DV被害者の正当防衛的な殺人事件に対してもこれまで無罪が言い渡されたことはないとする。配偶者間の暴行事件・傷害事件における加害者の9割以上が夫だが，殺人事件では6割ほどに下がる。すなわち妻が加害者となる事案が殺人事件で増える。その理由に夫のDVに対する妻の正当防衛的な事案の存在が浮かび上がるという（谷田川 2011）。

このような視点で考えるならば，DV被害者による正当防衛的殺人の場合，被疑者は被疑者であると同時に被害者でもあるということになる。殺人の罪を償うことは当然とされるとしても，彼らに必要なのは罰だけでなく支援である。被害の傷を癒し再出発できるよう援助することが必要であり，断罪し糾弾するだけでは問題の解決にはならない。この点を視野に入れた報道が必要ではないだろうか。

次に，子ども虐待・殺害事件について考察を行う。子ども殺害事件の被疑者は「悪い母親」として非情さ，残忍さが強調される。殺された子どもたちの写真や母親を慕うエピソードを紹介することにより，一層母親の「酷さ」が強調されるのである。大阪2幼児殺害事件の朝日新聞8月22日の2つの記事の見出し「ゴミの山　姉弟は寄り添い倒れていた」（総合第一面）と「まだやりたいこと　いっぱい　あんねんもん　ママ投げ出し2児死亡」（社会面）は，子どもたちの境遇の悲惨さと被疑者の身勝手さが際立つ構成になっている。被疑者がソーシャル・ネットワーク・サービスに投稿した子どもをかわいがる内容と（子どもを放置していた時期に）海ではしゃぐ内容の両方を紹介することも，被疑者の「二面性」を想像させる。田間泰子（2001）が指摘する父親を排除した「加害者としての母」の物語は近年の報道においてもみられるといえる。ただし，少し変化の兆しがみられるのは父親のコメントである。福岡3女性殺害事

件では，被疑者の夫（被害者の父親）が自分にも責任があるとコメントしたことが報道された。宮崎乳児殺害事件の被疑者の夫（被害者の父親）も自分の方が重い責任があるとコメントしていることが掲載された。

　母親（女性）による虐待の方が多く報道されていることについて第3章で言及したが，2010年の検挙件数で比較すると「父親等」による虐待件数の方が「母親等」より多く，とくに身体的暴力（暴行，傷害，傷害致死）は「父親等」が多い。また，強姦は100％が「父親等」である[15]。母親による虐待が多く伝えられるのは，傷害致死を含まない殺人に母親等が多いことと「母親なのに」というニュースバリューが考えられる。ラベリング論からの考察において子ども虐待・殺害事件の女性被疑者は「良い母親」と「悪い母親」に分けてレッテルを貼られると結論付けたが，「良い母親」も「悪い母親」も，どちらも女性が母親役割に縛られていることに変わりはない。

　子殺し事件が多く報道された1972年から1975年の時期と報道の状況が異なるのは，虐待する母親を責める報道がある一方で，虐待を社会的な問題として位置づける報道が行われていることである。読売新聞2010年8月17日の解説面「届かぬ叫び　識者に聞く」では，香山リカ（精神科医）の「母を孤立させる社会」と題する論考を掲載し，「『母性は万能』という幻想があり孤立しているのにSOSが出せない」，「母親は子どもをかわいがらないといけないというプレッシャーがかかっている」，「今の社会では母親も女性として自分らしく生きないといけない，仕事も充実させなくてはいけない，という強迫観念が強まっている」などと指摘した。

　2000年以降，虐待事件の対策として「子育て支援の充実」が叫ばれてきたが，香山の指摘は，母親・女性の立場に立った解説であるといえる。香山はさらに「自分で子供を育てられない親もいるということ前提にした少子化対策でなければ，悲惨な虐待事件はなくならないのではないか」と結んでいる。

　毎日新聞は2012年5月22日の投書面オピニオンにおいて，「記者の目　大阪に幼児放置死事件」を掲載し，「厳罰だけで虐待抑止は困難」と題して事件を掘り下げている。事件を取材する中で「全てから逃げたかった」という被疑者

の気持ちが分かるという声を多く聞いたとして，母子家庭の過酷な状況に言及している。また，「行政は助けを求められない親を前提に支援を考えるべきだ」という藤木美奈子（龍谷大短期大学部准教授）のコメントを紹介し，心理的に危うさを抱える親を拾い上げるための手立てはまだ十分あるとしている。

　これまでも「母親が孤立しないように」「困ったら相談して」という視点での議論はあっても，助けが求められないから孤立しているのであり，困っていても相談できない結果が子ども虐待・殺害事件につながっているということを論じるまでに至っていなかった。その意味では，これら2つの記事（論考）は重要なケアの視点からの指摘である。このように虐待事件を母親個人の問題に還元せず，事件報道に関連して子育てをめぐる社会的問題として制度や対策の問題点を指摘する報道が行われるようになったことは評価されるべき点であろう。しかしながら，一方で，先に述べたように「悪い母親」「ダメな母親」を断罪する報道も依然として存在する。この点は，田間泰子（2001）の指摘する，より一般的な「ダメな母親」や「欠陥ママ」が語られる構図が近年においても続いているといえる。

　他方，福岡小1男児殺害事件と宮崎乳児虐待死事件は，異なる様相を呈しているようにみえるが，どちらも被疑者が子育てに真剣に向き合おうとしている点が共通している。

　福岡小1男児殺害事件の被疑者は，障害を持つ子どもと過ごす時間を増やそうと仕事を辞めるなどしている。宮崎乳児殺害事件の被疑者は，子どもの発育が遅いことを気にしていた。子どもが泣くのは「自分が悪い母親だから」だと思い必死に泣き止ませようとして叩いたという[16]。杉山春（2004）がルポルタージュとして発表している愛知県名古屋市で3歳の女の子が段ボールに入れられ餓死していた事件（2000）でも，1歳半検診の歩行テストで「子どもの発達が遅い」と指摘され懸命に「しつけ」をした結果が虐待死であった。岸和田中学3年生虐待事件[17]（2003）では，「継母による虐待」が強調されたが，本人（継母）は「本当のお母さんになってあげようと，ずっとずっと思って頑張っていた。でも私は融通が利かないから…」と後に自分史に書いているという

（佐藤万作子 2007）。佐藤は，いくら頑張っても言いつけを無視する子どもたちに絶望感，孤独感に苛まれ，ますます「良い母親にならなくては」と彼女は駆り立てられていったとする。

　長谷川眞理子（2010）は，1950年代と1990年代の子殺し事件を比較し，1990年代は「殺す親の年齢も殺される子の年齢も，高齢のほうまで広がりを見せていること」「殺し殺されるのが母と娘にも増えていること」が特徴的であるという。これは，葛藤が生じるのが1950年代に多かった50代後半の父親と20代後半の息子との組み合わせにとどまらず，幅広い年代，そして男性・女性ともに子殺し事件の加害者あるいは被害者になり得ることを示している。また，殺害の動機にも変化がみられ，1990年代において顕著なのは「子の精神病，知恵遅れなどを苦にして」という動機が非常に多いことであり，1950年代にはサンプルに入ってこないほど低頻度であったが現在は高頻度で発生するようになったとする。この理由として長谷川は，「精神病や知恵遅れの子を持った親を取り巻く環境の変化」を挙げる。現代は，精神病その他の子どもを世話する負担が，親だけ，ことに母親だけに集中し，負担感とストレスは耐え難いほど高くなっているとする。

　これらの事例と長谷川の見地から鑑みると，子ども虐待事件においても，虐待する被疑者を責めるだけでなく，何らかの援助が必要であるといえる。これまで虐待は個人の問題とされ加害者を責め，罰してきたが，個人の問題に還元するだけでは解決しない要素を含んでいる[18]。このことは「個人的なことは政治的である」というラディカル・フェミニズムの主張に通じる。加害者家族への支援が始まっていることを第3章で述べたが，とりわけ虐待事件の加害者・加害者家族には支援が必要であろう。さらに，「自分も被害者・加害者どちらにもなるかもしれない」という共感者の目線から当事者に寄り添う報道も必要であると考える。事件を自分の問題としてとらえ，考える一般の人びとの声を紹介した朝日新聞2010年8月5日「2児遺棄『私だったら…』 母親ら現場に連日100人超」は，当事者に寄り添う記事の好例であったといえる。

(3) ブロック紙・地方紙におけるケアのジャーナリズム

　竹内郁郎（1989）は，地域メディアの機能として，「地域関連情報の提示」，「地域社会の統合性の推進」，「アクセスと参加」の3点を挙げる。整理すると次のとおりである。

地域関連情報の提示：自分たちの生活の場である地域社会の状況を知ることは快適に暮らしていく上での必須条件であり，H. ラスウェルがコミュニケーションの社会的機能の第一にあげた「環境の監視」にあたる。さらに地域メディアは，地域社会内部に発生した重要な出来事を監視し，地域住民に情報として伝達するだけでなく，外とのつながりを持った地域関連情報の伝達をも期待されている。ここでの地域関連情報とは，社会全体あるいは他の地域社会についての情報を自分たちの地域の立場からとらえなおし，独自の意味付けを付与したものである。地域メディアは，マスコミ情報の中から個別性を発掘してこれを地域社会に媒介するのだといえよう。

地域社会の統合性の推進：地域関連情報の提供とならんで，地域メディアに期待されるもうひとつの重要な機能で，地域社会がまとまりをもった社会的単位として存続・発展していくことへの寄与，すなわち地域意識の醸成である。例えば，地域の争点を積極的に提示して，住民の問題関心を喚起し，それに対する住民の要望や意見の交流の媒体となることである。また，住民の間の利害や意見の対立を積極的にとりあげ，それぞれの立場に討論の場を提供するフォーラムの役割を地域メディアが担うことも可能である。こうした活動は一見地域社会の統合よりも分裂をもたらすかに思えるかもしれないが，むしろ，対立を明確にし，問題点を公開することによって，地域住民のあいだの相互交流が促進され，合意形成のための主体的な取り組みをつうじて，無自覚な平和から自覚された一致への転化が遂げられることが少なくない。

アクセスと参加：地域メディアへのアクセスは具体的にはさまざまな形態を

とりうるが，その程度が大きくなるにしたがって，地域関連情報は住民の要求にこたえた適切なものになっていくであろうし，その問題提起は住民によってみずからの問題として真剣に受けとめられるであろう。つまりアクセスと参加が実現する程度に応じて，地域メディアは，「コミュニティ自身のメディア」としての実を高めていくと思われる。

　ブロック紙・地方紙を地域メディアと位置付けることが可能かどうかについては議論があるところかもしれないが，地域の情報をきめ細かに伝えることのできるブロック紙・地方紙は竹内（1989）の挙げるこれらの地域メディアの機能を備えている面があるといえる。第4章の分析においても，当該地域の事件について詳しく，また，地域の視点で報道を行っていた。中央集中型のメディア構造のなかで，地域住民や当事者に主眼を置いた報道が可能なブロック紙・地方紙は，地域の問題を掘り起し当事者の立場で伝えるといったようなケアのジャーナリズムの担い手として期待される。

　しかしながら，ここでも重要となってくるのが，送り手のダイバーシティの確保である。地方のメディア企業に働く女性の割合は全国紙と比較してブロック紙でやや低く，地方紙でやや高いという差はあるもののいずれも全体の20％を超えない。宮崎乳児殺害事件の裁判では，被疑者が子育てに悩み「彼女なりの」懸命さで取り組んできたことが明かされた。長女（被害者）の発達が遅いことを医者に相談したり，自らの「産後うつ」の受診をしたり，長女を育てられないと乳児院に預けるなど周囲にも助けを求めていた。また，市の窓口や児童相談所にも相談しアドバイスを受けており，弁護側の専門家証人はこの点を強く訴えた。それに対して，検察側は「治っていないのに通院を続けなかった」「アイロンで火傷をさせて病院に連れて行かなかったのは隠蔽工作」と責め立てた[19]。それを受けた宮崎日日新聞の報道は，検察側の訴えが主に紹介される形となり，地域のセイフティネットの不備を追及するには至らなかった[20]。宮崎日日新聞社の裁判報道を担当する「警察担当」がすべて男性（当時）であったことと報道内容とを早計に関連付けることはできないが，女性や弱者

の視点が入っていることにより違った記事構成になった可能性を捨てることはできない。

(4) まとめ

　第2節では，フェミニスト・メディア・スタディズの視点からの考察を行った。フェミニスト・スタディズでは，性暴力の被害者が落ち度を問われるのは，「強姦神話」が背景にあるからだと考える。性暴力の実態とかけ離れた強姦神話は，被害者に対して性暴力被害に加えて，セカンドレイプといえる二次的・三次的被害を与える。さらに「合意があった」と解釈されることは被害者に大変な苦痛を与え，「自分が悪かったのではないか」と自分を責めることもある。このような強姦神話に代表される性被害に関する社会認識は，報道だけでなく警察や司法を含む社会全体にあり，それが報道内容に反映しているとフェミニスト・スタディズは考えるのである。この状況を改善するには，被害者の立場に寄り添ったケアのジャーナリズムが有効であると考えられるが，そのためにはマス・メディアの送り手のダイバーシティの確保が重要であろう。

　他方で，女性被疑者については，特別な場合を除いて彼女らの事情を考慮した報道は行われず，非情さや残忍さをとりたててセンセーショナルに報じる傾向がみられる。しかし，犯罪行為の背景にドメスティック・バイオレンスの被害があるとされる場合など，その背景に目を向けた報道もあってよいのではないだろうか。また，子ども虐待事件では，被疑者が母親のケースが多く報道され，母親ばかりが責められる状況にあるが，男女共同参画社会と言われ，父親も子育てに参加することが推進される一方で，子育ての責任が母親に過剰に期待されている現代社会の状況を鑑みる必要がある。母親による虐待のきっかけが「子どもに障害がある」や「発達が遅い」というケースもみられるように，虐待は母親役割と密接な関係にあると考えることができ，母親だけを責める報道は問題の解決につながらない。被疑者個人を責めるだけでなく，虐待問題を包括的にとらえた報道が望まれる。

　ブロック紙・地方紙は，地域メディアの機能を備えており，地域の問題を掘

り起こし当事者の立場で伝えるといったようなケアのジャーナリズムを担うことが期待される。また，中央中心の情報の中で，地方の視点から報道を行うことは多様な視点からの情報発信につながる。しかしながら，ここでも送り手のダイバーシティの確保が重要となることを宮崎乳児虐待死事件の報道の事例から結論づけることができる。

第3節　社会構築主義からの考察

　第3節では，社会構築主義の観点から考察を行う。第1章で整理を行った通り，社会構築主義はラベリング理論を推し進めたものである。また，第2章で言及したように，ジェンダーとメディア研究におけるフェミニスト・メディア・スタディズの潮流の一つには社会構築主義の視点と手法が用いられている。したがって，第3節では，ラベリング理論とフェミニスト・メディア・スタディズの両者を含意した社会構築主義であることを踏まえて論を進めたい。

(1)　**女性被害者の報道をめぐって**

　日本弁護士連合会・人権擁護委員会（2000）は，被害者報道について報道各社にアンケート調査を行っている。それによると，新聞，雑誌，テレビ，ラジオ，各社からの計142通の回答中，被害者の報道について「匿名を原則とする」という回答は9通で，そのうち5通は「殺人」等の重大事件の被害者は例外という回答であったという。一方で，「性犯罪」「報復のおそれのあるケース」については，被害者を匿名で報道するというルールもほぼ確立しているという結果を得ている。

　また，1989年と1999年の各2月上半期における被害者報道について紙面調査を行い，①被害者を特定した事件報道の数そのものの減少，②被害者が匿名（性別・年齢は表示されるが）で報道されるケースの増加，③10数％ほどあった被害者の顔写真掲載率が数％に減少，④被害者の住所についてアパート名・部屋番号まで表示するというケースの消滅，1999年時点では，紙面に犯罪被害者の実名が登場するケースは50％程度であったが，被害者死亡のケースは匿名

での報道はほとんどなく，住所の報道も「市町村」以上の詳細な報道となり，顔写真の報道のケースも増加する。家族がより深い悲しみの中にある場合に，かえって被害者のプライバシーが報道される結果になり，被害者死亡の場合にそのプライバシーへの配慮が後退せざるを得なくなるという報道基準そのものの問題が指摘されるとする。

本研究において分析を行った4つの事件の被害者の報道は，この結果と同様の傾向を示している。被害者生存のケースでは個人情報やプライバシー情報は（年齢，職業等を報道する新聞はあるものの）ほとんど報道されず（京都教育大準強姦事件），被害者死亡のケースは，氏名，年齢，職業等，学校名・会社名，顔写真などが報道され，事件の様子や性格など詳しく報道される傾向にあった。とりわけ性暴力の被害者にその傾向は強かった（舞鶴女子高生殺害事件，千葉女子大生殺害事件）。日本弁護士連合会・人権擁護委員会の調査から10年を経ても，こうした傾向は変わっていないということができる。

そこで導かれるのは，被害者生存のケースでは被害者の情報はほとんど報道されないことの問題点である。京都教育大準強姦事件では，被害者の情報は一部の新聞で年齢と職業等が報道されただけであるが，分析において述べてきたように，被害者側の情報がほとんど報道されずに，被疑者側の「言い分」だけが報道されたり，被害者に対する中傷事件があったことなどを報じると，情報がほぼ被疑者側の主張する内容になってしまう。「強姦神話」が存在する社会において，このような報道のされ方は，被害者に不利益をもたらす場合もあるといえる。報道が直接的に言及しない場合でも，結果として被害者に落ち度があったように伝わってしまうからである。また，京都教育大準強姦事件では，年齢が報道されたことで飲酒との関わりから落ち度を問われることにもつながった。何が伝えられるか，どのように伝わるか（伝わる可能性があるか）について配慮することも重要な点であるといえる。

被害者・被疑者のどちらも匿名にした場合も，配慮すべき点が残る。第3章で言及したように，このようなケースは，セクシュアル・ハラスメントなどの性犯罪事件に多い。被害者の特定を防ぐために被疑者も匿名にする場合がある

からである。被疑者を匿名にすることは，一見，被害者の特定を防ぐために有効なようだが，誰が何をしたか世間に知らされない状況で「加害者」は社会的制裁を受けず，一方被害者は，周囲からの二次被害に耐え，加害者からの報復に怯えながら暮らさなくてはならならず，結果として被害者が不利益になるというケースがある。背景には，セクシュアル・ハラスメントには刑事罰はなく，性犯罪は親告罪であることがあるが，ここでも強姦神話の存在は大きい。キャンパス・セクシュアル・ハラスメント全国ネットワークでは，加害者の匿名報道は，加害者の利益にしかならないことを確認しているのは第3章で述べたとおりである[21]。

　これらのようなケースから，被害者の匿名報道を行うことが被害者の利益にならない場合[22]があることに留意しなければならないと考える。犯罪被害者等基本法の施行により，警察発表の段階で被害者の氏名が伏せられるケースが増加しているが，このことは，報道の自由の観点からも，被害者の利益という観点からも，現状の方法で問題がないか考えていかなくてはならないといえる。

　一方，2000年に全国犯罪被害者の会が結成された。犯罪被害者が社会の中で関心を持たれ，被害者支援が重要視されるようになってきた。先の警察発表における被害者の匿名発表もその一つである。これを含め，近年，性暴力被害の支援という点からみると，法や制度の拡充がはかられている。2000年の刑事訴訟法改正で，被害者が証言に著しく不安や緊張を感じると認められる場合，裁判所は被告と傍聴人から被害者の姿がみられないように遮蔽する，証言の際に支援者を付き添わせる，ビデオリンク方式にするなどの措置を取ることができるようになった。また，強姦罪や強制わいせつ罪の裁判の場合，2008年に始まった「被害者参加制度」を利用し，事実関係や量刑について意見をいうことができるようになった（代理人を通してもよい）。

　犯罪被害者等基本法に基づき策定された第2次犯罪被害者等基本計画では，犯罪被害者のための各種施策において性犯罪被害者への支援を拡充している。損害回復・経済的支援などへの取組として性犯罪被害者の医療費の負担軽減（警察庁），精神的・身体的被害の回復・防止への取組として警察における性犯

罪被害者に対するカウンセリングの充実（警察庁），性犯罪被害者に対する緊急避妊に関する情報提供（厚生労働省），医療機関における性犯罪被害者への対応の体制の整備（厚生労働省），性犯罪被害者対応における看護師等の活用（厚生労働省），ワンストップ支援センターの設置促進（内閣府，警察庁，法務省，厚生労働省），性犯罪被害者による情報入手の利便性の拡大（警察庁），性犯罪被害者に関する調査の実施（内閣府）などである（内閣府 2011）。

　ワンストップ支援センターの設置は，犯罪被害者団体及び犯罪被害者支援団体からの要望を踏まえ第2次基本計画に盛り込まれたものである。性犯罪被害者が被害直後に総合的な支援を1カ所で受けることができる支援センターの設置は，警察や病院で受ける二次被害を恐れて訴え出ることをためらう被害者に大きな後押しとなるであろう。

　ただし，こうした被害者支援の拡充の一方で留意すべき点がある。法や制度が充実し，それがマス・メディア等で積極的に伝えられると，被害者支援はもう十分だという社会の認識につながってしまうことが考えられる。他方で，性暴力被害者が受ける心身の傷の深さや，その後の生活への影響などへの人びとの理解は大きくは進んでいない。本研究で分析した事例においても週刊誌等より慎重な新聞でも落ち度を問う報道がみられる現状で，法や制度が進んでいる印象だけが広まる可能性がある。女性差別や強姦神話など，未だ解決していない問題があることに目を向ける必要もある。また，被害者は，被害を受けて傷付き，動揺し，取り乱している。訴えることができるほど強い被害者ばかりではない。制度が充実すればするほど，それにアクセス・活用しない方に責任があるかのように方向づけられることも避けなければならないのではないだろうか。

　ドメスティック・バイオレンス（DV）に関しても同様のことがいえる。2001年に成立した「配偶者からの暴力防止及びその保護に関する法律（平成13年法律第31号）」（＝DV防止法）は，配偶者暴力相談支援センターの設置と保護命令制度を大きな柱にDV被害者の救済と保護を図っている。この法律は前文において，従来は「夫婦げんか」とされ暴力として認識されてこなかった行為[23]

を「犯罪」と明記している。また被害者は「多くの場合女性」であると謳い，「経済的自立が困難である女性に対して配偶者が暴力を加えることは，個人の尊厳を害し，男女平等の実現の妨げとなっている」と述べている。しかしながら，暴力を受けても相談しない人も多いだけでなく[24]，必要な人に支援センターの情報が届いていない場合もある[25]。被害者が陥る身体的・心理的状況から，相談できない状況があることを理解する必要があるだろう[26]。

他方，本章第2節において，性暴力被害を被害者自らが被害を訴える活動を行ったり，性被害を扱った書籍やテレビ番組が放映されていることに言及した。フェミニスト・メディア・スタディズの立場からみると，当事者からの発信，あるいは当事者に寄り添った発信であり，これらは多様な情報発信の一つとしてジェンダー問題が取り扱われることに積極的な意味を持たせることができる。しかし一方で，性暴力被害者に対する偏見をさらに生みだしてしまう可能性もある。また，被害者自身から「『かわいそうな被害者』と描かれてつらい」などの意見を持たれる場合もある。「異性愛中心の（被害者の）回復像」に批判が来る場合もある。カルチュラル・スタディズの視点から考察すると，テクストには多様な読みが存在する。性暴力問題に関する情報発信が，いわゆる「逆効果」になる場合もありうる。それらを超えた言説のやりとりができる方法を模索する必要があるといえる。

(2) **女性被疑者の報道による社会的影響**

第1章第2節(2)および第3章第2節(2)で述べたように，社会構築主義の立場をとる上野・野村（2003）は，「『児童虐待』という特定の問題についてのまとまった情報の供給が1990年代に始まり，児童虐待防止法制定の2000年から2001年をピークとし集中提供され，わが国でしっかり定着した」とする。上野らは，2000年から2001年が「児童虐待」に関するマス・メディア報道の一つのピークであった理由は，児童虐待防止法制定をめぐる議論の紹介と問題提起であるという。「『なぜ子供を救えなかったか』という，人びとの感情や信念に訴えかけるキャンペーンは，人びとの不安と関心を刺激し，児童虐待というある

特定タイプの逸脱についてモラル・パニックと呼べるような状態が作られた」として「現代的な児童虐待」について考察を行った。児童虐待は「政治的な論争の余地も専門家による議論の余地もない，誰が見ても疑う余地のないシンプルな問題として扱われ，問題は家族であり家庭であり，とりわけ現代の母親のありようであり，問題を解決できるのは大きな力を付与された専門機関と専門家たちの連合であること，そして解決のための新しい法規定が急務であることがさらに強調されていた」(上野・野村 2003) と指摘する。

一方，村田泰子 (2006) は，「日本において1990年代に始まる児童虐待問題全般の社会問題化の過程で，『ネグレクト』という言葉とそれが意味するところが，広く一般に知られるようになった」とする。児童虐待防止法制定時 (2000) は，ネグレクトは貧困とは直接結びつかない問題として構成されており，端的に「保護者」が「その監護する児童」に対して「児童の心身の正常な発達を妨げるような著しい減食または長時間の放置その他保護者としての看護を著しく怠ること」とだけ定義されており，ネグレクトはあたかも両性の「親」が等しく行うもののように見えるが，日本における1990年代以降のネグレクトは，典型的に，女親が加害者となる児童虐待の行為を意味していると指摘する。その理由として村田 (2006) は，児童虐待防止法と前後して大量に産出されたネグレクト文学や虐待関連のさまざまな報告書にネグレクトの具体例として挙げられているのは，ほぼすべてが女親によるネグレクトであることをあげている。

その上で村田 (2006) は，ネグレクト問題を「女親のシティズンシップ」という観点から思弁的考察を行い，実際の事例[27]からネグレクトに対する3つのまなざしを指摘する。① 日々の生活態度全般へのまなざし（衣食住の管理を営む市民としての健全で安寧な生活態度あるいは生活水準の維持に関わることがらが女親の責務として描かれていること），② 自立性の欠如へのまなざし（自己の返済能力を超えた買い物や借金への言及が，計画性を持って家計をやりくりするジェンダー役割からの逸脱として描かれていること），③ 福祉サービスのクライアントへのまなざし（自ら進んで病院や保健所といった支援機関との連絡をたってしまった母親を描き，彼女が国家が正しいと決めたやり方で子育て上の問題解決を行

第5章 犯罪報道が伝えるジェンダー問題に関する考察　221

わなかったために，また，サービスを利用するという行為をつうじて，「専門家」と呼ばれる人びとが占有する知識と権力に正当性を付与してやらなかったために非難にさらされている），というものである。村田は，これら3つのまなざしは，近代市民社会で望ましいとされる生活態度や価値観の「ネガ（陰画）」としてのネグレクトの姿を浮かび上がらせるとして，「親業のスタンダード」の問題に加え，「市民の健康や福祉全般」の維持や推進に関わるポリティクスのなかで，ネグレクト・マザーが置かれている状況を導出し，ネグレクトがこうしたポリティクスとの関連で再定位して理解される必要があるとする。

　本研究において分析を行った大阪2幼児放置死事件においても，これらのまなざしのいくつかをみることができる。①の日常の生活態度については，「ゴミが散乱したベランダの写真」に象徴されるように部屋が汚い・掃除をしない，「カップラーメンの容器が散乱」という表現にみられるように，食事を適切かつ満足に与えず餓死させる，などである。②の自立性の欠如については，家に帰らず世話をしないと子どもたちがどうなるかわかっていながらホストクラブに行っていたことなどである。③については，被疑者が福祉サービスにアクセスしていたかどうかは報道では言及されていない。巣鴨子ども置き去り事件においても，当時はネグレクトという言葉は使われていないが，同様のまなざしがみられる。また，秋田連続児童殺害事件は殺害事件ではあるが子どもの食事や衣服に言及するなどネグレクトとして扱われ，被疑者は同様のまなざしで見られたといえる。

　③に関連する事柄では，虐待死（放置死含む）事件を契機に，子育て支援の充実に関する記事が各紙で掲載されるが，その内容は，「（周囲が）もっと早く気付いていたら」「一人で悩まないで相談して」というものである。困ったら相談して支援を得ることを前提に議論が行われ，相談先拡充の提案（人員の育成を含む），支援団体の活動紹介が報道される。現実には多くを占めるであろう「困っているのに相談しなかった」あるいは「相談したが途中で止めてしまった」といったケースでは，それをしなかった者の方に責任が降りかかる[28]。また，これらの多くは母親に対する支援であり呼びかけであるが，こ

れらは,「子育ては母親の役割」という観念を固定化するもあろう。

　村田（2006）は，シティズンシップ論の観点から，虐待やネグレクトの発生を狭い範囲の二者関係に還元してとらえようとする心理主義的アプローチに固有の限界と，現在，虐待やネグレクトの「予防」や「早期発見」を名目に広範に行われている支援的実践のイデオロギー的負荷の大きさについて指摘する。これらの実践の一方的な受け手として想定されている女性たちには，男性のそれとは明確に異なる市民としての一連の責務が期待されていたとして，女性のシティズンシップについて言及する。本研究の分析において導出された，子ども虐待・殺害事件の被疑者が取り上げられる際の情報，親子（母子）関係，家事・育児，異性関係などは，村田のいう虐待やネグレクトの「予防」や「早期発見」のチェック項目であるといえる。福岡小1男児殺害事件では，これらの項目において肯定的な評価がみられ，それによって被疑者に同情的な報道が一部にみられることは象徴的である。

　他方で，上野加代子（2006）は，児童虐待問題のリスクアセスメントの側面に焦点を当てる。母子保健のリスクアセスメントは母親を対象としてつくられており，「母子家庭」「母若年」「母性意識」「高齢出産」など，母親だけに関連する項目によって占められていることにより階層やジェンダーの問題が隠蔽され，女性の心理学的な欠陥や道徳的欠陥が焦点化されることになるという。また，かつてニーズと受け止められていた「経済的困窮」「援助者がいない」「育児過多・負担増」「精神疾患」など家族の経済ニーズやケアニーズ，精神衛生ニーズとして捉えられていたものが，児童虐待防止対策ではリスクへと読み替えが行われていること，「不自然な転居」「地域社会からの孤立」などは，虐待する親の事情や特性というより地域の排除の構造の方が映し出しているといえるが，原因をすり替えてとらえられることなどを挙げ，虐待リスクアセスメントでは，問題は常にクライアント側にあることになっているとする。さらに，近年の児童虐待問題は，家族の側の課題や困難を人びとに過度に見つめさせ，その課題等がそもそもどうして起こったのかという問いを曖昧にし，リスクを計算可能なものとして専門家がチェックを行うことで，人びとは自分と子ども

たちに対してますます責任を負う仕組みになっているとする。子ども虐待事件の報道において，被疑者の生活の様子を詳しく伝えることは，こうしたチェックを読者に向けて行っていることにもなり，犯罪報道もリスクアセスメントの一端を担っているといえる。

　また，大阪2幼児虐待事件では，児童相談所の役割と権限について議論が行われた。虐待防止法では，児童虐待の疑いがあっても保護者が拒否すれば家庭内に立ち入れなかったが，2007年の改正により，虐待の疑われる保護者が知事の出頭要求，立ち入り調査，再出頭要求を拒否した場合には，裁判所の許可状を経て強制的な立ち入り調査をすることが可能になった。しかし，2010年に起こったこの事件には，この改正点はいかされなかった。

　2010年8月4日の朝日新聞の社説では，調査を打ち切っていた児童相談所の限られた体制や，子どもの泣き声に気付いていた近隣住民（通報したのは一人だけ）にも焦点を当て，「虐待防止にもう一歩踏み込めないか」「子どもの命を社会で守ることを確認すべき」とした。また，この事件に関連した投書「児童相談所　命救える権限を」（『読売新聞』2010年8月4日），「育児と家庭両立相談できる窓口を」（同　8月10日），「里親制度の存在知ってほしい」（同　8月16日），「無関心な世の中で近所付き合い大切」（2010年8月19日）など，育児環境の改善の声がみられた。「児童福祉司確保し，虐待防げ」（『朝日新聞』2010年8月5日），「強制立ち入り実効性高めて」（同　8月5日），「虐待防止対策は国会の急務」（同　8月7日），「行政の努力で弱者の不幸なくせ」（同　8月8日）「虐待防止にシルバー人材活用を」（同　8月8日）などの投書でも，虐待問題に対して政策提言を行っている。これら，読売新聞と朝日新聞の投書は，いずれも子育ての問題を社会的な問題ととらえる視点が紹介されている。

　これらの記事は被疑者である母親を責める従来の論調とはやや異なる。地域や行政が不特定多数の母親・女性を見守り支援する，言い換えれば逸脱しないように監視するという，より厳しい方向に進みつつあるといえるかもしれない。前述の上野（2006）がいうリスクアセスメントの観点からみると，母親たちを責めるより管理・監視するという側面の強調であるといえる。「未成熟な親

相次ぐ虐待　10代〜20歳代　身勝手な動機多く」(『読売新聞』2010年8月4日)では,「未成熟な若い親による虐待事件が止まらない」として,「行政は自ら情報収集して異変をつかむ体制づくりを進める必要がある」と結んでいる。

(3)　ブロック紙・地方紙が地域に与える影響

　先にも述べたとおり,本研究で分析を行ったブロック紙・地方紙では,女性被害者・女性被疑者の取り扱いにおいて全国紙3紙と大きな違いは見られないが,その地域で起こった事件の報道において,一紙あたりの報道件数が多く,それに比例して事件内容,被害者・被疑者に関してより詳しく報道されるという特徴がみられた。

　当該地域で起こった事件の報道は,読者にとってより身近に感じ,自分の問題として不安を喚起される。本研究の分析の例では,西日本新聞が福岡3女性殺害事件を「防犯対策の呼びかけ」へ,福岡小1男児殺害事件を「(育児の)相談先の紹介」へ,宮崎日日新聞が宮崎乳児殺害事件を「子育て支援団体の紹介」へと展開し,問題の原因と対策を示した。事件の原因を「凶悪犯罪の増加」「育児不安の増大」などと読者に示し,啓発を含めた具体的な防犯への取り組みを提示している。

　浜井(2004)は,近年の治安悪化に対するモラル・パニックが,市民活動家,行政・政治家,専門家の参加により恒久的な社会問題として定着したきっかけとして,1990年代のマス・メディアによる凶悪犯罪の過剰報道を指摘しているが,本研究で示されたブロック紙・地方紙の例は,浜井の指摘に似た構図をみることができる。ブロック紙・地方紙が地域で起こった事件を多く,詳しく報道するのは当然のことといえるが,限られた地域の空間において伝えられる情報は,場合によっては不安を煽る結果となることも考えられる。

　また,芹沢一也(2006b)は,地域の連帯がなくなったために犯罪が増えているのだと叫ばれ,地域住民やボランティア団体,行政が一体となって警察活動を行おうとする動きを批判的にとらえる。今よりも犯罪が多かった昭和30年代を比較の対象として「地域活動の空洞化」を言い地域コミュニティの復活を

推進するのは，古き良き時代へのノスタルジーであり根拠がないが，「このような保守的なノスタルジーをもとに治安対策が語られている」のが現状であるとする。

　ブロック紙・地方紙は，意図するかどうかに関わらずこうした地域コミュニティに対する読者の認識に影響を与える。ジェンダー問題に関していえば，親が孤立しないよう地域で子育てを行おうとする呼びかけは，子ども虐待・殺害事件を契機として起こってくる。栃木県小山市では，2004年に同市で起こった虐待死事件をきっかけに「オレンジリボン運動」が展開されている。オレンジリボンの布製バッジや携帯ストラップの代金が虐待防止の活動のために使われるものである。この活動を主催する団体の事務局は「市民の意識が高まれば，虐待発見の通報も増える」と期待するとしている（『朝日新聞』2010年9月6日「虐待防止グッズ申し込みが急増　オレンジリボン　大阪2児遺棄　機に」）。しかし，前項でのべたように，地域住民，行政が一体となって虐待の「予防」や「早期発見」活動を行うことは，子育てする者にとって，かえって閉塞感をもたらす可能性もある。また，女性に対する犯罪に対抗できるよう防犯講習等を行うことは，女性の犯罪被害を防止するために有効なことかもしれないが，被害者の側が気をつけるべきというメッセージを伝えてしまう。

　このような点を踏まえると，ブロック紙・地方紙の伝える情報は受け手の地域における認識や行動に，よりダイレクトに影響を及ぼす可能性がある。ブロック紙・地方紙の報道が伝える情報の裁判員裁判への影響を鑑みても，重要な役割を担っているといえる。

(4)　まとめ

　社会構築主義は，人びとがどのように問題を社会問題とみなし，共有していくかを明らかにしようとする。女性被害者がセンセーショナルにかつ興味本位に報道され，プライバシーを侵害されることについて，従来から問題視されてきた。被害者支援団体や被害者自身が発言することも力となって，近年は被害者報道に変化がみられる。例えば，性犯罪の被害者の情報は伏せられるといっ

たことである。しかし，被害者の情報が伏せられ，被疑者側の言い分だけが報道される場合，被害者に不利益な状況をもたらす場合がある。また，死亡事件の場合は個人情報やプライバシー情報は報道されている。結果として，性犯罪被害者への負のサンクションはなくならない。これはフェミニスト・スタディズが問題としてきた強姦神話の存在自体が問題とされていないことが背景として考えられる。

　子ども虐待・死亡事件は2000年頃を境として日常的に報じられるようになった。「児童虐待」が問題と見なされるようになったからであり，報道が伝えることによりさらに問題視されるようになったからである。子ども虐待事件は，男性被疑者に比べて女性被疑者が多く報道され，女性の犯罪のようにみなされがちである。また，虐待（ネグレクト）事件の女性被疑者の報道は，犯罪行為そのものに加えて，村田（2006）のいう3つのまなざしによって構成されており，そこでは女性被疑者は女親のシティズンシップを問われているといえる。子育て支援や相談先が充実すればするほど，相談しなかった（つまり正当な手段で解決を図ろうとしなかった）ことまでが問われることになる。また，上野（2006）の指摘する虐待リスクアセスメントの視点では，虐待の原因を加害者（被疑者）の側に求め，家族の側の課題や困難を人びとに過度に見つめさせ，リスクチェックを行うことで，人びとは自分と子どもたちに対してますます責任を負う仕組みになっているとするが，被疑者の生活の様子を詳細に伝えることにより犯罪報道もその一端を担っているといえる。

　ブロック紙・地方紙は，犯罪報道を通じて地域の問題は何か，何を問題とすべきかという情報を提供していく。本研究において分析を行った事例からジェンダー問題との関わりについて述べると，女性がジェンダー規範から逸脱しないよう地域で見守ることを要請する働きをする。被害者にならないように地域の女性たちに気をつけさせたり，地域に加害者がいないか予防・早期発見の取り組みを行う。

　このような犯罪報道は，社会問題の問題化の過程に重要な働きをする。人びとが何を問題とするか，あるいはしないかに関する情報を選択を行いながら提

供し，社会問題を構築していくのである。

第4節 小　　括

　本章では，第4章における分析・考察の結果および先行研究を踏まえながらラベリング理論，フェミニスト・メディア・スタディズ，社会構築主義の観点から女性被害者・女性被疑者，地方紙ブロック紙に分けて，犯罪報道が伝えるジェンダー問題に関する考察を行った。

　ラベリング論からの考察では，近年の報道においても性犯罪の女性被害者は落ち度を問われ，「被害者にも問題があった」というラベルが貼られることを指摘した。近年の報道では，1980年代の報道とは異なり直接「落ち度があった」という記述はないが，被害者死亡の事件では被害者の私生活，とりわけ服装，ライフスタイル，異性関係などを報道することにより，結果として落ち度があったかのように伝わる。被害者本人のブログ等のインターネット情報の報道により，さらにそれが強調されてしまう場合がある。「落ち度のない」という表現を使うことは，「落ち度がある」ケースがあることを想定した表現となることを指摘した。

　女性被疑者は，犯人視報道により，最初から負のラベルを貼られている。夫殺害事件や過失致死事件の女性被疑者は，「言い訳」「責任逃れ」といった印象を与えられ，彼女らなりの背景や事情を考慮されることなく断罪される傾向があった。また，子ども虐待・死亡事件（放置死を含む）の女性被疑者は，「良い母親」と「悪い母親」に分けたラベルが貼られることを指摘した。子どもを殺害した場合，日常的に虐待を行っておらず，やむにやまれぬ事情があったとされる場合には「良い母親」が仕方なく行った犯罪行為とされるのに対し，日常的に虐待をしていた，家事・育児を怠っていた，異性関係に問題があったとされる場合には「悪い母親」と断罪される。子ども虐待事件では，当然親子関係について言及されることになる。もともと女性は母性に基づく母親としての役割を期待されており，そこに，事件を通して「良い母親」像と「悪い母親」像が示され，女性被疑者にラベリングが行われる面があると指摘した。

ブロック紙・地方紙は，当該地域で起こった事件の報道が，量的にも質的にも多いことにより，ラベリングが強化されるといえる。また，読者にとっても自分に身近な地域社会において起こった事件の報道を強く受け止めることが考えられ，ラベリングの効果が高いと結論付けた。

　フェミニスト・メディア・スタディズからの考察では，性暴力の被害者が落ち度を問われるのは，「強姦神話」が背景にあるからだとする点を中心として考察を行った。性暴力の実態とかけ離れた強姦神話は，被害者に二次的・三次的被害を与える。さらに「合意があった」と解釈されることは被害者に大きな苦痛を与える。強姦神話に代表される性被害に関する社会認識は社会全体にあり，それが報道内容に反映しているとフェミニスト・スタディズは考える。この状況を改善するには，被害者の立場に寄り添ったケアのジャーナリズムが有効であると考えられるが，そのためにはマス・メディアの送り手のダイバーシティの確保が重要であると結論付けた。

　他方で，女性被疑者については，特別な場合を除いて彼女らの事情を考慮した報道は行われず，非情さや残忍さをとりたててセンセーショナルに報じる傾向がみられる。しかし，犯罪行為の背景にドメスティック・バイオレンスの被害があるとされる場合など，その背景に目を向けた報道もあってよいのではないだろうか。また，子ども虐待事件では，被疑者が母親のケースが多く報道され，母親ばかりが責められる状況にあるが，一方で子育ての責任が母親に過剰に期待されている現状を鑑みる必要がある。被疑者個人を責めるだけでなく，虐待問題を包括的にとらえた報道が望まれる。

　ブロック紙・地方紙は，地域メディアの機能を備えており，地域の問題を掘り起こし当事者の立場で伝えるといったケアのジャーナリズムを担うことが期待される。また，地方の視点から報道を行うことは多様な視点からの情報発信となる。しかしながら，ここでも送り手のダイバーシティの確保が重要となることを指摘した。

　社会構築主義からの考察では，近年の女性被害者の報道に変化がみられることを指摘した。現在では，性犯罪の被害者の情報は伏せられるようになってい

る（被害者死亡のケースを除く）。その背景には，被害者がセンセーショナルにかつ興味本位に報道され，プライバシーを侵害されることに対する従来からの問題提起と，被害者支援団体や被害者自身が発言することも力となっていると考察した。しかし，被害者の情報が伏せられ，被疑者側の言い分だけが報道される場合，被害者に不利益な状況をもたらす場合があること，また，死亡事件の場合は個人情報やプライバシー情報が報道されていることなどから，性犯罪被害者への負のサンクションはなくなっていない点にも言及した。これはフェミニスト・スタディズが問題としてきた強姦神話の存在自体が問題として共有されていないことが背景として考えられる。

　子ども虐待・死亡事件は，2000年頃を境として「児童虐待」という形で日常的に報じられるようになった。「児童虐待」が問題とみなされ，報道が伝えることによりさらに問題視されるようになったからである。子ども虐待事件は，男性被疑者に比べて女性被疑者の事件が多く報道され，女性の犯罪のようにみなされがちである。また，虐待（ネグレクト）事件の女性被疑者の報道は，犯罪行為そのものに加えて，女性被疑者は女親のシティズンシップを問われている。子育て支援や相談先が充実すればするほど，相談しなかった（つまり正当な手段で解決を図ろうとしなかった）ことまでが問われ，結局のところ本人の問題へと収斂していく可能性を示唆した。

　ブロック紙・地方紙は，犯罪報道を通じて地域の問題は何か，何を問題とすべきかという情報を提供する。ジェンダー問題とのかかわりでは，女性がジェンダー規範から逸脱しないよう地域で見守ることを要請する働きをする。被害者にならないように地域の女性たちに気をつけさせたり（防犯・自己防衛），地域で予防・早期発見の取り組みを行い，母親たちが加害者になる可能性を抑制するよう（虐待リスクアセスメント）働きかける。

　犯罪報道は，社会問題の問題化の過程に重要な働きをする。人びとが何を問題とするか，あるいはしないかに関する情報について選択を行いながら提供し社会問題を構築していくということができる。

注）
1）朝日新聞は，「○○さん（被害者）から暴力を振るわれ顔の骨を折られるけがをしたこともあったという」「顔を殴られ鼻の骨を折られるなどした」（『朝日新聞』2007年1月11日）など，第一報の段階から被疑者のDV被害について詳しく伝えている。
2）一審判決時，朝日新聞と読売新聞は解説記事において，精神鑑定により責任能力を問うことの難しさと，裁判員制度に向けて判定をわかりやすく伝えるという課題を示している（2008年4月29日）。ここでは，被疑者が事件の背景として訴えたDV被害（心神喪失状態）よりも裁判員制度との関わりで精神鑑定の在り方や，裁判における採用の仕方の議論へと発展したといえる。
3）1988年当時はネグレクトという言葉は使われていない。
4）全ての記事が被疑者に同情的というわけではなく，「悲劇の母を演じ」（『読売新聞』2008年9月22日），「連れ去り偽装か」（『読売新聞』同年9月23日）のように被疑者を否定的に報じる側面もみられた。
5）角田（2001）は，「被害者資格要件」がもっともらしく論じられるのは性暴力犯罪の場合だけであるとする。できるだけこの犯罪の成立を認めたくないという暗黙の願望がその根底にあるのではないだろうかとして，その願望はなぜ生まれるのか探求する必要があるとする。
6）性暴力を無くす法律を作るための働きをする団体として，性暴力禁止法をつくろうネットワーク（2008年5月設立）があげられる。日本には性暴力禁止法がないことにより，男性が受けた性被害を訴える法律がないことも問題である。
7）2009年，埼玉県富士見市の月極駐車場内にあった車内において会社員男性（当時41歳）の遺体が発見された。死因は練炭による一酸化炭素中毒であったが，自殺にしては不審点が多かったことから警察の捜査が始まった。その結果，男性は住所不定・無職の女性（当時34歳）と交際していたことがわかり，捜査していくにつれて女性にはほかにも多数の愛人がおり，その愛人の何人かも不審死を遂げていることがわかった。埼玉県警は女性が結婚を装った詐欺をおこなっていたと断定し，結婚詐欺の容疑で逮捕した。また，逮捕時に同居していた千葉県出身の40代男性から450万円を受け取っていた。2010年1月までに，女性は7度におよぶ詐欺などの容疑で再逮捕された。警察は詐欺と不審死の関連について慎重に捜査を継続。2月，女性は男性に対する殺人罪で起訴された。窃盗罪や詐欺罪などですでに起訴されており，あわせて6度目の起訴となる。さらに10月，東京都青梅市の当時53歳の男性を自殺にみせかけて殺害したとして警視庁に再逮捕された。ただし，被害者男性の遺体は，当時は「自殺」と断定されて解剖されていない例もあり，死因に関する資料が乏しい中での極めて異例の殺人罪の立件となった。2012年4月に死刑判決。現在控訴中。
8）例えば，朝日新聞社（2012）によれば，死亡事件の場合は実名，生存事件の場合

第 5 章　犯罪報道が伝えるジェンダー問題に関する考察　231

は性被害がわかった時点で匿名にする方針を示している。
 9) 朝日新聞社（2012）は，性被害の伝え方は，被害者の希望により明確に伝える場合は「強姦」など明確な表現を用いるとする（死亡事件の場合は遺族の希望を尊重）。
10) 朝日新聞記事検索サービス聞蔵Ⅱを利用。期間：1984年から2011年。検索式：性犯罪。いずれも地方版を含む朝夕刊。
11) 朝日新聞記事検索サービス聞蔵Ⅱを利用。期間：1984年から2011年。検索式：性暴力。いずれも地方版を含む朝夕刊。
12) 2003年，早稲田大学のイベントサークル「スーパーフリー」で起こった集団強姦事件。スーパーフリーの代表，および男子学生5人が六本木にある居酒屋でイベントの二次会を行い，女性を泥酔させ「介抱」と称して人気のないフロアに連れ出し集団で強姦したとされる。一審では，主犯のサークルの代表に懲役14年の実刑判決が出されたが控訴，上告まで行い2005年，最高裁で懲役14年の刑が確定した。主犯を除く19人には，懲役12年4ヶ月の実刑判決が確定した。
13) 朝日新聞記事検索サービス聞蔵Ⅱを利用。期間：1984年から2011年。検索式：DV or ドメスティック・バイオレンス。いずれも地方版を含む朝夕刊。
14) 大庭（2009）は，DV防止法の制定および，その啓発活動により，DVという言葉が様々な言説の中に見受けられるようになり，夫からの暴力に苦しむ人が「いる」ことを多くの人に知らせたが，被害者のリアリティが他者と共有されることは難しい状況が続いているとする。
15) 表3-4，表3-5の通り。2010年の検挙人員は，父親等が268件（総数比69.3%），母親等が119件（総数比30.7%）。父親等の検挙人員は，暴行31件，傷害155件，うち傷害致死11件。いずれも法務省（2011）『平成23年版　犯罪白書』より。
16) 2010年12月14日，15日，宮崎地方裁判所で行われた宮崎乳児虐待死事件第一審審理を筆者が傍聴。被疑者は子どもを泣き止ませたいと何度もたたいたと証言。また，子どもにアイロンを押し当てたのは「コードを引っ張ると火傷をする，いけないことだと教えたかった」と証言した。
17) 2003年，大阪府岸和田で食事を与えられないなどの虐待を受けた体重24キロの中3少年が意識不明状態で救出された事件。父親と義母が逮捕され，殺人未遂罪で起訴された。一審判決は父親・義母ともに懲役14年（2005年）。2006年，控訴審でそれらは覆らず刑が確定した。
18) 本研究では「虐待の連鎖」については言及しないが，虐待者自身の被虐待経験や性暴力の被害体験が指摘されている。虐待を個人的な問題として還元できない理由の一つである。
19) 2010年12月14日，15日，宮崎地方裁判所で行われた宮崎乳児虐待死事件第一審審理を筆者が傍聴。被疑者（被告）は，火傷の傷に家にあったステロイド剤を塗り看病したと訴えたが，検察は「薬を買いに行かなかった」「病院に連れて行かなかっ

た」のは隠蔽を考えたからだと被告を責めた。
20) 子育て支援に関する記事（2010年12月24日）が掲載されたことは第4章で述べたとおりである。
21) キャンパス・セクシュアル・ハラスメント全国ネットワーク（第15回全国大会：2009年9月）。
22) 被害者の匿名報道それ自体が問題なのではなく，強姦神話等が背景にあることにより，被害者の情報が伏せられ加害者（被疑者）の情報ばかりが報道されることが，被害者の不利になる例がある。
23) ここで示される暴力の内容は，殴る・蹴るなどのいわゆる「身体的暴力」，言葉による侮辱や威嚇などの「心理的暴力」，生活費を渡さないなどの「経済的暴力」，望まない性行為の強要や，避妊への非協力などの「性的暴力」，子どもに暴力をふるう・子どもに暴力を見せるなどの「子どもを使った暴力」などである。
24) 内閣府が行った「男女間の暴力に関する調査」によると，被害経験がある人のうち「どこにも相談していない」と回答した女性の割合は41.4％であった（内閣府男女共同参画局 2012）。
25) シリーズ「救え幼い命 児童虐待の現場から」「第1回『勇気あれば』母自問」（『毎日新聞』2010年8月30日）では，母子家庭への公的扶助やDV被害者への支援

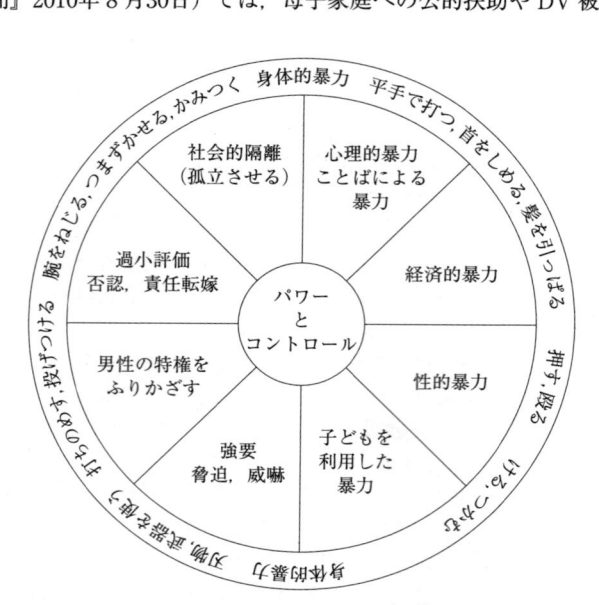

出典）戒能民江（2001）『ドメスティック・バイオレンス防止法』p.51

図5-4　パワーとコントロールの車輪

第5章　犯罪報道が伝えるジェンダー問題に関する考察　233

　制度を全く知らずに夫からの暴力に耐え，結果的に夫による子ども虐待に加担した母親の例が紹介されている。
26) アメリカミネソタ州ドゥールズ市の支援グループが作成した，力と支配を軸に，暴力の車輪が回り続ける「パワーとコントロールの車輪」の図（図5-3-1）で説明されることが多い（戒能民江　2001など）。パワーとコントロールという車輪が，暴力の車輪を回している図で，外からはわかりにくく，暴力と認識しにくい「心理的暴力」「経済的暴力」が車輪の空気圧のように暴力の効果を強くすることをあらわしている。被害者が暴力から逃れにくいことを示す。
27) 杉山春（2004）のルポルタージュ。
28) 宮崎乳児虐待死事件裁判で，「（産後うつが）治っていないのに通院を止めてしまった」ことが検察に責められたことについては，先に述べたとおりである。

第6章

研究のまとめ

　第6章では，得られた知見と議論のまとめとして，まず第4章において行った犯罪報道の分析から導出された結果を示した。その結果と第2章，第3章で整理を行った先行研究をもとに第5章において行った考察の結果をまとめ，到達点と課題の整理を行う。

　また，「残された課題と展望」として，フレーミング効果を視野に入れた研究の可能性と，配慮すべき視点として，オントロジカル・ゲルマンダリングについて，事象の残された局面として，男性のケースとの比較，犯罪を引き起こす被疑者の要因について言及した。

第1節　得られた知見と議論のまとめ

(1)　女性被害者・女性被疑者の取り扱われ方の特徴と類型化

　本書では，犯罪報道の問題に関する議論の位相を，①メディアの制度に起因する犯罪報道の「在り方」に関する問題，②犯罪報道の影響に関する問題，③犯罪あるいは報道をめぐる法制度等から派生する新たな問題，の3つの側面に分け，「犯罪報道の一般的問題」として整理を行った。さらに，「ジェンダーの視点からの犯罪報道の問題」についても整理を行い，ジェンダーとメディアの視点から犯罪報道を論じる意味を確認した。その上で，「犯罪報道の在り方への異議申し立ては何を"問題"としてきたか」「(その結果)何が変化

したか，または変化していないか」「近年の犯罪報道は犯罪の何を"問題"として伝えているか」をジェンダーとメディアの視点から記述することを通して，犯罪報道の現状と社会的影響を考察することを目的として研究を進めてきた。とりわけ女性被害者・女性被疑者をめぐる状況及びジェンダー問題を中心に先行研究を整理し，近年の犯罪報道の傾向を把握した上で，その検証のために女性被害者・女性被疑者の報道内容の分析および考察を行った。

第4章においては，近年の新聞における犯罪報道の分析（量的分析・質的分析）を行った。2005年から2010年に起こった事件を中心に，殺人事件をはじめとした凶悪犯罪に焦点を当て，かつ，ジェンダーの問題と報道の問題，両者を分析することを目的として事件の背景にジェンダーの問題が存在すると考えられる事件を9件選定し，全国紙3紙（朝日新聞，毎日新聞，読売新聞），ブロック紙（西日本新聞），地方紙（宮崎日日新聞，下野新聞）における報道を分析した。分析結果を類型化したものを概略化して示すと次のようになる。

〈女性被害者・女性被疑者の取り扱われ方の特徴の類型化〉
1) 女性被害者の取り扱われ方の特徴
   ① 女性被害者の個人情報・プライバシー情報の取り扱い
   - 被害者死亡（殺人事件など）の場合：個人情報・プライバシー情報の報道有り
   - 性犯罪事件被害者死亡の場合：個人情報・プライバシー情報の報道有り
   - 性犯罪事件被害者生存の場合：個人情報・プライバシー情報の報道無し

   ② 殺人事件における性被害の有無と被害者の落ち度の取り扱い
   - 性暴力被害がない場合：「落ち度のない」ことが強調されるケースもある
   - 性暴力被害がある場合：「落ち度」が問われる

2) 女性被疑者の取り扱われ方の特徴
　① 女性被疑者の個人情報・プライバシー情報取り扱い
　　・個人情報・プライバシー情報の報道有り
　　・異性関係・夫婦関係などに言及有り

　② 妻による夫殺害事件の取り扱い
　　・身勝手さが強調される傾向
　　・事件の背景への配慮は行われない傾向

　③ 母親による子ども殺害・虐待死（放置死含む）事件の取り扱い
　　・殺害の理由に同情すべき側面がある場合：「良い母親」として報道
　　・日常的な虐待があったとされる場合：「悪い母親」として報道

　④ 自動車運転過失致死事件の取り扱い
　　・被害者・被疑者ともに個人情報・プライバシー情報の報道有り
　　・被疑者の悪質さが強調される傾向

3) ブロック紙・地方紙にみる取り扱われ方の特徴
　① 全国紙と比較した報道量・報道内容の違い
　　・報道件数が多い傾向
　　・報道内容が詳細になる傾向

　② ブロック紙・地方紙の社会的機能からみた事件報道の特徴
　　・事件に関連する情報提供
　　・地域の問題としての報道

(2) 議論のまとめ
　犯罪報道に対しては，従来から問題点が指摘されてきた。まず，被疑者に対

する犯人視報道である。被疑者の段階で犯人とみなされることによる人権侵害，実名報道による個人情報の流出やプライバシーの侵害などは，犯罪報道の一般的問題として1970年代後半から問題とされてきた。また，女性被疑者については，これらの問題に加えて，性役割観念に基づいた「女性」強調があるとして，1980年代後半からフェミニストたちが問題としてきた。これらは，メディアが描き出す女性像が女性差別につながるという見方からの指摘の一つである。さらに，1990年代後半から報道され始めた児童虐待事件では，児童虐待が議論の余地なく「家族や家庭の問題」「母親の在りようの問題」へと収斂される傾向（上野加代子・野村知二 2003）や，ネグレクトが「女親のシティズンシップ」の問題だとされること（村田泰子 2006）などが指摘された。本研究では，そのことが女性被疑者（母親）の描かれ方に反映されているのではないかと推察し，論述を行った。

　第4章において行った近年の新聞における犯罪報道の分析から得た結果では，女性被疑者の犯人視報道については大きくは変わっていないといえる。また，個人情報・プライバシー情報についても，氏名，年齢，職業等については高い割合で報道されている。住所や顔写真は，高い割合ではないが報道された事件もあった。また，性役割が強調される点につても変わっていない。子ども殺害・虐待死事件（放置死を含む）では，母親としての役割が問われ，事件によっては異性関係が強調されることもあった。それは日頃から虐待（ネグレクトを含む）があったとされるなど被疑者が「悪い母親」とされるケースにみられた。ただし，女性被疑者（母親）だけでなく，虐待の社会的責任（支援体制など）に目を向けた特集などがみられたことは特徴的であった。

　一方，被害者の報道についても問題視された。梓澤和幸（1999）は，「加害者の人権は守られるが被害者の人権は蹂躙され放題ではないのか」といわれる被害者報道の在り方を「被害者報道の過ち」として原因を追究した。日本弁護士連合会・人権擁護委員会（2000）は，被害者取材の問題点として「被害者への配慮」が著しく欠落している点を指摘し，被害者（や遺族）は犯罪によって大きなダメージを受けていることへの配慮が必要であるとした。

フェミニスト・スタディズの領域では，女性被害者の報道についても問題視された。被害者にもかかわらず実名報道によって世間に個人情報を知られたり，プライバシーが侵害されることはもちろん，特に性犯罪事件の被害について詳述する報道や，被害者の落ち度を問う報道を問題とした。女性被害者はセンセーショナルに，男性とは異なるダブル・スタンダードによって報道される（四方由美 1996），女性被害者は男性被害者と比べてプライバシーの侵害が著しい（小玉美意子・中正樹・黄允一 1999）などが指摘された。

被害者報道に関しては，性犯罪事件の被害者の情報が伏せられた点に変化がみられた。氏名，年齢，職業等，学校名・会社名はほとんど報道されることはなかった。研究者や司法関係者らの指摘に加え，2000年頃から犯罪被害者支援者・団体および犯罪被害者自身など被害者の立場からの発言が活発に行われるようになり，犯罪被害者への社会的な関心が高まったことが変化の要因の一つではないかと考察した。ただし，被害者死亡のケースでは，氏名，年齢，職業等に加えて，事件によっては学校名・会社名，住所，顔写真が報道されている。また，被害者死亡のケースにおいて，性暴力被害があったとされるケースでは被害者の服装や異性関係に言及されるケースがみられた。こうした報道を通して，結果として，性暴力被害者の「落ち度」を問うことにつながっていることを指摘した。

また，近年の傾向として，被害者・被疑者ともに彼女らが関係するインターネット情報が報道されることがある。これは，性格や異性関係など報道内容を補強する効果として機能しているといえる。

他方で，ブロック紙・地方紙は，当該地域で起こった事件において詳細にかつ掘り下げた報道が行われる傾向があると結論付けた。

第5章において，これら第4章の分析から導出した近年の犯罪報道の特徴と先行研究から，ラベリング論，フェミニスト・メディア・スタディズ，社会構築主義の観点から女性被害者・女性被疑者，地方紙・ブロック紙に分けて，犯罪報道が伝えるジェンダー問題に関する考察を行った。

ラベリング論からの考察では，近年の報道においても性犯罪の女性被害者は

落ち度を問われ,「被害者にも問題があった」というラベルが貼られることを指摘した。近年の報道では「落ち度があった」という直接的な記述はないが,被害者死亡の事件では被害者の私生活,とりわけ服装,ライフスタイル,異性関係などを報道され,結果として落ち度があったかのように伝わる。被害者本人のブログ等のインターネット情報の報道は,さらにそれを強調する場合がある。「落ち度のない」という表現を使うことは,「落ち度がある」ケースがあることを暗に示唆すると指摘した。

女性被疑者は,犯人視報道により負のラベルを貼られている。夫殺害事件や過失致死事件の女性被疑者は,「言い訳」「責任逃れ」といった印象を与えられ,彼女らなりの背景や事情を考慮されず断罪される傾向にある。また,子ども虐待・死亡事件（放置死を含む）の女性被疑者は,「良い母親」と「悪い母親」に分けたラベルが貼られることを指摘した。子どもを殺害した場合,日常的に虐待を行っておらず,やむにやまれぬ事情があったとされる場合には「良い母親」が仕方なく行った犯罪行為とされるのに対し,日常的に虐待をしていた,家事・育児を怠っていた,異性関係に問題があったとされる場合には「悪い母親」と断罪される。従来から女性は母性に基づく母親としての役割を期待されており,そこに,事件を通して「良い母親」像と「悪い母親」像が示され,女性被疑者にラベリングが行われる面があると指摘した。

ブロック紙・地方紙は,当該地域で起こった事件の報道が,量的にも質的にも多いことにより,ラベリングが強化される。また,読者にとっても自分に身近な地域社会において起こった事件の報道を強く受け止めることが考えられ,ラベリングの効果が高いと結論付けた。

フェミニスト・メディア・スタディズからの考察では,性暴力の被害者が落ち度を問われる点について,「強姦神話」が背景にあることを中心として議論を進めた。性暴力の実態とかけ離れた強姦神話は,被害者に二次被害を与える。強姦神話のような性被害に関する社会認識は社会全体にあり,それが報道内容に反映しているとフェミニスト・スタディズでは考える。「合意があった」と解釈されることは被害者に大きな苦痛を与える。この状況を改善するには,被

害者の立場に寄り添ったケアのジャーナリズムが有効といえるが，それにはマス・メディアの送り手のジェンダー・バランスへの配慮などダイバーシティの確保が重要であると結論付けた。

　女性被疑者については，特別な場合を除いて彼女らの事情を考慮した報道は行われず，非情さや残忍さをとりたててセンセーショナルに報じる傾向がみられる。しかし，犯罪行為の背景にドメスティック・バイオレンス（DV）の被害がある場合など，その背景に目を向けた報道もあってよい。また，子ども虐待事件では，被疑者が母親のケースが多く報道され，母親だけが責められる状況にあるが，一方で子育ての責任が母親に過剰に期待されている現状を鑑みる必要がある。こうした点を考慮するならば，被疑者個人を責めるだけでなく，虐待問題を包括的にとらえ，社会構造や法制度に言及する報道が望まれると結論付けた。

　ブロック紙・地方紙は，地域の問題を掘り起こし当事者の立場で伝えるといったケアのジャーナリズムを担うことが期待される。また，地方の視点から報道を行うことは多様な視点からの情報発信となる。しかしながら，ここでも送り手の年齢，ジェンダー，出身といったダイバーシティの確保が重要となることを指摘した。

　社会構築主義からの考察では，近年の女性被害者の報道において性犯罪の被害者の情報は伏せられるようになってきた（被害者死亡のケースを除く）ことの評価を論じた。被害者の情報が伏せられ，被疑者側の言い分だけが報道される場合，被害者に不利益な状況をもたらす場合があること，また，死亡事件の場合は個人情報やプライバシー情報が報道される上，性犯罪被害者への負のサンクションは今も変わらず存在していることに言及した。フェミニスト・スタディズが問題としてきた強姦神話の存在自体が社会に問題として共有されていないことが要因ではないかと考察した。

　子ども虐待・死亡事件は，2000年頃から「児童虐待」という形で日常的に報じられるようになった。「児童虐待」が問題とみなされ，報道が伝えることによりさらに問題視されるようになったからであるとされる。子ども虐待事件は，

男性被疑者に比べて女性被疑者の事件が多く報道される傾向にあり，「女性の犯罪」のようにみなされがちである。また，虐待（ネグレクト）事件の女性被疑者の報道は，犯罪行為そのものに加えて，女性被疑者は女親のシティズンシップを問われている。子育て支援や相談先が充実すればするほど，相談しなかったことまでが問題とされ，結局本人の問題へと収斂していく可能性を指摘した。

ブロック紙・地方紙は，犯罪報道を通じて地域の問題は何か，何を問題とすべきかという情報を提供する。ジェンダー問題とのかかわりでは，女性がジェンダー規範から逸脱しないよう地域で見守ることを要請する働きをする。被害者にならないように地域の女性たちに気を付けさせたり（防犯・自己防衛），地域で予防・早期発見の取り組みを行い，母親たちが加害者になる可能性を抑制するよう（虐待リスクアセスメント）働きかけることを促進する機能を持つことを指摘した。

ここで，犯罪報道における女性被害者・女性被疑者に関する議論をさらに展開させて整理を行い得られた知見と議論のまとめとしたい。

犯罪報道は，社会問題の問題化の過程に重要な働きをする。犯罪報道は，ニュースの編集によって選択された事件を報道し，また，事件における選択された側面を強調する。このことは，人びとが何を問題とするか，あるいはしないかに大きく関わり，社会問題を構築していくといえるからである。Spector, M. と Kitsuse, J.I.（1977＝1990）は，社会問題は，人びとがどのように問題を社会問題とみなし，クレイムを申し立て，クレイムの共有を迫るのかによって構築されるものであるとする。逸脱問題の原因を，逸脱者の側にではなく，「逸脱者」というラベルを恣意的に貼りつける人びとの側に求めるのである。この論理に当てはめるならば，犯罪報道は誰が逸脱者かを選択してラベルを貼りつける役割を担うことになる。あるいは，犯罪報道は人びとが何に（誰に）どのようなラベルを貼るべきか情報提供を行う。「社会集団は，これを犯せば逸脱となるとなるような規則をもうけ，それを特定の人々に適用し，彼らにアウトサイダーのラベルを貼ることによって，逸脱を生みだす」（Becker, H.

S. 1963＝1978）という逸脱の定義を共通認識とした場合，犯罪報道は人びとの社会生活の中で逸脱を規定し周知する役割を担っているといえよう。言い換えれば，犯罪報道は，「社会問題のワーク」（中河伸俊 1999）の一端を常に担っているということになる。

　本研究の分析において指摘したように，女性被害者・女性被疑者はいずれもそれぞれの要素でラベリングされ報道される。犯罪報道は女性たちの逸脱について峻別して示すのである。例えば，性暴力被害者は「落ち度」があったかどうかが基準でラベル付けされる。虐待事件の女性被疑者は，それまで「良い母親」であったかが基準となる。しかしながら，犯罪事件の被害者になる時点で日頃の不注意が問われるし，性犯罪事件であればなおのこと「落ち度」を探されてしまう。ごく稀な「モデル被害者」を除けば，被害者が負のサンクションを与えられることになるだろう。女性被疑者は，加害者＝犯人として取り扱われるので，当然のことながら逸脱のラベルが貼られるが，そこで問われるのは，性格や生活態度，異性関係などであり，誰もが何かしらの項目に該当する。上野千鶴子（2001）が野口裕二（2001）を引いて，構築主義の前提として紹介する3つの命題，①現実は社会的に構成される，②現実は言語によって構成される，③言語は物語によって組織化される，を用いて考えると，女性被害者・女性被疑者たちは犯罪報道において，誰もがそれぞれの「逸脱」について社会的に構成されるのだといえる。

　これらのラベリングは，女性被害者・女性被疑者個人の逸脱を問題にし，特別視していると同時に，これら個人に当てはまる逸脱は女性一般において「あってはならないこと」だと規定する。問題とされるのは「犯罪」という社会的に見て特別な事象でありながら，問われている事項は，女性たちの性格，振る舞い，生活態度，異性関係などであり，これらはすべての女性に該当する事項だからである。Scott, J.W. のジェンダーの定義である「肉体的差異に意味を付与する知」（Scott, J.W. 1988＝1992）を用いるなら，犯罪報道は，逸脱へのラベリングを通して「女性」に意味を付与する働きをしている。すなわち，「女性」概念を構築する場の一つであるといえる。さらに言えば，犯罪報道は，

「女性」が守るべきある種の規範を示し，それを守らない場合の象徴として女性被害者・女性被疑者を見せしめのように断罪する。性役割の再生産を行う場でもあるといえよう。

　こうした事象は，フェミニスト・メディア・スタディズの立場からは批判的にとらえられる。犯罪報道による女性被害者や女性被疑者に対するラベリングは，性別に対する固定的な見方を提示するだけでなく，とりわけ女性のジェンダーやセクシュアリティを抑圧することにつながると考えられるからである。また，すべてのジェンダーはセックスである（生物学的な差異も構築されたものとみなす）とする Butler,J.（1990＝1999）は，メディアを「セックスの自然化」のための装置の一つであるとするが，それにならえば日常的に人びとがふれる犯罪報道は「セックスの自然化」の実践過程ということができる。つまり，ラベリングの結果がジェンダー規範であり，性役割分業であり，「女性」の構築なのである。無論，犯罪報道だけがこれらの結果をもたらしているとはいえないが，少なくとも「犯罪」という強く忌避されるべき事柄をめぐって社会規範が伝えられることの影響は大きいといえよう。

　犯罪の背景にあるジェンダー問題が顕在化せず，女性被害者・女性被疑者が殊更責められる現象についても，フェミニスト・メディア・スタディズの視点からは批判される。強姦神話，女性への暴力（DV被害），母親役割（母性神話）など，フェミニズムが問題としてきた事柄が犯罪の背景には数多く存在すると考えられるからである。本書において分析対象とした事件においてもそのような事例がみられたが，報道における「女性表現」は，女性被害者・女性被疑者に不利な用いられ方である事例であったと同時に，これらの問題について理解が深まる内容ではない場合が多かった。これはジェンダーとメディア研究が指摘している「従来の問題」が解決されていないこととも深く関わっている（国広陽子 2003，村松泰子 2005，小玉美意子 2009a）。一方，本研究では言及していないが，男性被害者・男性被疑者の報道において男性特有のジェンダー表現が用いられるケースがあり，女性の場合と同様にジェンダー問題が存在すると考えられる。

こうした問題に積極的にアプローチする方策の一つとして、ケアのジャーナリズムの実践が考えられる。ケアのジャーナリズムは、客観的ジャーナリズムとは異なり、取材対象に対して観察者としての立場を超えて時には支援者としての役割を担う。絶対的弱者に対して言葉を与えエンパワーメントすることによって、ダイナミックかつラディカルに公共性を転換しようとする。このような立場からアプローチすることにより、犯罪の背景にあるジェンダー問題を犯罪被害者や被疑者の側から明らかにすることも可能になるであろうし、犯罪報道の「多様な読み」（Van Zoonen 1991＝1996）も広がるであろう。ただし、Van Zoonen（1991＝1996）も指摘するように、多様な読みとはフェミニストにとって「都合の良い」解釈ばかりではない。新たな葛藤や議論が生じる可能性は視野に入れなくてはならない。また、ニュース制作過程へのジェンダーの関与にも注意を払わなければならない。ジェンダーの視点と配慮の少なさが、フェミニストが考えるジェンダー・バイアスにより構成されたニュースとなっているとしても、ニュース制作者の年齢、性別、出身といったダイバーシティの確保が現実のニュース政策にどのように反映するかについての実証は現状では解明できていない。

　一方で、犯罪報道が犯罪を抑制するという視点からみれば、被害者・被疑者に対するラベリングは肯定的に評価されるものであるかもしれない。犯罪報道は、被害者にならないよう気を付けなくてはならない、まして加害者になってはならないというメッセージを人びとに伝える機能を果たすからである。しかしながら、その場合もいくつかの批判点が生じる。第一に、本研究の分析結果に見るように、問題とされているのは犯罪行為ではなく、ジェンダー規範に関する社会的逸脱であり、それがすなわち犯罪の抑制に必ずしも結びつくか疑問が残る。第二に、性暴力被害者の場合には落ち度を問われるというジェンダー・バイアスである。被害者にもかかわらず責められるのは二重の被害であるし（二次被害）、女性の性に厳しいことは、反対に加害者の性（犯罪）には甘い見方につながる。第三に、犯罪を抑止することを目的とするならば、警察発表をはじめとした発表に基づく事件報道（発表報道）だけでなく、統計調査等

に基づく犯罪の実態や原因追究といった側面からの調査報道により，人びとに犯罪の実際を示す必要があるといえるが，そうした報道は多くはない。犯罪報道が犯罪の抑止機能を担っている面があるとしても，これらの点からみると十分とは言えず，一部弊害もあるといえる。

　本書では，新聞の分析においてブロック紙・地方紙も研究対象とした。本研究で分析を行った事件の報道では，事件報道にとどまらず特集記事や投書などに発展させた記事展開は，ブロック紙・地方紙においてやや多く見られた。犯罪を被害者・被疑者個人の問題としてではなく社会問題としてとらえ，情報提供を行うことは重要である。例えば，山野良一（2006）は，児童虐待施策における保護者個人の責任性や「こころ」の問題への過度な焦点の当てかたは，家族の社会経済的な困難さや社会資源の不足の問題から注意をそらす社会装置にさえなりはじめているとする。犯罪報道においても，事件報道だけに偏ると犯罪を個人の問題として扱いがちになるからである。しかしながら，同じく虐待問題でいえば，児童相談所の権限の拡張や予算の増額などの提案に結びつく議論が，児童虐待対策を強権的で介入性の強いものにする方向で進められたり，一方で，先に述べたように母親たちが加害者にならないよう虐待リスクアセスメントという名目において地域で監視する方向に展開していく可能性については，注意しなくてはならない。社会的な問題であるとしながらも，結局は個人を監視する結果になり，母親たちが抑圧を受けることになるであろう。また，ブロック紙・地方紙が地方裁判所において行われる裁判員裁判の審理に大きな影響を与えることが予想される。犯罪をどのようにとらえるかは，裁判の審理内容と結果に反映する可能性が高くなる。ブロック紙・地方紙は，地域メディアとしての機能を備え，より一層の責任が問われるようになるといえる。

　本書での研究の結果として，犯罪報道を通じて，女性被害者・女性被疑者に現在の社会における女性規範に基づくラベリングが行われ，同時にそのことが女性一般の社会規範の強化・構築に作用しているという側面が検証できたと考える。また，本研究は犯罪報道の在り方について提言を行うものではないが，これまで述べてきた事柄が，今後の犯罪報道における女性の取り扱い方につい

て考える手がかりの一つになることを期待する。従来から指摘されてきた実名報道やプライバシー侵害による人権侵害は当然考慮されるべき事柄であるが，ジェンダー問題に焦点を当て社会構築主義の観点からアプローチすることにより，それとは異なる側面からの課題があることを提示できたと考える。

第2節　残された課題と展望

(1)　研究方法

①　第二レベルの議題設定機能（フレーミング効果）の研究

以上の研究は，女性被害者・女性被疑者の犯罪報道について，そのラベリング機能，ラベルの意味するもの，「女性」概念構築への影響について研究を行ったものであり，この問題に関するすべての局面を網羅しているものではない。そこで，この課題について研究を深化させるためには，次のような研究も必要であると考える。

犯罪報道の影響を考えるにあたって，マス・コミュニケーション研究における効果論，とくにマス・メディアによる議題設定機能（McCombs, M.E. & Shaw, D.L. 1972＝2002）やフレーミング効果（Entman, R.M. 1993）についても視野に入れる必要がある。議題設定機能においては，犯罪報道においてどのような事件や出来事が伝えられ，強調されているのかは重要な分析軸であるし，選択と顕出性に関わるフレーミング効果は，伝達されるテキストの中でより際立たせられているのが事件や出来事のどのような側面であるかを明確にすることとなり，因果的解釈や道徳的評価がどのように行われているのかを知る手掛かりとなるからである。

とくに着目すべきは議題設定研究の次の部分である。近年，議題設定研究の新たな流れの一つとして，特定争点の下位レベルでの議題設定効果を検討しようとする動きがある。これは，従来のようにいくつかの争点間でどの争点がより重視されているかを問うのではなく，特定争点に関する諸属性の間で，どの属性がより重視されているかを検討しようとするもので，「第二レベルの議題設定」あるいは「属性型議題設定」と呼ばれている（竹下俊郎 2008）。これら

はフレーミング研究(フレーミング効果)との関連で議論されることが多い。斉藤慎一(2012)は，ニュース報道とジェンダー研究の領域でメディア報道を分析する際に，議題設定研究とフレーミング研究の両方を用いて説明している。

フレーミングの定義は，一つに定まらないが，多く引用される定義は「認識された現実のある側面を選択し，それらを伝達するテキストの中でより際立たせることであり，そうすることによって，何が問題なのかの明確化，因果的解釈，道徳的評価，そして・あるいは望ましい対処方法を促す」(Entman, R. M. 1993) ものとされる。メディア・フレームが受け手に与える影響はフレーミング効果と呼ばれるが，フレーミング研究は，このフレーミング効果の検証を目的としている。

フレーミング効果と属性型議題設定効果との関連については，同じものとみなす立場，違うものとみなす立場で議論がある。しかし，双方とも，特定の争点についてどの側面を選択，強調し，どの側面を排除するかによってオーディエンスの解釈や理解に影響を与えることを実証的に研究する点においては同じであり，報道の効果を考察する上で重要である。メディア・フレームの視点からなされた研究には，多くの蓄積があるが，ジェンダーの視点を取り入れたものは多くはない。属性型議題設定およびフレーミング効果—とくに構築主義的アプローチによるフレーミング研究 (Gamson,W.A. 1988, Gamson, W.A. & Modigliani, 1989など) の枠組みも援用しながら研究を行うことを，今後この研究を発展させるための課題の一つとしたい。

② オントロジカル・ゲルマンダリングについて

社会構築主義に対して常に指摘される中心的な問題の一つにオントロジカル・ゲルマンダリングがある。オントロジカル・ゲルマンダリングは，Woolgar, S. と Pawluch, D. (1985＝2006) の論文 "Ontological Gerrymandering: The Anatomy of Social Problems Explanations." により提起された問題で，構築主義アプローチをとる社会問題の研究者たちは，自分たちが掲げる相対主義のポリシーを事例研究に選択的な形で適用してきたという指摘である。

「うまくいった社会問題についての説明は，分析や説明のために選択されたある事態について真の状態を問題視することに依拠しているのであるが，そのいっぽうで，分析が依拠する前提にも同じ問題があてはまるという可能性を背景化したり最小化したりしているのである」(Woolgar, S. & Pawluch, D. 1985＝2006) として，問題であると理解されるべき前提とそうでない前提との間に「境界線を引く作業」は，現象ごとに存在論的な不確実性について異なった感受性を生みだし維持すると批判する。構築主義者たちが社会問題の構築主義的な説明を成り立たせるという自分たちの都合に合わせて，存在論上の境界線，つまり，何がもともと存在し，何が構築物なのかという区分を操作してきたというのである。

この指摘は，社会構築主義からアプローチを行っている本研究にもあてはまる。「自明なものは何もない」という構築主義的な立場をとりつつ，犯罪報道をめぐる異議申し立て（クレイム）を「解決すべき問題」と位置付けたり，性別を「構築されたもの」としながら女性差別をはじめとするジェンダー問題を「解消するべきもの」とみなして研究を進めてきたことは否定できないからである。

他方，オントロジカル・ゲルマンダリングについてはさまざまな議論があり，社会構築主義の立場からの反論も行われている（「厳格派」と「コンテクスト派」など）。また，オントロジカル・ゲルマンダリングという指摘にとらわれているべきではないという主張もある（中河 1999）。本研究では，このことについて立場を表明したり結論を出すことはできないが，社会構築主義の立場で社会問題を扱うにあたってオントロジカル・ゲルマンダリングという批判的指摘があることを常に留意しなくてはならないと考える。とくに，ジェンダーに関する問題を扱う場合には，この点に関して自己矛盾に陥りやすいことに自覚的でなくてはならない。今後，研究を進める際に自己言及的な態度を忘れてはならない。

(2) 事象の残された局面
　① 男性のジェンダーに関する分析の必要性
　本研究では，報道事例として，女性被害者／女性被疑者が関わる事件のみを対象としたが，男性が被害者・被疑者の事件との比較なしに，ジェンダー・バイアスの有無，程度を断定することは難しいといわざるを得ない。例えば，本研究の分析において導出された「女性被疑者の身勝手さの強調」や「女性被疑者が責められる構図」など犯罪報道にみられる特徴は，女性の場合だけにみられる特徴であるということはできない。一方，男性の報道についてもジェンダーの視座からの研究が必要である。男性が被害者・被疑者となった類似の事件との比較を行うなど，犯罪報道において何がジェンダー問題となるのかについて，より厳密に実証することも今後の課題としたい。

　② 犯罪行為を引き起こす被疑者の要因について
　最後に，犯罪報道を考えるにあたり注視していかなくてはならない局面を述べておきたい。本研究では，犯罪事件の背景として女性被疑者が抱える問題について一部言及を行った。殺害事件の背景にあるとされる DV 問題や，虐待事件の要因とされる育児の孤立化，貧困問題などである。本研究では触れることができなかった問題にもう一歩踏み込むとすれば，近年指摘されている被疑者の障害や病気が犯罪を引き起こす可能性についてを挙げることができる。
　藤川洋子（2005）は，家裁調査官の経験から少年の非行を3つの要因に分けて考える。1番目が（発達障害などの）生物学的要因，2番目が（家族や学校など環境からくる）心理的要因，3番目が（交友関係などを含む）社会・文化的要因である。藤川は，1番目の要因に挙げられた発達障害が非行の要因となっている例が少なくないことを指摘する。また，藤川・井出浩（2012）は，凶悪事件とされる事件の被告が「高機能広汎性発達障害」と診断されている事例を挙げ，「触法発達障害者」の処遇について述べている。彼らは，犯罪の要因が彼らの障害にあることを理解されにくく，援助が得られないことによりますます社会に適応するのが難しくなる一方で，障害と判断されると「責任無能力」と

され罪に問われないことが世間から非難されるという状況にあるという[1]。

こうした状況は少年犯罪だけではなく，犯罪一般においてもいえることであり（西江尚人 2011），虐待事件の被疑者にも障害や病気によって，虐待行為を行ってしまった者が存在するのではないかと考える。本研究の分析でも抽出された事項である「部屋が片付けられない」といった傾向や，ネグレクト行為にみられる「優先順位が付けられない」（食事を与えなければどうなるかの判断がその時点でできない），「ルールの変更ができない」（自分の決めたルール通りにならないと叩く）などのある種の共通する特徴は，個人の性格だけでは説明できない要素があるように思われる[2]。

このことを断定するには医学的な見地からの検証が必要であるうえに，この論述自体が「障害者が犯罪を起こす」という曲解を招くことは本意ではないが，もし障害や病気が犯罪の要因であるとすれば，彼ら・彼女らに必要なのは処罰ではなく援助であることを敢えて述べておきたい。こうした点について，これまでの犯罪報道ではまだほとんど触れられていない[3]。現段階ではジャーナリストの理解を得られていないか，裏付けを持って報道するまでに至っていないのではないかと推察する。今後犯罪報道がこの問題をどのように取扱っていくか注視するとともに，どのように扱うべきであるか検討することも今後の課題としたい。

注）
1）反対に広汎性発達障害を理由に求刑を超える実刑判決が下され賛否が分かれた例もある（2012年7月30日大阪地方裁判所）。この件については「発達障害者判決 厳罰より社会支援を」（『毎日新聞』2012年8月1日社説）などの報道がある。
2）発達障害についての例ではないが，医学博士の南部さおり（2010, 2011）は，母親の代理ミュンヒハウゼン症候群が引き起こす幼児・児童虐待について述べる。
3）イギリスにおける触法発達障害者支援の例を紹介した記事として，「障害者の『罪と罰』―イギリスからの報告 上」（『毎日新聞』2010年3月18日，中・2010年4月10日，下・2010年4月24日）がある。また，被疑者が代理ミュンヒハウゼン症候群とされた京都点滴混入傷害致死事件（2009年：病院で娘2人の点滴に異物を混入したとして殺人と殺人未遂容疑で母親が逮捕された事件。2010年に懲役10年の判決）は，マス・メディアでも報道され，被疑者の責任能力が議論された。

引用・参考文献

〈和文献〉

赤羽由紀夫（2010）「『リスク』としての少年犯罪とモラル・パニック：『普通の子』の凶悪犯罪報道に着目して」（『犯罪社会学研究』No.35）
朝日新聞社（2012）『事件の取材と報道2012』朝日新聞出版
浅野健一（1984）『犯罪報道の犯罪』学陽書房
浅野健一（2004）『新版 犯罪報道の犯罪』新風舎
浅野健一（2012）「人権とメディア第652回 被害者情報報道は二次被害 ルーマニア学生殺害」（『週刊金曜日』No.910号，株式会社週刊金曜日）
梓澤和幸（1999）「犯罪被害者報道改革試論」（飯室勝彦・田島泰彦・渡邊眞次編『新版 報道される側の人権 メディアと犯罪の被害者・被疑者』明石書店）
梓澤和幸（2007）『報道被害』岩波新書
鮎川潤（1988）「少年非行とマス・メディア」（仲村祥一編『犯罪とメディア文化 逸脱イメージは作られる』有斐閣選書）
鮎川潤（2010）『再検証 犯罪被害者とその支援 私たちはもう泣かない。』昭和堂
第4回国連世界女性会議女性とメディア研究日本委員会『マス・メディアに働く女性の役割に関する調査報告書』1994年10月
江原由美子（1995a）「『セクシュアル・ハラスメントの社会問題化』は何をしていることになるのか？―性規範との関連で―」（井上輝子・上野千鶴子・江原由美子編『日本のフェミニズム⑥ セクシュアリティ』岩波書店：初出 鐘ヶ江晴彦・広瀬裕子編（1994）『セクシュアル・ハラスメントはなぜ問題か』明石書店）
江原由美子（1995b）「ジェンダーと社会理論」（井上俊他編『ジェンダーの社会学』岩波書店）
藤川洋子（2005）『少年犯罪の深層 家裁調査官の視点から』筑摩書房
藤川洋子・井出浩編（2011）『触法発達障害者への複合的支援 司法・福祉・心理・医学による連携』福村出版
月火水の会（1985）「新聞の社会面にあらわれた女性たち」パンフレット
月火水の会（1994）「新聞をとおして見えてくる男社会」パンフレット
長谷川眞理子（2010）「家族内の葛藤と殺人 進化生物学的視点から」（岩井宜子『ファミリー・バイオレンス【第2版】』向学社）
浜井浩一（2004）「日本の治安悪化神話はいかに作られたか：治安悪化の実態と背景要因（モラル・パニックを超えて）（Ⅰ課題研究 日本の治安と犯罪対策―犯罪学からの提言）」（『犯罪社会学研究』No.29）
浜井浩一（2006）「犯罪統計はどのように読むべきか」（浜井浩一・芹沢一也『犯罪不安社会 誰もが「不審者」？』光文社）
浜井浩一編（2009）「家族内殺人の動向はどうなっているのか」（『家族内殺人』洋泉

社)
林香里(2011)『オンナ・コドモのジャーナリズム　ケアの倫理とともに』岩波書店
平川宗信(2010)『報道被害とメディア改革』解放出版社
宝月誠(1996)「逸脱理論における『実証主義』支配」(北川隆吉・宮島喬編『20世紀社会学理論の検証』有信堂高文社)
法務省(1990)『平成2年版　犯罪白書』
法務省(2011)『平成23年版　犯罪白書』
放送倫理・番組向上機構(2006)「『秋田県能代地区における連続児童遺体発見事件』取材についての要望」http://www.bpo.gr.jp/nrc/kenkai/05_akita.html (2012年10月10日閲覧)
細井洋子・四方由美(1995)「女性犯罪の報道に関する一考察─規範を再生産するメディアという観点から─」(『犯罪と非行』No.103)
井垣章二(1985)「児童虐待の家族と社会」(『評論・社会科学』同志社大学人文学会第26号)
五十嵐二葉(1991)『犯罪報道』岩波書店
石田佐恵子(2000)「メディア文化研究におけるジェンダー」(吉見俊哉編『メディア・スタディーズ』せりか書房)
井上輝子(1981)「マスコミにあらわれた性役割神話の構造」(井上輝子他編『女性社会学をめざして』垣内出版)
井上輝子・女性雑誌研究会(1989)『女性雑誌を解読する』垣内出版
井上輝子(1992)「メディア・セクシズムを撃つ：『女性とメディア』研究動向と課題」(女性学研究会編『女性学と政治実践』勁草書房)
井上輝子(1999)「女性学のセカンド・ステージとジェンダー研究」(女性学研究会編『女性学の再構築』勁草書房)
伊藤高史(2010)『ジャーナリズムの政治社会学　報道が社会を動かすメカニズム』世界思想社
戒能民江(2001)『ドメスティック・バイオレンス防止法』尚学社
金森トシエ(1976)「新聞の『女性表現』への疑問」(『新聞研究』1976年4月号)
鎌田慧(2009)『橋の上の「殺意」』平凡社
河原理子(1999)『犯罪被害者　今人権を考える』平凡社新書
加藤春恵子(1989)「フェミニズムと性表現」(『新聞学評論』38巻)
加藤春恵子(1992)「性別分業批判・らしさ固定批判・性的対象物批判」(『マスコミ市民』280号)
警察庁(2012)「平成23年の犯罪情勢」(www.npa.go.jp/toukei/index.htm　2012年10月25日閲覧)
警察庁(2004)『犯罪統計』
北原みのり(2012)『毒婦　木嶋佳苗100日裁判傍聴記』朝日新聞出版

北村朋子（2009）『DV被害者の中の殺意』現代書館
行動する女たちの会記録編集委員会編（1999）『行動する女たちが拓いた道　メキシコからニューヨークへ』未来社
小林秀章（2012）「新聞は究極のキュレーションメディア　2011年全国メディア接触・評価調査の結果から」（『新聞研究』No.732, 2012年7月号）
小林美佳（2008）『性犯罪被害にあうということ』朝日新聞出版
小林美佳（2010）『性犯罪被害とたたかうということ』朝日新聞出版
小玉美意子（1991）『〈新訂版〉　ジャーナリズムの女性観』学文社
小玉美意子・中正樹・黄允一（1999）「雑誌における女性被害者報道の分析　事例研究：『東京電力女性社員殺人事件』を『学習院大男子学生殺人事件』と比較する」（『ソシオロジスト』No.1）
小玉美意子（2009a）「ジェンダーとメディア」（津金澤聰廣・武市英雄・渡辺武達編『叢書現代のメディアとジャーナリズム　津金澤聰廣・武市英雄・渡辺武達編集企画〈第8巻〉　メディア研究とジャーナリズム21世紀の課題』ミネルヴァ書房）
小玉美意子（2009b）「放送文化とジェンダー」（『国際ジェンダー学会誌』第7号）
国際連合／日本統計協会訳（1995）『世界の女性—その実態と統計1995』日本統計協会
国連開発計画（2009）『人間開発報告書2009　障壁を乗り越えて—人の移動と開発』阪急コミュニケーションズ
国広陽子（2001）『主婦とジェンダー　現代的主婦像の解明と展望』尚学社
国広陽子（2003）「日本マス・コミュニケーション学会2002年春季ワークショップ報告『ワークショップ・2　"ジェンダー"はマス・コミュニケーション研究者の問題意識と方法にどのような影響を与えるか？　—ジェンダーを横目で見ているあなたに』」（『マス・コミュニケーション研究』No.62）
国広陽子他（2012）「メディアとジェンダー研究」（国広陽子・東京女子大学女性学研究所編『メディアとジェンダー』勁草書房）
草薙厚子（2007）『僕はパパを殺すことを決めた　奈良エリート少年自宅放火事件の真実』講談社
牧野雅子（2013）『刑事司法とジェンダー』インパクト出版
松田美佐（1996）「ジェンダーの観点からのメディア研究再考　ジェンダーの社会的構成に焦点をあてながら」（『マス・コミュニケーション研究』48巻）
松浦さと子（2012）『英国コミュニティメディアの現在　「複占」に抗う第三の声』書肆クラルテ
目黒依子（1990）「性・ジェンダー・社会：1990年代の課題」（女性学研究会編『女性学研究第一号ジェンダーと性差別』勁草書房）
宮淑子（2010）『セクシュアリティ・スタディーズ』新水社
諸藤絵美・渡辺洋子（2011）「生活時間調査からみたメディア利用の現状と変化〜2010年国民生活時間調査より〜」（『放送研究と調査』2011年6月号）

守如子（1999）「〈ポルノグラフィ〉批判とポルノグラフィを消費する経験との間で」（『女性学年報』第20号）
森岡正博（2002）「男性のセクシュアリティとポルノグラフィ」（『女性学』10）
諸橋泰樹（2002）『ジェンダーの語られ方，メディアのつくられ方』現代書館
村上直之（1988）「メディア空間のパトロジー」（仲村祥一編『犯罪とメディア文化　逸脱イメージは作られる』有斐閣選書）
村松泰子（1982）「マス・コミュニケーションの内容」（竹内郁郎・児島和人編『現代マス・コミュニケーション論』有斐閣）
村松泰子（1990）「ニューメディアとジェンダー」（竹内郁郎・児島和人・川本勝編『ニューメディアと社会生活』東京大学出版会）
村松泰子（1998）『メディアがつくるジェンダー　日独の男女・家族像を読みとく』新曜社
村松泰子（2005）「テレビに見るジェンダー関係の再生産と変容の契機」（北九州市男女共同参画センター・ムーブ『ムーブ叢書　ジェンダー白書3　女性とメディア』明石書店）
村松泰子（2011）「社会の再生とメディアの果たす役割」（『女性白書 2011：日本社会の再生にジェンダーの視点を』日本婦人団体連合会）
村田泰子（2006）「ネグレクトとジェンダー　女親のシティズンシップという観点からの批判的考察」（上野加代子編『児童虐待のポリティクス　「こころ」の問題から「社会」の問題へ』明石書店）
中河伸俊（1999）「トラブルのエスノグラフィーと社会問題のワーク　社会問題の構築主義的研究の回顧と展望」（『社会問題の社会学　構築主義アプローチの新展開』世界思想社）
中河伸俊・平英美（2006）「構築主義アプローチの到達点―エンピリカルな見地からの課題と展望」（平英美・中河伸俊編『新版　構築主義の社会学　実在論争を超えて』世界思想社）
中谷瑾子（1973a）「幼児殺傷・遺棄」（『ジュリスト』540）
中谷瑾子（1973b）「『核家族』化と嬰児殺し」（『ケース研究』135）
内閣府（2011）『平成23年度版　犯罪被害者白書』
内閣府男女共同参画局（2012）『平成24年度4月　男女間における暴力に関する調査報告書』
南部さおり（2010）『代理ミュンヒハウゼン症候群』アスキー新書
南部さおり（2011）『児童虐待　親子という絆，親子という鎖』教育出版
NHK放送文化研究所編（2011）『データブック国民生活時間調査 2010』
日本弁護士連合会編（1976）『人権と報道』日本評論社
日本弁護士連合会・人権擁護委員会編（2000）『人権と報道　報道のあるべき姿を求めて』明石書店

日本新聞協会編集委員会（2006）『実名と報道』日本新聞協会
日本新聞協会（2008）「裁判員制度開始にあたっての取材・報道指針」（2008年1月16日 http://www.pressnet.or.jp/statement/report/080116_4.html 2012年9月21日閲覧）
日本新聞協会「新聞・通信社の従業員数・労務構成調査（2011年4月）」（『新聞研究』2011年9月号, No.722）
日本新聞協会（2012）「2011年全国メディア接触・評価調査」報告書
西江尚人（2011）「触法（成人）発達障害者 刑務所からみた現状」（『触法発達障害者への複合的支援 司法・福祉・心理・医学による連携』福村出版）
西倉実季（2003）「ジレンマに向き合う：外見の美醜を語るフェミニズムのために」（『女性学』10巻）
野口裕二（2001）「臨床のナラティヴ」（上野千鶴子編『構築主義とは何か』勁草書房）
沼崎一郎（2002）「ポルノグラフィの象徴人類学」（『女性学』10巻）
大庭絵里（1988a）「犯罪報道におけるニュース決定」（『総合特集シリーズ39 法学セミナー増刊 人権と報道を考える』日本評論社）
大庭絵里（1988b）「逸脱の可視化 『犯罪事件』のニュースへの転化」（『犯罪社会学研究』13号）
大庭絵里・和田明子・望月すみえ（1988）「社会面にあらわれる女性」（『総合特集シリーズ39 法学セミナー増刊 人権と報道を考える』日本評論社）
大庭絵里（2009）「ドメスティック・バイオレンスの問題化と潜在化」（『国際経営論集』No.38, 神奈川大学経営学部）
おんな通信社編, 門野晴子・中山千夏・丸山友岐子・日方ヒロコ（1990）『女子高生コンクリート詰め殺人事件 彼女の悔しさがわかりますか？』社会評論社
おんな通信社編, 中山千夏他（1991）『報道のなかの女の人権：「女子高生コンクリート詰め殺人事件」をめぐって』社会評論社
佐藤万作子（2007）『虐待の家 義母は十五歳を餓死寸前まで追いつめた』中央公論新社
斉藤正美（1998）「クリティカル・ディスコース・アナリシス ニュースの知／権力を読み解く方法論 新聞の『ウーマン・リブ運動』（1970）を事例として」（『マス・コミュニケーション研究』52号）
斉藤慎一（2012）「ニュース報道とジェンダー研究」（国広陽子・東京女子大学女性学研究所編『メディアとジェンダー』）
芹沢一也（2006a）「凶悪犯罪の語られ方」（浜井浩一・芹沢一也『犯罪不安社会 誰もが「不審者」？』光文社）
芹沢一也（2006b）「地域防犯活動の行き着く先」（浜井浩一・芹沢一也『犯罪不安社会 誰もが「不審者」？』光文社）
千田有紀（2001）「構築主義の系譜学」（上野千鶴子編『構築主義とは何か』勁草書房）

四方由美（1996）「社会面にみる女性の犯罪報道」（田中和子・諸橋泰樹編『ジェンダーから見た新聞のうら・おもて』現代書館）
四方由美（2006）「メディアにおける男女共同参画の推進　～ジェンダーとコミュニケーションネットワーク～」（『北京JAC 第10回全国シンポジウム　北京＋10　～女性の人権の確立と脱軍事化・脱暴力～　報告書』）
四方由美（2007）「犯罪報道は変化したか　メディアが伝える女性被害者／女性被疑者」『宮崎公立大学人文学部紀要』第15巻第1号
四方由美（2010）「犯罪報道における女性　メディアが伝える女性被害者／女性被疑者」（『白山社会学研究』第17号）
四方由美（2011）『日本の犯罪報道における女性　全国紙・地方紙の場合』KFAW調査研究報告書 Vol.2010-2
四方由美（2012）『マス・メディアと社会生活　ジェンダー・地方・ダイバーシティの視座から』学文社
四方由美（2013）「犯罪報道におけるジェンダー問題に関する研究　～ジェンダーとメディアの視点から～」東洋大学博士学位請求論文
島崎哲彦・坂巻義生（2007）『マス・コミュニケーションの調査の手法と実際』学文社
島崎哲彦他（2012）「犯罪報道における被疑者および被害者の実名とプライバシーの取り扱い—明治期から現代までの変遷と問題点に関する実証的研究—」（『東洋大学21世紀ヒューマン・インタラクション・リサーチ・センター研究年報』第9号）
清水瑞久（2006）「犯罪ニュースがかたどる生と死のかたち　溢れる不安と親密性」（伊藤守編『テレビニュースの社会学　マルチモダリティ分析の実践』世界思想社）
白石草（2011）『メディアをつくる　「小さな声」を伝えるために』岩波ブックレット No.823
総合ジャーナリズム研究編集部（2011）「『女性とメディア』動向レポート」（『総合ジャーナリズム研究』No.216，2011年春号）
総合ジャーナリズム研究編集部（2013）「『女性とメディア』動向レポート」（『総合ジャーナリズム研究』No.224，2013年春号）
杉山春（2004）『ネグレクト　育児放棄　真奈ちゃんはなぜ死んだか』小学館
杉山春（2013）『ルポ　虐待—大阪二児置き去り死事件』筑摩書房
鈴木和枝（1990）「メディアの送り出す歪んだ女性像　性平等表現を求めて」（『法学セミナー増刊　総合特集シリーズ45　犯罪報道の現在』日本評論社）
鈴木伸元（2010）『加害者家族』幻冬舎
鈴木伸元（2014）『性犯罪者の頭の中』幻冬舎
鈴木裕久・島崎哲彦（2006）『新版・マス・コミュニケーションの調査研究法』創風社
橘由歩（2009）『身内の犯行』新潮新書
高橋正秀（2000）「被害者家族の立場で考えることが原点　柏崎・女性監禁事件報道での人権・プライバシー保護」（『新聞研究』No.586）

高橋シズヱ・河原理子（2005）『〈犯罪被害者〉が報道を変える』岩波書店
竹下俊郎（2008）『増補版　メディアの議題設定機能　マスコミ効果研究における理論と実証』学文社
竹信三恵子（2005）「新聞の中のジェンダーと女性問題報道の後退」（北九州男女共同参画センター"ムーブ"編『ムーブ叢書　ジェンダー白書3　女性とメディア』明石書店）
竹信三恵子（2010）『女性を活用する国，しない国』岩波ブックレットNo.791
竹内郁郎（1989）「地域メディアの社会理論」（竹内郁郎・田村紀雄編『［新版］地域メディア』日本評論社）
田島泰彦（2011）「調査報道と表現の自由　調査報道の条件と可能性を探る」（田島泰彦・山本博・原寿雄編（2011）『調査報道がジャーナリズムを変える』花伝社）
田中和子・諸橋泰樹（1996）「新聞は女性をどう表現しているか」（『ジェンダーから見た新聞のうら・おもて』現代書館）
田中耕一（2006）「構築主義論争の帰結　記述主義の呪縛を解くために」（平英美・中河伸俊編『新版　構築主義の社会学　実存主義を超えて』世界思想社）
田間泰子（2001）『母性愛という制度　子殺しと中絶のポリティクス』勁草書房
津田正夫・平塚千尋編（2002）『パブリック・アクセスを学ぶ人のために』世界思想社
土屋美明（2009）『裁判員制度と報道　公正な裁判と報道の自由』花伝社
角田由紀子（1995）「池袋事件でみえたもの　風俗労働者の人権」（井上輝子・上野千鶴子・江原由美子編『日本のフェミニズム6　セクシュアリティ』岩波書店）
角田由紀子（2001）『性差別と暴力　続・性の法律学』有斐閣
角田由紀子（2013）『性と法律─変わったこと，変えたいこと』岩波新書
内山絢子（2000）「性犯罪被害の実態(1)－(4)」（『警察学論集』53巻3－6号）
上野加代子・野村知二（2003）「児童虐待モラル・パニック」（上野加代子・野村知二『〈児童虐待〉の構築　捕獲される家族』世界思想社
上野加代子（2006）「リスク社会における児童虐待─心理と保険数理のハイブリット統治─」（『犯罪社会学研究』No.31）
上野千鶴子（2001）「構築主義とは何か─あとがきに代えて」（上野千鶴子編『構築主義とは何か』勁草書房）
矢島正見（1991）「犯罪報道の社会学的分析」（『犯罪と非行』No.90）
山口正紀（1990）「ニュース価値判断基準の検証　『市民のための新聞づくり』にむけてⅢ」（『総合特集シリーズ45　法学セミナー増刊　犯罪報道の現在』日本評論社）
山野良一（2006）「児童虐待は『こころ』の問題か」（上野加代子編『児童虐待のポリティクス　「こころ」の問題から「社会」の問題へ』明石書店）
山野良一（2008）『子どもの最貧国・日本　学力・心身・社会におよぶ諸影響』光文社
山本功（2009）「人びとの反応が逸脱を生み出す〈ラベリング論〉」（矢島正見・丸秀康・山本功編著『改訂版　よくわかる犯罪社会学入門』学陽書房）

谷田川知恵（2011）「強姦神話」（三成美保・笹沼朋子・立石直子・谷田川知恵『ジェンダー法学入門』法律文化社）
谷田川知恵（2011）「DV裁判例（離婚，損害賠償，殺人）」（三成美保・笹沼朋子・立石直子・谷田川知恵『ジェンダー法学入門』法律文化社）
横川寿美子（1999）「テレビドラマ『北の国から』の女性像：雪子と螢を中心に」（『女性学年報』第20号）
読売新聞社（1995）『新／書かれる立場　書く立場　読売新聞の［報道と人権］』読売新聞社
読売新聞大阪本社社会部（2011）『性暴力』中央公論新社
米山リサ（2003）「批判的フェミニズムの系譜から見る日本占領」（『思想』955巻）

〈欧文献〉

Berelson, B. (1952) *Content Analysis in Communication Research*, New York : Free Press. (稲葉三千夫・金圭煥譯訳 (1957)『内容分析』みすず書房）

Becker, H, S. (1963) *Outsiders*, New York : Basic Books (村上直之訳 (1978)『アウトサイダーズ　ラベリング理論とはなにか』神泉社)

Butler, J. (1990) *Gender Trouble : Feminism and the Subversion of Identity*, New York and London : Routledge. (竹村和子訳 (1999)『ジェンダー・トラブル』青土社)

Butler, J. (1997) *Excitable Speech : A Politics of the Performative*, New York and London : Routledge. (竹村和子訳 (1999)「触発する言葉：パフォーマティビティの政治性」『思想』第892号，岩波書店／ (2004)『触発する言葉』岩波書店)

Connell, R.W. (2002) *Gender*, Cambridge : PolityPress Ltd. (多賀太監訳 (2008)『ジェンダー学の最前線』世界思想社)

Danner, L. & Walsh, S. (1999) ""Radical" feminists and "bickering" women: Backlash in U.S. media coverage of the United Nations Fourth World Conference on Women", *Critical Studies in Mass Cimmunucation, 16* : 63-84.

Entman, R.M. (1993) "Framing : Toward clarification of a fractured paradigm", *Journal of Communication, 43*(4).

Friedan, B. (1963) *The Feminine Mystique*, New York : Dell. (＝1965 三浦冨美子訳『新しい女性の創造』／＝1977『増補　新しい女性の創造』／＝2004『新しい女性の創造　改訂版』大和書房)

Gamson, W.A. (1988) "A constructionist approach to mass media and public opinion", *Symbolic Interaction, 11*(2).

Gamson, W.A. & Modigliani (1989) "Media discourse and public opinion on nuclear power: a constructionist approach", *American Journal of Sociology, 95*(1)

Gray, A. (1987) Behind Closed doors : video recorders in the home, in BAEHR, H.

and DYER, G., Boxed In: *Women and Television*, London: Pandora.
Gilligan,C.（1982）In a Different Voice, *Psychologial Theory and Women's Development*, Harvard University Press.（＝1986 岩男寿美子監訳，生田久美子・並木美智子訳『もうひとつの声──男女の道徳観のちがいと女性のアイデンティティ』川島書店）
Hall, S.（1980）Encoding／Decoding, in S.Hall, D.Hobson, A.Lowe and P.Willis（eds.）Culture, *Media, Language*, Hutchinson.
Harding, S.（1986）*The Silence Question in feminism*, Cornell University Press.
Ibarra, P.R. & Kitsuse, J.I.（1993）"Vernaculer Constituents of Moral Discourse : An Interactionist Proposal for the Study of Social Problems", *Reconsidering Social Constructionism*, edited by J.A.Holstein and G.Miller.Hawthorne, NY : Aldine de Gruyter.（平英美（2000）「道徳的ディスコースの日常言語的な構成要素　相互作用論の立場からの社会問題研究のための一提案」平英美・中河伸俊編『構築主義の社会学　論争と議論のエスノグラフィー』世界思想社）
International Women Media Leader's Conference（2011）"Global Report on the Status of Women in the News Media."（http//iwmf. org/pdfs/IWMF-Global-Report.pdf　ウェブでの公表は2010年12月）2012年9月21日閲覧
Katz, J.（1987）"What makes Crime 'News'?" *Media Culture and Society* 9.
Lazarsfeld, P.F. & Merton, R.K.（1948）"Mass Communication, popular taste and organized social action", *Mass Commnications*, University of Illinois Press.（犬養康彦訳（1968）「マス・コミュニケーション，大衆の趣味，組織的な社会的行動」W. シュラム編，学習院大学社会学研究室訳『マス・コミュニケーション：マス・メディアの総合的研究』東京創元社）
Lemert, E, M.,（1951）*Social Pathology : A Systematic Approach to the Theory of Sociopathic Behavore,* New York : Mcgraw-Hill
Lehman.C.（2005）*Strong at the Heart*, Straus and Giroux, LLC, New York（＝小西敦子訳（2009）『私たちは，性犯罪被害者です　実名で告白する，「レイプ・性虐待の恐怖」と「克服する勇気」』青志社）
MacKinnon, C.A.（1987）*Feminism Unmodified, Discourse on Life and Law*, Harvard University Press.（＝奥田暁子・加藤春恵子・鈴木みどり・山崎美佳子訳（1993）『フェミニズムと表現の自由』明石書店）
McCombs, M. E. & Shaw, D. L.（1972）"The agenda-setting function of mass media", *Public Opinion Quarterly*, 36, 176-187.（谷藤悦史編訳（2002）「マス・メディアの議題設定の機能」谷藤悦史・大石裕編訳『リーディングス政治コミュニケーション』一藝社）
Millett, K.（1970）*Sexual Politics*, New York, N.Y. : Doubleday & Company Inc.（藤枝澪子・加地永都子・滝沢海南子・横山貞子訳（1973）『性の政治学』自由国民社

／（1985）ドメス出版）
Molotch, Harvey L. (1975) "Excuse, Justification and Evasions : How Newspaper Editors Account for the Coverage of a Social Movement", Paper delivered at *the annual meetings of the American Sociological Association*, San Francisco, August.
Oaklay, Ann. (1972) *Sex, Gender, & Society*, London : Temple Smith.
Phillips, E.Barbara. (1976) "What is News? Novelty Without Change?" *Journal of Communication* 26(4).
Rawls, John (1971) *A Theory of Justice*, Harvard University Press.（川本隆史・福間聡・神島裕子訳（2010）『正義論』紀伊國屋書店）
Scott, J.W. (1988) *Gender and the Politics of History* Columbia University Press.（荻野美穂訳（1992）『ジェンダーと歴史学』平凡社）
Spector, M. and Kitsuse, J.I. (1977) *Constructing Social Problems*, Menlo Park, CA : Cummings.（村上直之・中河伸俊・鮎川潤・森俊太訳（1990）『社会問題の構築——ラベリング論を超えて』マルジュ社）
Tuchman, G. (1978) *Making News : A Study in the Construction of Reality.* : Free Press.（鶴木眞・櫻井篤子訳（1991）『ニュース社会学』三嶺書房）
Woolgar, S. & Pawluch, D. (1985) "Ontological Gerrymandering : The Anatomy of Social Problems Explanations", *Social Problems* 32-3（平英美訳（2006）「オントロジカル・ゲリマンダリング　社会問題をめぐる説明の解剖学」平英美・中河伸俊編『新版　構築主義の社会学　実在論争を超えて』世界思想社）
Young, J. (1971) "The role of the police as amplifiers of deviancy, negotiators of reality and translators of fantasy: some consequences of our present system of drug control as seen in Notting Hill" in S.Cohen (ed.), *Images of deviance*, Penguin Books.
Van Zoonen. L. (1991) *Feminist Perspectives on the Media*, in Curran and M. Gurevitch (eds.) *Mass Media and Society*, Edward Arnold.（=平林紀子訳（1996）「メディアに対するフェミニズムの視点」児島和人・相田敏彦監訳『マスメディアと社会　新たな理論の潮流』勁草書房）
Winship, J. (2000) *Women outdoors : Advertizing, controversy and disputing feminism in the 1990s.*（北海道大学言語文化部研究報告叢書38『日英国際シンポジウム　メディアの中の女性像を読み解く』）

参考資料

犯罪報道分析シート

犯罪報道分析シート　　　大阪2幼児放置死事件（2010年）

朝日新聞　　A（被疑者実名）

	日付	刊別	記事の形式		個人情報・プライバシー									コメント				女性被害者・女性被疑者に関する表現 特に性役割やセクシュアリティに関する表現など	その他
			面題	課題	氏名	年齢	職業	住所	顔写真	廃写真	遺書遺稿	家族	周辺取材	加害	家族	識者	住民		
1	7/30/10	夕	総合	一般	○	○	○	○				○地図							関連・問題提起・提案・その他など
2	7/31/10	朝	社会	一般	○	○	○	○				○マ ○見取り図							
3	7/31/10	朝	総合1	一般	○	○	○	○										［2児変死 母女逮捕］「死体遺棄容疑で逮捕」 （長女と長男2人の具体的な扱い） 2人を残してマンションを出たって事も水をあげなければ生きていくことはできないとわかっていた。しかし、私が育児放棄したことに出会うと行ってしまった。風俗店に勤め始めた1月ごろから1人に食事を与えたり、風呂に入れたりすることが少なくなり、「出かけるようになるのに、中でまだ子供が死んでいると思うと心配になった」風俗店の従業員が警察に「1人女性に、2人が亡くなっている夫を見たけど、その中は大丈夫無事を話している様子もないんですがと一時帰、子供と遺体を引き渡した」	子どもの名前・年齢
4	7/31/10	朝	総合1	一般								元夫							
5	7/31/10	朝	一般		○	○	○	○				○子					○住	［2児遺棄事件 当て、いなければ］ 幼い場所の遺体が見つかり、風俗店の母親（23）が死体遺棄容疑で逮捕。1月から、西の家族の風俗店に勤務〜マンションの部屋に、同居者を連れ上げ「子どもと一緒に遊んでいたという めったなんとなければいいので届けを出したい マンションの隣には古志性で子供の姿は見たことがないが〜20代半ばの女性が「本当に気持ちよく〜今朝のテレビ報道〜」 別のフロアの同じく「一家族でしるドリブル予定だったから〜連日〜寝しい泣き声が聞いた」 ベランダのあたりから見えて家族が見え、は火の中にインタ〜 「ほとんど毎日、子どもが泣いている、夜中にドタバタする」 「マ〜マ〜？毎日、子どもが泣いている、ほぼセンターに一生を持える通報	［強制立ち入りきっかけ匿名コメント］ 子どもの名前
6	7/31/10	夕	社会	一般	○	○		○								○目撃者			［「自分の時間が欲しくて」「2児遺棄、母、子育ての悩み供述」］ 室内から幼い場所の遺体が見つかった事件で、母親（23）の死体遺棄容疑で逮捕、「が打ち食べていく所がすべてから逃げたかった、自分の時間が欲しかったなどと供述 風俗店、大阪へ出て風俗店で働き始め〜てみで大阪でお子を産み出み、〜長女を出産。 数年の経験があって今もま〜元夫と結婚、〜長男も生まれた。 義父母は生活の面倒を見て子育てを手伝っていた。 離婚後、名古屋市内の放食店に勤務〜ほとんど連絡のない大阪へ移り、風俗店で働き始め、羽子3人入り、遊しく開かれないい子どもを公園に連れて来ていた主義を目撃した子どもがマ〜マと叫んでもぱっぱと後のた主席を見から繰り返なかった、子どもに開かない祷子で連絡職員を振っていた、夏児がしんどいとかの相談になった 「子ともがなんていいんだけど、お風呂に入れてあげるのが面倒かった」と供述 離婚後にはでマンションと近事を抱えればいれる子どもを見ていたようだ。	［住民体なし　市地熱できず］ 市こどもセンターのコメント
7	8/1/10	朝	社会	一般	○	○		○											三重県出身・東京都の高等専門学校卒業 結婚・出産生日・子供の名前・年齢 元夫生年月・実家（三重県四日市）

参考資料　犯罪報道分析シート　265

日付	刊	記事の形式		個人情報・プライバシー										コメント	女性被害者・女性被疑者に関する表現 特に性被害者やセクシュアリティに配慮する表現など	その他 関連・問題提起・提言・その他など
		紙面	種類	氏名	年齢	職業	学校名	住所	写真	図表	経歴	家族	原因 家族会議			
8	8/2/10	朝	社会 一般	○	○							母親の風俗勤務			「日常的に子を放置する人」(2児放棄 人容疑者本送検) 室内で幼い姉弟の遺体が見つかった事件で、母親の風俗店員A容疑者(23)が大阪に転居した1か月から日常的に子どもを放置していた 死体遺棄容疑で遺体を繰り返すうちに感覚がにぶり、子どもが死なせた疑い 名古屋市の放送局から大阪市中央区の風俗店に移った	「託児所は普及されていなかった」 ピアにあった募集ポーズの件 本人証言(SNSページ)
9	8/2/10	夕	社会 一般	○	○										母親が育児を放棄した末、1幼い姉弟が亡くなった事件 激しい愛欲を持つ「ママ一つ」と叫んでいた	「異変連絡」から3法則 複数の人が通報していれば
10	8/3/10	朝	社会 一般	○	○							母親		○住民	近所の人も知らない「しい女性へ「ママ」がいないか、親が不在か 夜中に下さいと長期間勤人暮らしでいる。親が不在で無言で出ているのでは	住民からの連絡と児童相談所の対応 通報目指一歩踏み込めた
11	8/4/10	朝	総合 社説									風俗店につとめ			どれほど怖くて、苦しかっただろうか 「3歳の姉とまだ第が衰弱しかに死んでいた 2人は母親なら食べなかった母親は食事の支払いで 死後1〜2カ月たち、遺体は白骨化、食べ物を求め指先を囓りきわめた 23歳の母親は「自分の時間が欲しい、買物から連れ出した急がられた供述 母親は言い訳でもあり、卑怯だ 激しい泣き声やドア「ママー」と言う声も、母親は外出放置 母親は生計、買物しり、風俗店にラ一同席は店が繁栄して待り上げていた 母親として仕事変革も、子育ての責任はまだわたし悪い 子どもにも重病変成し、子育ての責任の負わなっただろう	警察に連絡したら児童保安さでは 児童虐待防止法、改正するべき 近所の真実に気を配る一社会を守る 「虐待防止に一歩踏み込めた」
12	8/4/10	朝	投書	○	○							母親		○投書・男	23歳の母親は2人を残したまま外出してご飯をも与えずに生きていた こどは許さないとか分かっていた、出した—ありさんと思いか! 「大阪2児遺棄事件の中 〈人工容疑者(23) 死体遺棄容疑で 逮捕 再逮捕」	「育児放棄の子を救う斜組必要」 子どもの生命・命あがポスト
13	8/4/10	朝	社会 一般		○									○投書・男	大阪市北区の姉弟の遺体が見つかった事件で、〜母親の人容疑者(23) 死体遺棄容疑で逮捕、主要人名被害であれ	
14	8/5/10	朝	投書									母親		○投書・女	国内の子を乳ボーチで国宝しし2児を長期間放棄した事件 食事を水も与えずに長期間放置すれば死亡することは十分認識していた 「子供をなんで産んだ〜こご飯も水も与えないはず生きていくに 2人を残してベランダに出て〜ご飯も水を与えなければ生きていくに できないとかりって母とは私が気持ち決意して放置したことも 長期間にわかって〜これ家を出たように気を取して放置したともある	「児童福祉児相談、虐待防止」 警察と行動しやすい連携を整え 保育から続き支援（6歳・3カ月の母親
15	8/5/10	朝	投書									母親		○投書・女	3歳と1歳の姉弟が死亡、育児放棄した母親が先週に置き去りに事件 子どもを守り場、一時は母親にごみが投入る閉ぎ運をごみに出してるだろう 水もなくら彼を繰り返させ、母親どごみに広く心の細かかった	「強制的にへ児がの改革まで」 「強制に正しく情動するように」
16	8/5/10	夕	社会 一般		○									○被告名	置かれた3歳と1歳の姉弟を死亡、死亡死後どのどの時のでしょう 4歳と生後2カ月の2児の母親として、相次いで児童虐待逮補は事件が—	
17	8/7/10	朝	投書		○									○投書・男	大阪市の小中学校前の発死	「法待防犯は国会の危機」 法案を、警察の防犯整勢強化
18	8/8/10	朝	投書		○									○投書・男	幼児の母に連絡を送り、死亡する意を正しい事実ことが問いただされ、 可愛い幼児にちからなくの危険則に追いやられています	「行政の男力で情報での不安なくも」 当職不明

266

	日付	記事の形式			個人情報・プライバシー											コメント		女性被害者・女性被疑者に関する表現 特に被疑者のセクシュアリティに関する表現など	その他 関連・因果関係・提言・その他など
		刊別	紙面	投書	氏名	年齢	職業	校名	住所	顔写真	家写真	母親	経歴	家族	周囲	家族	識者・女		
19	8/8/10	朝	投書	一般													○投書・女		「虐待防止にシルバー人材活用を」 子どもへの虐待のニュースが一私も別の母、市の保護婦として町の民生家に集んでいたない。
20	8/11/10	朝	社会	一般	○	○	○	○				母親						大阪の事件で、ネットでは母親の画像や元夫らへの批判の書き込まれる 〔母、2児放棄2カ月〕大阪・遺棄事件 殺人容疑、再逮捕 幼い姉弟の遺体が見つかった事件で、〜母親の元風俗店員A容疑者（23） 死体遺棄容疑で逮捕 主殺人容疑で再追捕〜	法の整備・近隣住民は虐待〜記録を残す 子どもの名前・年齢
												母親の元風俗店員						「食事や飲み物を与えなかったので2人が死んでしまったとは話 男性との交際にのめり込んで、子どもの世話をまりにして、長期間餓死させた （長女と長男）自宅マンションに放置させ置き忘れ、意図的に餓死させた 約27日間、一度も帰宅しなかった呼ぶ、自力で食べられないことはわかっていたと供述 私が不可解な事件が起きた〜まる3週しなくなった親の実家放置と虐待 「親の子を思う心は本能、子の命を思う心がない言葉がない」	
21	8/12/10	朝	投書	投書													○投書・男	最近不可解な事件が起きた〜3週しなくなった親の実家放置と虐待	「社会の劣化は食い止めなければ」 高齢者不明
22	8/22/10	夕	社会	一般	○	○	○												
23	8/22/10	朝	社会	一般	○	○	○		○										
24	8/22/10	朝	社会	一般	○	○	○		○							○			
25	2/5/11	夕	社会	一般	○	○	○												
26	3/12/12	朝	総合	一般	○	○	○												
27	3/11/12	朝	社会	一般	○	○	○	○子											
28	3/11/12	朝	社会	一般	○	○	○	○子											

参考資料　犯罪報道分析シート

犯罪報道分析シート　　大阪2幼児放置死事件（2010年）
A（被疑者実名）B、C（被害者実名）

毎日新聞					記事の形式			個人情報・プライバシー									コメント		女性被害者・女性被疑者に関する表現	その他
日付	刊別	紙面	掲載		記事の種類			氏名	年齢	住所	校名	職業	写真	病気	経歴	周囲	家族	属性	特に性役割・セクシュアリティに関する表現など	関連・同類提起・論議・その他など
1 7/31/10	朝	社会	一般	○	○		○					母親の風俗店従業員					○住人	0歳	幼児2人放置死　母無措置　「死体遺棄容疑で逮捕」 ［子育てに悩み見つかり～母親の風俗店従業員A容疑者(23)を死体遺棄の疑いで逮捕］ 異常放置で子どもを死なせたとみて追及する 逮捕容疑は、自宅マンション室内に、長女と長男の遺体を遺棄した。 子どもら2人を置き ～まだ生きている2人を部屋に置いて行った一緒にする2人が死亡していた。 その後友人宅を転々とし、一気に都心に戻り、遺体の腐敗状況などですぐに出て行った 遺体の一部は白骨化し、周囲にはゴミが散乱していた。 ～エアコンは作動していなかった。幼児は夏場のむし暑い自分で服を脱いだ可能性も ～階段～さきの風俗店従業員～。幼児は夏場のむし暑い自分で服を脱いだ可能性も 「ご飯を食べている」～出たりする時の姿勢になった。 子どもがかわいくないわけではないのにと思うようになった」と供述 管理会社には、住民や店の客の苦情が相次いでいた。 子どもセンターには、住民から虐待を疑う通報が～1ヶ月間あった ～不在を確認していた間に子どもの安全確認や警察への連絡をしなかった 同じ階の男性～一年前頃ごろから朝げかわ～、毎日のようにチビの泣き声が 叫び声のような音ではなかった 「ラジオには菓子の袋やなどゴミが散乱しそれがあなった中、異臭を放っていた 隣接も足踏みにた～泣き声が止まって～～死んでいるのかな一まさかまた本当にとは」と絶句 住人男性「一生ゴミ溜まっいうように臭いがしなかった。ペットが出るほど強烈な悪臭です」 ～という2人の泣き声が聞こえた 住人女性「子どもを見たことはない」「～抱いたりとかっこあやす姿がなかった。 自分に面倒を見ようとは考えていなかったのでは～」と母親の心理を推察 「事業の所が自分の時間関係しかった。結婚後退職し増える」 幼児2人の遺体が見つかった事件で、死体遺棄の疑いで逮捕された母親の 風俗店従業員、A容疑者(23)が「一緒に倒た、子育てが面倒くさくなった。 自分の時間が欲しかった」と供述	子どもの名前・年齢 部屋は3階の約15平方メートルのワンルーム
2 7/31/10	夕	社会	一般	○	○		○				母親の風俗店従業員							0子	相後～文友関係手にした ～離婚し～離婚の後～長女と長男2人の首に難しかぶまきを引き取った。 離婚を機に、遊興費など父友関係事由になった。 ～ホテルの風俗店に就職し、子どももよく暮らし始めた 「このころから子どもに家をあげるようになり、居場に入れたりケガの側増になったと話し ～2人を部屋に置き去りにして出ていったうちは話も少なくなっていったとみられる 由手で行ってから遺体を少ない歌に出した時子どもたち悲惨みでいるもし思ったと振り返るが、 その間、知人宅や公文などを利用～を振るしていた。 （彼女の関父母、結婚後、赤半年間、祖父母宅で暮らした。 その後、引っ越し～した後、一時から入れ主にと渡っまで数度あった 子育てに悩んで、祖母らに相談することもなかったようだ教材はしい気持ちをはと話している	結婚、離婚の年月/元夫の出身地（県市名） 子どもの名前・年齢 幼児の祖父母宅、元夫の両親宅を取材 自宅（県市名）、年齢 事件当時A会えないと～

日付	記事の形式 刊別	記事の形式 紙面種別	個人情報・プライバシー 氏名	年齢	職業	学校名	住所	顔写真	図表	経歴	家族	知人	コメント 周囲	家族	知人	女性被害者・女性加害者に関する表現 特に性役割やセクシュアリティに関する表現など	その他 関連・問題提起・提案・その他など
3 8/1/10	朝	社会 一般	○	○	○		○				母親の風俗店従業員		○		知人	『Fは前日から妻を殺し、数日間外出など』 幼児2人の遺体が見つかった事件で、死体遺棄容疑で逮捕された母親の風俗店従業員 A容疑者(23)が以前から度々、子どもを置き去りにし、外出した数日間に及ぶ姿もあった。 幼児2人は一晩放置、部屋に置き去りにされ死亡していたとみられる– 2人を長期間放置する質次被害を以前からも繰り返していたことみて– 〜期間、〜長女と長男は座取ったその後、気菓類で遊ばせて逃げることがあるようになった。 〜このごろから、部屋に一人閉じ込めて出すことはなく、押入れ先に閉じないことがあったという。 〜気を出して、部屋にいずっと泣き声が、部屋の雰囲気に驚くようになった。 イトーカ大の寄品類を運、玄関へ口にマー、マーという泣き出る声が漏れるようになった。 外出前がガスルートにお組長、2人の死亡につながったよう」 『降れた長男妻、妻から出した長男長男妻児長男、寄せをつかみ妻子はずだったのに〜』 中学時代年齢に走ったが、不登校などの子も多く高校名京を受験の高等専門学校に受更。 ラゲー部の7キロジャージとして連行していた 3姉妹の長女。中学、黒木系の改めた、夜の街を始めた。 父親はつ23歳死。数年前に塩を起したこの時の母親の姿を下置 卒業主でいた数のガスで半ば、〜中学時卒業、放送後はどかしい教師は〜こんな会話を交わしたという 「子どもが大きくなったおだーいい映画をやらぶってて卒業し、結婚、〜でしから連絡についてはこの泣くきないと絶句 〜力への愛情、ブログに」 裁判前に〜3ヶ月のDVに子どもへの愛情をつづっていた。 「可愛い姉と母白の注意はれんだ道二生まにことが苦出に書あって出したなんだ と〜 長女と父と兄弟、また父と兄弟のお知ち兄 〜男物を抱え人にはて子どもが死んだいと呼ばれいとし彼のいをし出したらか 「たど、無事と暮らしてくれでいた、それではいいな」	離婚、年齢 子どもの名前・年齢
4 8/2/10	朝	社会 一般	○	○	○						母親の風俗店従業員					『実況現場では予言流ぶ』 幼児2人の遺体が見つかった事件で、死体遺棄容疑で逮捕された母親の風俗店従業員 A容疑者(23)が大阪市内に実況見分に応じる姿が引き出しな姿がなかったと出述 「〜のに父母は一度〜歳ないほ地で比較なない地できた生活の教別に田立てた」 初めて父母に一度〜、朝頃、ブログに『今日に生まれたこともんぷへのへ会話さない〜と書き込み A容疑者(23)は、金員交通対し、殺害に強弱のページを要素していて 結婚し、その生活別所けてみられる〜。子供2人につてい「このからも」 「おひとり付いていないのには幸せだ〜子ども2人の手も聲える子も、家でも 離婚、その半世後も第の中に他ののページを〜スタート」と自己紹介の書。 『契柱譲議後に進講「大事人かくんだ」』	滋賀
5 8/2/10	朝	社会 一般	○	○	○					○	母親の風俗店従業員					『契柱譲議後に進講「大事人かくんだ」』 幼児2人の遺体が見つかった事件で、死体遺棄容疑で逮捕された母親の風俗店従業員 A容疑者(23)、遺体発見の数時間前〜知人男性に電話、「大事なくなきにした 悲しみはどうやって乗り越えれないい〜と話してていたーかなり切り込んで子どもこと 〜事件の覚束を知ったと知人に電話したも可能性。 〜子どもは全まりに出たまた、その後2人はがもとしたのか、その後2人は死にしました。	滋賀
6 8/2/10	夕	社会 一般	○	○	○		○				母親で風俗店従業員		○個人			知人男性、子どもの居を要などでは右のらかの見て向けたどと居留する〜に変えた 落ち込んでで覚醒〜脱き出し子供の声で友人が事象で死んぱビユーに願うしと、そう起に応答	出身地の県市

参考資料 犯罪報道分析シート 269

270

	記事の形式				個人情報・プライバシー													コメント	女性被害者・女性被疑者に関する表現	特に性役割やジェンダー・セクシュアリティに関する表現など	その他 関連・問題提起・提案・その他など
	日付	刊別	紙面	種類	氏名	年齢	職業	校名	住所	顔写真	写真	図表	家屋	経歴	家族	周囲	家族	隣者				
13	8/7/10	朝	社会	一般	○	○	○		○											幼児2人の遺体が見つかった事件で、死体遺棄容疑で逮捕した母親のA容疑者(23) ～殺人罪で再追及する方針 長女と長男の遺体を持ってたとして～逮捕された		子どもの名前・年齢
14	8/12/10	朝	社会	一般					母親											自宅を出て友人宅などに寄ってた2人の遺体を確認した 「子どもなんかいなければいいと思うようになった。ご飯も水も与えなければかりない 子どもが生きていけないのはわかっていたと供述		
15	8/12/10	夕	社会	一般																約1か月間、一度も自宅に戻らなかった2人の死亡に関係していたのは明確として		
16	8/29/10	朝	総合	審議	○				母親											母親による幼児死体遺棄事件を審議として～痛ましい事件の報道がついている ～分乖い家族の鶤ぎを～思いが、この事件のえに案感か人がなされ、 死んでいった子どものことを思う膚差でならない。		精神科医寄稿「立ちはだかる〈家族の壁〉」「ひきこもりと所在不明高齢者」
17	3/6/12	朝	社会	一般	○	○	○															
18	3/12/12	夕	社会	一般	○	○	○															
19	3/17/12	朝	社会	一般	○	○	○												○			

参考資料　犯罪報道分析シート

犯罪報道分析シート　　A（被疑者姓名）B（被害者姓名）　　大阪2幼児放置死事件（2010年）

読売新聞

	日付	記事の形式			個人情報・プライバシー							コメント	女性被疑者・女性被疑者に関する表現 特に性役割やセクシュアリティに関する表現	その他 関連・問題提起・提言・その他など
		刊別	紙面種類	氏名・年齢	住所	顔写真	職業	校名	図表	経歴	家族	周囲	実名		
1	7/30/10	夕	社会	一般	○		○							「防暑か2幼児の遺体　23歳母親に死なせたかもしれない」…9児の母親からみられる女性が同僚まで子を死なせたかもしれないと漏らしたという…」	遺体の性別・年齢 状況詳細「腐敗し、一Ｊで死後数週間～数カ月」「一外見はないか、かなりヤセ細っていた」
				勤務する飲食店			母親							部屋は、女性が独身する飲食店の従業員用に借り上げている寮の一室。女性は、息子2人と3人暮らし。	子の年齢
2	7/31/10	朝	総合 機動手帳				母親							女性は出アコは施錠しておらず、子供らを放火などかもしれない説明 室内中ロで2人にはぶ所用いた大食の汚物散乱、ベランダにもあった。 センター「家中ロでコドもらが泣いて食、食事と健康に付日を取り、あとは 最多違で要大きえる、できなかったか。	与謝野氏の数を引用
3	7/31/10	朝	社会	一般	○		○					○	通報された母親は23時は東京がないがにコトになった、こう食べ物もえないからでの 「29歳死亡　放置の母若供供述」遺棄容疑で母親逮捕に自宅発見すし 男と2人の幼児の関係を放置を一周例の風俗店従業員A容疑を23歳死亡遺棄登録で大阪府警業子が逮捕 「子供の遺体が腐っていないいけばかったから、2人を残して部屋を出た」と供述 わかり、東京府警と大阪子と長男を遺棄者出にして、殺人と保護責任者遺棄発症の容疑 自宅マンションの室内に長女と長男を遺棄子出にして、殺人と保護責任者遺棄発症の容疑 2人が死んていることを確認したが、その主は追体放置し、連絡も助い 2人はセンチのコースを振れた入した アコを施錠しており、室内やベランダからブラーの中の食器などと食が散乱し、 冷蔵庫は空かった。	子の名前・年齢 司法解剖結果詳報 死後約1～2か月 死亡直前数日間も食べていなかった 営業不振状態
4	7/31/10	夕	社会	一般	○	○	○				○子			「ご飯をあげたり、風呂に入れたりするのが嫌になった。」 「ご飯も水もなくて、子供たちだけで生きてばいけなかったことは低い」 母さん2の幼児の遺体が見つかった事件で、死体遺棄容疑で逮捕された母親の 風俗店従業員、A容疑者（23）の部屋から見つかった、子供の放任事情 手紙を長男宛にして警察に外出する際になお、おむつ交換事業をコル一ト家主 放置　一週間徳哲夫後や長男一人を残し世に堪もかけたとみられる …最後を待つかば手一片ー、スローモは蓋音を待つ子25歳呼び声 「一人眠にしがら子の現象は相はもかから」、自分の現象に動きしなったらは低感 手放置はして妻子ることも、最終であり、2人が使みに妻も散歩してい 僚をきるー連絡一体、「父子」いて物を振ってることはできなかった 「過去の7ログ、「子ども4ー人の姿、「朝家族」似毎日聞かせるだけ本当に幸せ」 （可愛く寝さあ目遣い正直、連っせることでは本当にあがます。」 （子どもが元気ないとはなく、心を痛ったことはありません） 朝になってしまったコグでコルがト子から2あるのを発見することって （小月そ近って、…特待の焼きだ出、だんだんたりたじゃないんだ。 思い切ってれていた小さな魚、わがコにまで出た。とかた、業主になってはコとま働いた 長男をやって2人のコとを知つけをするこだろう	子の名前・年齢 数日式が強制立ち入り制度について 07年12月～08年4月の7ログ内容

日付	記事の形式			個人情報・プライバシー												コメント	女性被害者・女性容疑者に関する名称表現	特に生活者やセクシュアリティに関する表現など	その他	関連・問題提起・提案・その他など
	刊別	種類	紙面	氏名	年齢	健康	地名	住所	顔写真	肖像写真	家族	経歴	家系図	周囲	家族	職業歴					
5　8/1/10	朝	社会	一般	○	○		○子				母親の風俗店従業員						○×	（末年生、もうひとり妹妹が増えて兄姉見ばかあと、里親をとりに、里親を持ちたいようにしていた） （桜子が暮らに生まれてとりをとりに、そしておなかの中には赤ちゃん、幸せに思う。これはこわたしとしての成長としての成長としかな、それでいいと） （ただ、無事に産まれてきてくれたから、それでいいと） 「「ホステスクラブ楽しくて」　12歳連続容疑の母　4月頃から顕目耐れ初」 幼児2人の遺体が見つかった事件で、死体遺棄容疑で逮捕された母親、風俗店従業員（23）＝大阪ナンバ＝で逃走中が楽しくて育児が面倒になった、もっと遊びたくて家を出たと供述 ホストクラブ通いにはまったことが、おりから大阪府警察の調査取調で明らかに 風俗店で働きながら最近から週2のホストクラブに遊び始めた 捜査の中からは「子どもな泣くとうるさいな、一部屋に閉じ込めたまま、2～3日放置することも、外泊することも」 捜査の関係者は「様のきょうだい、娘にやり家を出ていった後は、友人宅などを転々としていた」 ～里親先がなつく着きタに帰ってきて下く、ママ～と母親を守うとする姿母ができていたまで、下の娘には、粘着テープが体にちばらが首材にる出ないようにしていたとみて」 「警察の父親」×		子の名前・年齢 父・年齢・氏名	
																		「警察家に○とかせり」 父親へ電話で「店にいる」と供述していたが子ども達は元気、ちゃんとやっているよと言っていたのに、なぜ... 中学時代ではいじめに遭うのようにして育まれた当時も～、だんだん大人しくなるなかで、私はひとりじゃないよとだ、思いやりにくれくれ友達ができていた場所なのに、結婚した後は、本当に幸せそうだった 最後に会ったの結婚式のあと、わが子を中心に円陣を組んで写真撮影に送られ 時々、店たちの写真を付きでメールが携帯電話に送られてきていた 仕事はしていないけど、毎日楽しみに子どもを育てているよと、話された内容 （の娘が生まれたよなこうがあが描いて「まあのウブロフ」にもおとなふで文書） 《子どもが気気なこととも》、〇ふががえりことはありません》 絶頃は「自らのウブロフ」にがうをかがをのがの関係のようこと、 （八月四日には深い通信　授業の地を出ようだ、だんだん大きくなるからさ、私はひとりじゃないだと、思いやりてくれる友達がとても心強かった　毎日が楽になった、書類がなくばっこのうなた）	父・年齢・氏名 結婚年月 07年12月～08年4月の7回内受	
6　8/2/10	朝	社会	一般	○	○		○		○	○現像	母親の風俗店従業員						○×	風俗店で働くようになったと、娘にも子供にいることも伝え、～遠れて来ることもあったという （水道料金の2ヶ日の「黒、風、食事の世話も一人ずし」 母親の風俗店従業員　人部屋状況（20）は＝「2人を部屋に閉じて虐待を繰り返していた」と供述 部屋では会給食業員がなく、2人の息子と家事の事などに入ってきなかったと供述 「一人置いた場所を子供に解答を与えかけ、風呂に入れず愛が泣きが泣くのが嫌となる語と供述 「時代からの恩師が家族を通せた」 中学時代に生徒た生活をしていたが、一緒だけりの姉の父親などではとても遊び見せ 教師が大切にしが取った、社会常識を教え、新しい人間学などを教えた、行為と目立し真面目にと 友人達、中学時代には、教育内で授業中にと決め、知人たちが教師に面倒を見てほしいと信頼・頼信	経歴、出身地、県、市、結婚・離婚年月 関係者による水道使用詳細 市水道料金、使用費について 教師の年齢 不幸牲の生徒を積極的に受け入れている。 東員の幕地域中学校に通学 父親の年齢	

参考資料 犯罪報道分析シート 273

274

日付	記事の形式			個人情報・プライバシー								コメント		女性被害者・女性被疑者に関する表現 特に扱われ方・セクシュアリティに関する表現など	その他 関連・問題提起・提案・その他など
	刊別	種別	投書	紙面	氏名	年齢	職業	校名	住所	顔写真	図表	経歴	家族	周囲	投書・女
13	8/4/10	朝	投書・投書												幼い子供が母親に置き去りにされ、死亡するという痛ましい事件、保護すべき親による子供の虐待が後を絶たないのはなぜか。真実を	『児童相談所 命を救える体制を』
14	8/4/10	朝	投書・投書				母親								投書・女	『育児は孤独で大変 母親支援考えて』6か月の〜母親への我が子がかわいいと思いますよーどうして用語が母親のSOSに気づいてあげられなかったのか話会でやりませんこれ以上不幸な親子を出さないため、母親への支援策を考えてほしいです	本件に至るために出す支援活動作りの必要性
15	8/4/10	朝	投書・投書												子2(?)	一幼児2人が遺体で発見されまる事件に対し、30歳近い投書が寄せられた	
16	8/4/10	朝	社会・一般	○	○	△	父中に母									未成熟な要素 相次ぐ身勝手「10〜20歳代 身体的なことが多い未成熟な母親 相次ぐ若者待事件にした2歳幼い子供が身体を買いしたとして逮捕された母親容疑者は23歳。 A容疑者は19歳で離婚、20〜21歳で2人を産んだ。 ブログなどで母としての喜びをつづっていたが、離婚後は育児について〜「腹が立つ」「母さよ前に意見が出るようになり、〜「腹さ前から異変で異見がが寝間になったらしい」 [母を急近所へ、殺人放棄]	厚労省虐待死調査(08〜09年) 美女と美母の年齢「10〜20歳が半数 ※ 今年後継10件12人のうち 11人が10〜20歳代。 NPO職員ユンが出産や育児の教育を、数育行政、異変起こかな強制づくりを
17	8/5/10	夕	社会・一般	○	○		母親								友人	母親の容疑者(23)の連絡について、殺人月で送選挙する支持 1か月以上、2人を放置したと主要要素していることが判明 2人は長時間接触をも水を与えなければ死亡することを当て知識していたと判断 家を出た後も〜気度帰って抱っこしていないことが気もけられたらしい 〜6月以降〜何度も携帯し、友人は選び歩いた。	
18	8/6/10	朝	社会・一般	○	○	○	母親					○			○友人	未はほぼ家常なバジンションだったようだ。 別人は今後、本物の話にも「[人で子育てで死にがけもし、3日以内によろんどから死にやすい、電話をかけがしてがた。 外との事をおちも集めたに〜高湿で忘人でがとはついいよりがや要素を集めて紹介した。 ただ、子供について記録は〜切なくなった。 [せっかくで次に生まれたもんな、happy名doppopoによけば名を留介、〜品類の面場も見た名が、〜まで外の用意とたプロしで前いても、送信反応はなかった。 結構、要覧、真矢、次の年、長男を助けた。 かかいし話会者は、家族にの年を取りし、、 ブログの記事は「(まくまとに話ってくるぐて子どをしやばーlhappy」などをき寄きん込 認知に見たた人より、母親から信(話が変わったと対判にった。 真理知記と性活ぶくまた女を送ると生まにも父、知の支援関係が厚足で接着 2人を引き取り、〜キャベに与え関を始めて、〜キャン万ンゴになりたと要を見てきるようになった 店では安い商品達し、大量使じていたらしい。 [待まいからしもんな風俗事で働くように立った] 2人とも暮ら以かた、〜「待き与とくもなかった時になく、何らも減になった、〜「3味道	蒸学校委員会、料理店に照明 結婚の年月子の名前・年齢

参考資料　犯罪報道分析シート

	日付	記事の形式			個人情報・プライバシー								コメント		女性被害者・女性被疑者に関する表現 特に性役割やセクシュアリティに関する表現など	その他 関連・問題提起・提言・その他など
		刊別	紙面種類	一般/特集	氏名	年齢	職業	校名	住所	顔写真	経歴	家族	周囲家族	実名		
19	8/6/10	朝	社会	一般		○	○					母親			母親のA容疑者(23)が死体遺棄容疑で逮捕され、殺人罪で再逮捕する方針 1ヵ月以上、2人を自宅に主に主食も与えていたことが判明した。〜家を出た、〜1週間くらい前以上思い知れば、小さな子供が生きていくことはできなかったていたと供述〜餓死させる〜というつもりはなかったが、並んでいるようになくなったと遊んでいるかもしれないと話し以外に思い出には器にもっていう。	殺人容疑、母名前非公表
20	8/10/10	朝	社会	一般	○	○	○			母親の風俗店従業員					母親を逮捕　殺人容疑　6月中旬出産　室内から、6月中旬の同業期前の胡に握り飯や菓子袋の空き袋は見つからず6月10日中旬出張、一度も帰らなかったことを母乳期の風俗店の嘱託に食べ物を与えず〜	大量のゴミ処理、分析
21	8/10/10	朝	総合1	特集									他母待の子		親たちの姿　育児まで出産を求め3児産が次を追わない、子供たちの悲惨な現状はなぜか届かない大阪市一地裁で、置き去りの悲惨な状況に食べ物が発見のは〜	子の名前・年齢 特集記事「置かれた叫び」(1) 他母待事件特集 母親・同棲・継父 年月、都道府県、市、子の名前・年齢・性別
22	8/10/10	朝	投書	投書										○投書・女	育児と家事の両立は相談できる窓口を　手広く中の女性のライラの原因は〜育児と家事の面での問題がある私は1歳6カ月の女の娘を育ててて〜悩みながっため今日目が持ちをしている	
23	8/10/10	朝	社会	特集	○	○				マンションの他		母			母のA容疑者(23)未来遺棄容疑で逮捕、2児は集会議状状況だった「夜中にママとおかあとママー」と叫ぶ声が聞こえ〜A容疑者(23)の長女と長男が遺棄され置き去りされた子供いた数人乱した部屋に2人が残されていた	特集記事「置かれた叫び」(2 続き) 年月、黒、市、子の名前・年齢・性別 今年後送された主な児童遺棄棄事件 5件 子の名前・死亡要因、経路、年齢、概要
24	8/11/10	朝	総合1	一般								母親の元風俗店従業員			A容疑者・母再逮捕　「殺人ということはかかっている、子供が死んだ原因は私にある」〜子供と一緒に生活を止めんでいると話したと供述　男を後し続けていたコンから立ち去り、一室内に閉じ込めて放置した疑い、元風俗店員A容疑者(23)の長女と長男が遺棄された事件	子の名前・年齢
25	8/11/10	朝夕	総合2	特集	○	○				子のマンション室で遺棄された母と子		元風俗店従業員			救援・センター	特集記事「置かれた叫び」(3) の名・年齢長女(3)の年齢ほか 他虐待事件特性/連絡先などについて
26	8/11/10	朝	社会	一般	○	○						母親の元風俗店従業員			「自分の時間が欲しかった」「異例の殺人容疑」　育児負担感、2カ月近く遊び歩いた　容疑、殺人容疑で送検への展開になった　コンビニで買い入れた餌の巨大さなどより「自分の判断が悪いなどと子人を残していてアジョンからだち去った、一様悲惨死したなどと供述　2人が自立立生活を作らず、飲み物も与えないことに死んでいった。「私がご飯を作らず、死ぬとは思わなかったと供述　「私がご飯もを作らず思とは思します」「一明確な判断の言葉はまだない、子供たちは容姿を冷たいう迷い迷子の幼い少女の女の子という印象を強めた告げる	

276

	日付	記事の形式			個人情報・プライバシー							コメント				女性被害者・女性被害者のセクシュアリティに関する表現 特に性災害やセクシュアリティに関する表現など	関連・問題提起・提案・その他など
		刊別	紙面	種別	氏名	年齢	職業	校名	住所	顔写真	図表使用	家族	周囲	家族	被害者		
27	8/11/10	夕	社会	一般					○							「自分の言葉が出ない」母親が約1週間、自宅を空けていた	2人を再び引き合わす母親の月間休業せず
																いったん自宅に戻ったが、1年分の食材を買い込まざるを得ず、一度も帰宅しなかった	
																「洗濯物に目の汚れはなかった」と説明	
																友人らと遊ぶなど、普段、長男に比べて下手だったと、近所の立ち話もった	
28	8/12/10	朝	総合1	特集	○	○	○							○		その間、普段自宅に戻っている名古屋市内のマンションって解錠した	子の名前・年齢
																離婚した後、一時別所に子供を預けてキャバクラで働きながら	『長男が6年長女を保護』
																「子どもが泣いていると」一瞬気づいた」と一瞬苦虫、現場者が	相談所が行動会できず
																「長女が少ない夏が始めている」ことに参照する面接性があるとして	長女の名前・年齢
																児相が一時保護に乗り出しているから自宅管とすると、安全のためその後の連絡はなかった	名古屋市からは地域からもった
29	8/12/10	夕	社会	一般	○	○				○					母親	2人がかりで安全なように自宅の戸にひもを結わえたのかと見場	「顔ピラフ」名古屋でも『出来心のおいわい』
																長女が一原母親された一『帰宅後』を家族のかと母様でと見場	子の名前・年齢
																妻母さりに口を保もし、ドアに指頭テープを貼り、刺んも折り付けない状態	
																離婚後、一人で生活していた母親が、急に目思いで出かけて時にマニーで貸していた	
																児相会起入れでた子供を母親が外に出そうになったため、安全のため他の名のためだった	
30	8/13/10	朝	総合1	特集		○					○		教員		児相ので全職	一度会起したとき、多くものを買けていたものだったかは…	特集記事「母がのまりまで4 【連絡から3生別】
																「マンションの仕事」で、トッピと別記録をない扱いていた	子の名前・年齢・連絡について
																「世野のと場所か、日々、ど月、けているのか一日週会を開けさせない」	通称2例（関連）県市・子の名前・年齢・職業
31	8/13/10	朝	その他	特集								住人等		元風俗店従業員		女性育親のため、夫の買帰が続いていて、2つ悪人当がたびたびだった	子の名前
																坂本は北海で社事ではなかったけれど、長男の就任上の連絡先に関連されれた	児童虐待に関する弁護士の話
																記を場かに気気張、長男は気く歌をがに感覚ないだっていた	
32	8/14/10	朝	総合1	特集					○				○投稿・女			昔不気難い一母親に書きされた、バッグ場で保護された一男子「さいにも」」	扉かな叫び155
33	8/16/10	朝	投稿	投書												教員頂点に関連書を多いに立たえて死にしまよ母母の事も書かかた	『里親制度の存在知って欲しい』
34	8/17/10	朝	解説	特集	○									母親		児童虐待の動を放たしたに、その度の母親がアンンスかの場とし放置した	特集記事「母がのまりまで4 調査月に聞く」
																坂本にも、母親の活動を折ったせにない、＝最と13階の寺院か、大阪で起した大阪の事では、	『映き児童虐待』
																教員、医学勇の被害者育成員が自動とて、社会に街を与えた	
																結婚式を考えれば、児童虐待特別委員会のに	
																物気が子どもに立たいないようにしたまったくないと、先にしだ状態にある	
																母親のしまは、土かぼに一日電器相	
																NPO児童養育ネットワーク代表、教員、大阪の事件は、きりかく「育児虐索」の	
35	2/5/11	朝	社会	一般	○	○										独立しているのにSOSは出せない、奉還上に…	民間相談所の整備急げ
36	3/6/12	夕	社会	一般	○	○										「母性がっている」こともに訟からした」を分析	母性は万能という幻想がある、と分析
37	3/17/12	夕	社会	一般		○					○					「母性が子どもに行かないことにしまったかーなでに追跡状態にある	精尾性増強、マスメディア、表たなみました
38	3/28/12	朝	社会	一般	○	○										連携ネットーで、気気対応が必要だ	『母性の連携 予防が急募』

あとがき

　本書は，平成24年度に東洋大学大学院へ提出した博士学位論文「犯罪報道におけるジェンダー問題に関する研究　～ジェンダーとメディアの視点から～」に加筆・修正をしたものである。また，刊行にあたっては，平成26年度井上円了記念研究助成金の交付を受けている。

　本書でなされている研究は，犯罪報道において女性被害者・女性被疑者がどのように取り扱われているかについて内容分析を通して明らかにするとともに，それがどのような影響を及ぼすかについてジェンダーの視点から考察を行ったものである。その結果から，日本社会において女性被害者・女性被疑者が置かれた状況および課題，改善策について提言するための手がかりを提供することを研究の目的とした。

　ジェンダーの視点から犯罪報道の問題を明らかにすることは，犯罪報道の現状，その影響，報道の在り方を議論するにあたって必要な問題点の顕出が可能になるだけでなく，マス・メディアが「ジェンダー」あるいは「女性」概念の産出にどのように関与しているかを解明することにもつながる。そこで，本研究では，近年の事件報道を通して女性被害者・女性被疑者にどのようなラベリングが行われているか，そのラベリングはジェンダーとメディア研究（フェミニスト・メディア・スタディズ）の視座からみるとどのように解釈できるか，さらにそのことはどのような社会的影響を及ぼすかについて社会構築主義の視座から考察を行い，結論を導出することができた。

　一方で，第6章第2節において言及したように，本研究は研究対象や研究方法において限られた範囲での事例研究にとどまっており，今後研究を発展させるためには，研究方法の精緻化とともにより多くの事例を取り扱っていく必要がある。また，「事象の残された局面」として挙げた「男性のジェンダーに関する問題」を検討し，それを踏まえた考察を加えていくことは，本研究の主題の探求において大変重要であると考える。今後は，これらのことを課題として，

さらに研究を行っていきたい。

　この研究が論文として形を成すまでに，多くの方々に御指導と御協力を頂戴した。博士学位論文の執筆に際して丁寧な御指導をいただいた東洋大学の島崎哲彦先生（主査），三上俊治先生，中村功先生，水野剛也先生（以上副査），修士課程から御指導いただき本論文の審査においては外部副査をお引き受けいただいた竹内郁郎先生，10年以上にわたり学位論文の執筆を幾度も勧め励ましてくださった岡田直之先生に厚く御礼を申し上げたい。加えて，第4章の資料データの収集は，財団法人アジア女性交流・研究フォーラムの助成により行うことができた。深く感謝するとともに御礼を申し上げたい。データの収集・分析にあたって研究補助として御協力いただいた樋口知恵美氏，濱田裕子氏にも心より御礼を申し上げる。

　最後に，今回出版を引き受けてくださった（株）学文社の田中千津子社長に感謝の意を表するものである。

　2014年10月22日

四方　由美

●人名索引●

■あ行■
浅野健一　　2
五十嵐二葉　　3
井上輝子　　29, 34, 38
Ven, Zoonen, L.　　245
上野加代子　　5, 222
上野千鶴子　　17, 243
Woolgar, S.　　249
江原由美子　　12
Entman, R. M.　　247
大庭絵里　　1, 6, 64, 98, 190

■か行■
Gamson, W. A.　　248
河原理子　　76, 204
Kitsuse, J. I.　　16, 20, 54, 242
小玉美意子　　15, 29, 41, 72, 99, 244
小林美佳　　204

■さ行■
斉藤慎一　　12, 47, 48, 248
島崎哲彦　　110
Shaw, D. L.　　247
杉山春　　195, 210
Scott, J. W.　　21, 33, 243
鈴木裕久　　110
鈴木伸元　　96
Spector, M.　　16, 54, 242
芹沢一也　　76, 224

■た行■
高橋シズヱ　　76, 204
竹内郁郎　　212
竹信三恵子　　39, 40
田中和子　　14
田中耕一　　18
田間泰子　　83, 208, 210

■な行■
中河伸俊　　17, 18, 243
中谷瑾子　　78
野口裕二　　17, 243
野村知二　　5

■は行■
Pawluch, D.　　249
浜井浩一　　5
林香里　　48, 49
Friedan, B.　　26
Butler, J.　　37, 244
Becker, H. S.　　5, 189
Berelson, B.　　20, 23
Van Zoonen, L.　　31, 35, 245
藤川洋子　　250
宝月誠　　5, 190

■ま行■
MacKinnon　　29, 30, 59
McCombs, M. E.　　247
松田美佐　　31
Millett, K.　　26
村上直之　　190
村田泰子　　84, 87, 102, 220
村松泰子　　29, 244
目黒依子　　33
Modigliani　　248
諸橋泰樹　　14, 47

■や行■
矢島正見　　68, 99, 206
山野良一　　105, 246

■ら行■
Lehman, C.　　204

●事項索引●

■あ行■
暗数　91
逸脱　6
ウーマン・リブ運動　27
エスノメソドロジー　16
エンコーディング／ディコーディングモデル　32
オルタナティブ・メディア　51
オントロジカル・ゲルマンダリング　248, 249

■か行■
カルチュラル・スタディズ　36
カルチュラル・フェミニスト・メディア研究　31
議題設定機能　247
キャンパス・セクシュアル・ハラスメント　183
クリティカル・ディスコース・アナリシス　37
クレイム　16, 54
クレイム申し立て　19, 54
ケアのジャーナリズム　20, 48, 50, 51
ケアの倫理　48, 49, 51
強姦神話　73, 100, 199-201, 214
構築主義　16, 19
構築主義アプローチ　18
子殺し　78
個人情報保護法　2, 7

■さ行■
裁判員裁判　93
裁判員制度　3, 92, 94, 201
実名報道　10
児童虐待　84
児童虐待防止法　86, 220
社会構築主義　ii, 16, 18, 215, 225, 241
集団的過熱取材　1

女性学　27
ストーカー被害　95
正義の倫理　48, 49
性規範　12
セクシュアル・ハラスメント　95
セクシュアル・ハラスメント全国ネットワーク　182
全国犯罪被害者の会　217

■た行■
第二派フェミニズム　i, 26
第二レベルの議題設定機能　247
調査報道　8
DV防止法　218
ドメスティック・バイオレンス　96, 218, 228

■な行■
ネグレクト（育児放棄）　87, 96, 102, 220
ネグレクト・マザー　88, 96, 102

■は行■
配偶者からの暴力防止及びその保護に関する法律　218
パワーとコントロールの車輪　232
犯罪被害者等基本法　3, 7
フェミニスト・メディア・スタディズ　i, ii, 25, 198, 228, 240
フレーミング効果　247
報道被害　10
母性　85
母性神話　83
ポルノグラフィ　27

■ま行■
メディア・スクラム　1, 82, 83, 90
メディア・フレーム　248

モラル・パニック　　4, 5, 63, 86, 220
モラル・パニック論　　5

■ら行■
ラディカル・フェミニズム　　26, 211
ラベリング　　ii, 5, 16, 53, 189

リスクアセスメント　　222, 223, 242
リベラル・フェミニズム　　31

■わ行■
ワンストップ支援センター　　218

著者紹介

四方　由美（しかた　ゆみ）

　　　　　1969年京都府舞鶴市生まれ
　　　　　東洋大学大学院社会学研究科博士後期課程単位取得退学
　　　　　1999年4月より宮崎公立大学人文学部専任講師・准教授を経て，現職
現　　職　宮崎公立大学人文学部教授
専　　門　マスコミュニケーション論，ジェンダーとメディア研究
主要著書・訳書・論文
　　　　『ジェンダーからみた新聞のうら・おもて［新聞女性学入門］』（共著）現代書館（1996年）
　　　　『アメリカ・コミュニケーション研究の源流』（共訳）春風社（2005年）
　　　　「日本の犯罪報道における女性　女性被害者・女性被疑者」『アジア女性研究第20号』アジア女性交流・研究フォーラム，pp. 55-66（2011年）
　　　　『マス・メディアと社会生活　ジェンダー・地方・ダイバーシティの視座から』学文社（2012年）

犯罪報道におけるジェンダー問題に関する研究
――ジェンダーとメディアの視点から

2014年10月30日　第1版第1刷発行

著　者　四方　由美

発行者　田　中　千津子

発行所　株式会社　学　文　社

〒153-0064　東京都目黒区下目黒3-6-1
電　話　03（3715）1501（代）
FAX　03（3715）2012
http://www.gakubunsha.com

印刷　東光整版印刷

© SHIKATA Yumi　Printed in Japan 2014
乱丁・落丁の場合は本社でお取替えします。
定価はカバー・売上カードに表示。

ISBN 978-4-7620-2481-8